도서출판 대장간은
쇠를 달구어 연장을 만들듯이
생각을 다듬어 기독교 가치관을
바르게 세우는 곳입니다.

대장간이란 이름에는
사라져가는 복음의 능력을 되살리고,
낡은 것을 새롭게 풀무질하며, 잘못된 것을
바로 세우겠다는 의지가 담겨져 있습니다.

도서출판 대장간은
새로운 사회, 즉 예수사회(교회)를 건설하려는
꿈을 가진 도구로서 예수 사회를 구성하는
공동체의 한 지체입니다.

www.daejanggan.org

어느 목회자의 고백

지은이	정병선
초판발행	2006년 11월 5일
초판2쇄	2009년 5월 6일
펴낸이	배용하
책임편집	박민서
등록	제364-2008-000013호
펴낸곳	**도서출판 대장간**
	www.daejanggan.org
	대전광역시 동구 삼성동 대동천좌안8길 49
	전화 (042) 673-7424 전송 (042) 623-1424
박은곳	경원인쇄
ISBN	89-7071-132-5

 값10,000원

어느 목회자의 고백

정병선

교 회 다 운 교 회 를 향 한 갈 망

차례

추천의 글1

정 목사님의 글을 읽으면서 즉각적으로 떠오르는 단어는 "맑다", "신선하다", "끈질기다" 였습니다.

저는 사실 정 목사님 개인을 잘 모르고 있었습니다. 물론 정 목사님이 언젠가 학교 채플에 와서 설교하는 것을 한 번 들은 적이 있고, 또 제 자신도 한길교회에 한 번 강의하러 간 적이 있었지만, 개인적으로 깊은 사귐을 가지고 서로를 알 수 있는 시간적 여유는 없었습니다. 그런데 이 원고를 읽으면서 정 목사님의 신앙적 비전, 목회 철학 등을 비교적 소상히 알게 되었습니다. 그러는 가운데 "맑다", "신선하다", "끈질기다" 라는 단어들이 뇌리에 자리잡았다는 말입니다.

첫째, 정 목사님의 글은 맑습니다. 솔직하고 자아 공개적 측면이 강하고 (불필요하게 우회적이 아니고) 직선적입니다. 교회 개척의 동기나 목회 초기의 순수한 열심이나 목회자로서의 시행착오 및 교회적 위기를 겪은 정황에 대한 묘사에 있어서나, 무엇보다도 자신을 목회 실패자라고 규명하는 데 있어서 그러합니다. 맑기 때문에 읽는 이는 글을 쓴 이와 투명한 독대가 가능해집니다. 글을 읽으며 글을 쓴 이와 대화(때로는 토론)한다는 느낌을 갖게 되는 것은 이 때문일 것입니다.

둘째, 정 목사님의 글은 신선합니다. 어떤 글은 맑으나 진부한 느낌을 주는 수가 있는데, 이 글은 결코 그렇지 않습니다. 글이 신선하다고 했지만, 실상은 목회의 정신(혹은 목회 철학)과 그 목회 정신을 담아내는 방안들이 신선했다고 말하는 것이 좀더 정확할 것입니다. 섬김의 리더십, 통전적 구원론, 민주적 교회 운영, 재정 정책, 독서 토론회, 일박 및 가족수련회 등의 중요한 사안들이 읽는 이의 의식을 신선하게 깨우칩니다.

셋째, 정 목사님의 글은 끈질깁니다. 역시 글 자체가 끈질기기보다는, 이러한 내용으로 소개된 정 목사님의 목회적 원칙과 추구 정신이 끈질기다는 뜻입니다. 그는 진리가 무엇인지 알고자 하는 데에서 끈질겼고, 올바른 목회가 무엇인지 규명하고자 하는 의지에서 끈질겼으며, 참 교회가 무엇이고 어떠해야 하는지를 밝히고자 하는 면에서 끈질겼습니다. 한국교회의 문제점이 무엇이고 어떻게 하면 이러한 문제점을 극복할 수 있는지에 대한 방안을 모색한다는 점에서도 끈질겼습니다. 실패를 자인한다고 하면서도 여전히 고집스러울 만큼 하나님 나라의 순수성에 집착한다는 면에서도 끈질깁니다.

나는 개인적으로 많은 목회자들이 정 목사님의 글을 읽는 것이 필요하다고 생각합니다. 읽고, 생각하게 되고, 돌이켜 보게 되고, 자극을 받아 반성하고 또 고민하고 결심하는 유익이 있었으면 좋겠습니다. 물론 정 목사님이 지적하는 모든 것, 또 제시하는 모든 것에 다 동의할 필요는 없습니다. 그러나 그럼에도 불구하고 우리 목회자들 편에서의 심각한 성찰을 이끌어 낸다는 사실에 있어서만큼은 누구도 그 유익을 부인하지 못할 것입니다.

송인규 교수(합동신학대학원)

추천의 글2

여기, 한국 교회와 신앙을 바라보며 애린 가슴을 쓸어내린 통한의 이야기가 있습니다. 여기, 자신의 실패담을 털어놓은 한 목사의 아픈 소리가 있습니다. 여기, 목회의 성공보다 목회의 본질에 충실한 목사가 있습니다. 파스칼이 그의 광세에서 '나는 수학자, 시인이라는 말을 듣기 전에 성실한 사람이란 말을 듣고 싶다.' '나는 오직 신음하면서 추구하는 자만을 인정한다'고 했던 말을 생각나게 하는 목사가 있습니다.

많은 목회가 기술이 되어 가고 도구가 되어 가는 현실을 볼 때 안타까운 일이 아닐 수 없습니다. 그런데 이 글에서는 진리를 향해 신음하면서 성실하게 추구한 한 목사의 진지한 탐구를 들을 수 있습니다. 우리는 그가 얼마나 큰 구상을 가지고 교회를 세우려 했는지, 그리고 얼마나 세밀한 것까지 치밀하게 관심을 가지고 고민했는지를 볼 수 있습니다. 온갖 실용주의와 성공주의가 가득한 이 땅에 그것과 타협 없이 자신의 몸을 던져 목회하다가 결국 지치고만 한 목사의 자기 고백은 많은 목회자들에게 신선한 충격과 시사점을 던져주기에 충분합니다.

저자는 스스로 실패한 목회였다고 고백하지만 그만큼 신음하며 그만큼 성실하게 진리를 추구한 그에게 누가 이 목사의 목회를 실패했다고 말할 수 있겠습니까. 그는 힘이 다할 때까지 목회를 했을 뿐입니다. 사실 모든 것이 합력하여 선을 이루시는 하나님의 경륜에 실패란 없습니다. 아니, 실패의 아픔을 아는 자는 하나님 앞에서 더 크게 성공하고 있는지도 모릅니다. 그래서일까요? 저자의 이야기를 듣다 보면 무엇을 생각하면서 목회해야 할 것인지, 정말 추구해야 할 신앙의 진실은 무엇인지에 대해 다시 한 번 진지하게 돌아보게 됩니다. 그리고 한 구도자의 치열한 반성 속에서 많은 것을 배울 수 있을 것입니다.

이 책은 머릿속에서 나온 것이 아니라 뜨거운 가슴과 치열한 실천 속에서 나온 것입니다. 그러므로 목회를 하고 있든지, 목회를 하고 싶어 하는 모든 분들에게 틀림없이 유익한 통찰을 주리라 확신합니다.

박철수 목사(분당두레교회)

인사의 말

 오랜 망설임 끝에 부족한 사람이 목회와 삶의 길을 걸어오면서 보고 경험한 한국교회와 신앙에 대한 이야기를 솔직하게 풀어 내놓습니다. 모든 사람의 인생 이야기가 그러하듯 누구도 걸어보지 않은 나만의 길을 걸어가면서 사람들은 독특한 향기와 이야기를 만들어 내지요. 그리고 각각의 독특한 향기와 이야기가 있어 우리네 인생은 더 풍성하고 재미나고 아름다워진다고 생각합니다.

 필자는 이 책에서 최대한 겸손하게, 그러나 최대한 정직하게 한국교회의 실상을 반추하고 진실을 대면하려고 했습니다. 정말 아픈 마음으로 교회의 거짓과 위선, 신앙의 허울들을 벗겨내려 했습니다. 1부는 그리스도인들이 일상적으로 오해하고 있거나 왜곡된 채로 고착화되어 있는 신앙의 주요 문제들이 뭔지를 다뤘습니다. 2부는 필자의 목회를 돌아보면서 한국교회의 현실에 대해 이야기했습니다. 그러기 때문에 독자의 관심에 따라서는 2부를 먼저 읽어서도 무방할 것입니다.

 이 책이 나오기까지는 많은 분들의 도움이 있었습니다. 이 이야기를 쓰도록 강권해 준 문성 목사님(데일리 서프라이즈 편집위원)과 김종태 목사님(선한교회)이 없었더라면 이 일은 꿈도 꾸지 못했을 일입니다. 꿈꾸지 않은 일을 하게 한 두 친구에게 감사의 마음을 전합니다. 맘껏 건강만 돌볼 수 있도록 사랑과 격려를 아끼지 않으신 강경민 목사님(일산은혜교회), 원고를 읽고 조언을 해 준 정병건 님, 정말 바쁘신 가운데 원고를 꼼꼼히 읽고 날카로운 비평과 함께 추천의 글을 써주신 송인규 교수님(합동신학대학원대학교), 읽어야 할 책을 미루면서까지 원고를 읽고 격려의 말씀과 추천의 글을 주신 박철수 목사님(분당두레교회), 부족한 글을 기꺼이 출판해 주시겠다며 무더위와 싸우신 대장간의 박기삼 선생님께 감사의 말씀을 드립니다. 또 한길교회를 목회하는 동안 만났던 모든 성도님들에게 감사하지 않을 수 없습니다. 한길교회 성도님들은 나의 삶, 나의 사랑, 나의 보배였습니다. 교회 현장을 떠난 지금도, 내 생애가 다하는 그 날까지도 아마 그러할 것입니다.

그리고 건강의 위기를 넘기고 이만큼 몸을 회복하기까지 온갖 수고를 바친 아내 임현미와 사랑하는 아들 정다운에게 이 책을 바칩니다. 나의 영원한 노래이신 하나님 아버지께도.

이야기를 시작하며

　스웨덴 출신의 유명한 영화 감독이었던 잉그마르 베리만(Ingmar Bergman)은 "나이가 든다는 것은 등산하는 것과 같다. 오르면 오를수록 숨이 차지만 시야는 점점 넓어진다"고 했습니다. 난 아직 젊어서 올라야 할 봉우리가 저만치 멀리 있습니다. 그 모습조차 희미할 만큼 까마득합니다. 저 봉우리까지 오를 수 있을지도 확실하지 않습니다. 하지만 차오르는 숨을 삼켜가며 인생의 산에 오르고 있습니다. 거기 보석이 있어서가 아닙니다. 권력이 있어서도 아닙니다. 명예가 있어서도 아닙니다. 올라야 시야가 넓어지기 때문입니다. 올라야 전체를 볼 수 있기 때문입니다.

　본다는 것, 성취한 것에 비하면 본다는 것은 아무것도 아닌 것처럼 보입니다. 성취한 것은 남는 것 같지만 본 것은 남는 것이 없는 것 같습니다. 바람처럼 구름처럼 한 번 보고 나면 흔적조차 남지 않는 것 같습니다. 그러나 깊이 생각해 보면 본 것이 성취한 것보다 훨씬 오래 남는다는 것을 알 수 있습니다.

　알렉산더 대왕이나 나폴레옹이 이룬 것보다는 예수가 본 것이 더 오래, 더 큰 영향을 미치고 있지 않습니까. 칭기즈칸이나 진시황이 이룬 것보다 석가나 노자, 공자가 본 것이 아시아 사람들에게 더 오래, 더 큰 영향을 미치고 있지 않습니까. 이처럼 이룬 것은 잠깐이지만 본 것은 영원합니다. 인생이란 본디 제대로 보기 위한 여정입니다. 본다는 것에 인생의 진정한 의미와 가치가 있습니다. 하나님께서 인생에게 많은 시련과 아픔, 상처를 허락하시는 것도 실은 우리로 하여금 제대로 보게 하기 위한 섭리라고 믿습니다.

인생이란 누구의 인생이든 고유한 독특함이 있습니다. 수십억의 사람들이 지구촌이라는 한정된 공간 안에서 같은 시대를 살고 있지만 같은 인생을 사는 사람은 단 한 사람도 없습니다. 쌍둥이의 인생도 결코 같지 않습니다. 모두가 각기 다른 길, 다른 경험, 다른 생각, 다른 느낌 속에서 살고 있습니다. 그러나 동시에 누구의 인생이든 인간의 보편성이라는 범주를 넘어가지는 않습니다.

세계에서 최고 부자인 빌 게이츠의 인생과 길모퉁이에 몸을 피하는 노숙자의 인생을 생각해 보세요. 둘 사이에는 비교할 수 없을 만큼 엄청난 차이가 있습니다. 아침부터 저녁까지 생활의 구석구석이 다 다를 것입니다. 만나는 사람, 입고 먹는 것, 사용하는 물건, 씨름하는 문제, 이동거리, 어느 것 하나도 비슷하지 않을 것입니다. 그러나 그럼에도 불구하고 인생이라는 큰 범주에서 보면 그 차이라는 것은 지극히 상대적인 것에 불과합니다. 소유와 생활에 있어서는 많은 차이가 있지만 존재와 생존의 차원에서 보면 그리 큰 차이가 없습니다. 둘이 만나 대화를 한다면 아마 많은 이야기를 나눌 수 있을 것입니다. 서로 많은 부분을 공유하고 공감할 것입니다. 왜냐하면 둘 다 인간이라는 보편성 안에 있기 때문입니다.

그렇습니다. 모든 인생은 각기 다른 개성을 갖고 있지만 동시에 누구나 공유하는 보편성을 갖고 있습니다. 인생이 이처럼 개성과 보편성을 동시에 갖고 있기 때문에 오늘도 사람들은 소설, 영화, 연극, 오페라를 읽고 보는 것입니다. 사람들이 TV연속극을 열심히 보는 것도 비슷비슷한 것 같지만 비슷한 이야기 속에 또 다른 묘미가 있기 때문입니다. 지금부터 저의 짧고 작은 인생 이야기를 하려고 하는 것도 나만의 이야기, 또 나만의 이야기를 통해서 인생의 보편적인 이야기를 할 수 있을 거라고 믿기 때문입니다.

나는 지난 16년 동안 목회를 통해 인생과 신앙의 산을 올랐습니다. 처음에는 천국의 향취가 나는 멋진 교회를 세우려고 산을 올랐으나 오르는 가운데 진실을 보기 위한 걸음으로 바뀌었습니다. 예상치 못한 변화였습니다. 그러기 때문에 여기서 이야기하려고 하는 것도 목회 이야기가 아닙니다. 목회 이야기를 양념삼아 한국교회와 신앙에 대한 진실을 이야기하려고 합니다.

신앙과 인생의 산을 오르는 가운데 생각지 못했던 보화를 발견한 이야기, 예상치 못한 사람들을 만나 대화하고 고민을 나누며 배운 이야기, 이런저런 시행착오를 하는 가운데 재미와 고통을 맛본 이야기, 산을 오를수록 시야가 넓어진 이야기, 그 동안 내 눈을 가리고 있던 거짓의 꺼풀들이 벗겨지면서 새롭게 보게 된 진실 이야기, 믿고 서 있던 땅이 갑자기 꺼지기도 하고 보이지 않던 험산 준령이 튀어오르기도 한 이야기, 작은 돌멩이가 몇 번 구르더니 큰 바위가 되어 무섭게 달려든 이야기, 그리고 이 모든 이야기 속에는 한국교회와 신앙을 바라보며 애린 가슴을 쓸어내린 통한의 이야기가 들어 있습니다.

지난날의 목회가 성공했다면 굳이 이야기할 필요가 없을지 모릅니다. 성공하지 못하고 실패했기에 오히려 추적해 보고, 실패의 요인을 찾고, 실패의 과정에서 배워야 할 것이 뭔지를 찾기 위해서, 또 실패도 인생의 아름다운 등정(登程)이라는 억지를 부려보고 싶은 마음에 추적해 보려는 것입니다.

요즘 같이 성공 신화도 다 듣기 어려운 때에 성공적인 목회를 한 것도 아닌 사람의 이야기를 누가 듣겠습니까. 하여 많이 망설이기도 했습니다. 하지만 인생이라는 것이 꼭 성공 신화만 유익한 것은 아니지 않습니까. 어쩌면 속 깊은 고민 속에 인생의 진짜 진실이 숨어 있지는 않을까요? 실패의 경험 속에 풍부한 삶의 자양분이 녹아 있다고 믿습니다. 이것이 인생의 역설이고, 인간의 역설이라고 믿습니다. 이 역설을 믿기에 삶의 뒤안길에 팽개치고 싶은 이야기를 꺼낼 용기를 낼 수 있었습니다.

나는 음악 듣는 걸 꽤 좋아하는 편입니다. 어린 시절에는 가수들의 노래를 좋아했습니다. 청소년기에는 광적인 수준은 아니었지만 콧수염의 가수 이장희 씨가 진행하던 동아방송 "영시의 다이얼"이라는 프로그램을 통해 팝송을 듣기 시작해서 70년대에 인기를 모았던 폴 모리아 악단 덕분에 세미클래식에 귀가 열리기 시작했습니다. 클래식이란 도통 모르고 살던 내가 20대 초반부터는 신기하게도 클래식 음악이 귀에 들어오더군요. 한동안은 합창 음악을 열심히 들었습니다. 그러다가 모차르트 음악이 좋아지게 되면서 본격적으로 클래식 음악에 빠져들기 시작했습니다.

30대 중반까지는 힘찬 교향곡이나 협주곡을 선호했습니다. 그것도 고전주의나 낭만주의 음악이 주된 장르였어요. 그런데 40대가 되니 그 때까지는 들리지 않던 첼로 소리가 참 아름답고 편안하게 들리더군요. 더욱이 전에는 독주는 심심해서 좋아하지 않았는데 합주와는 다른 독주만의 매력(연주자의 개성과 숨결, 악기 고유의 맛을 깊이 느낄 수 있다는 것)에 눈을 뜨면서 지금은 피아노, 기타, 첼로 독주를 즐겨 듣고 있습니다. 협주곡 역시 악기 고유의 맛을 즐길 수 있기 때문에 좋아합니다.

3년 전부터는 심심찮게 재즈를 듣고 있습니다. 내가 재즈를 들으리라고는 상상도 못했던 일입니다. 들을 기회도 없었고 관심도 없었으니까요. 그런데 어느 날 재즈 리듬이 편안하게 들려오는 겁니다. 나 스스로도 깜짝 놀랐습니다. 바흐도 재즈로 듣는 바흐는 또 다른 느낌이 있어 매우 좋습니다. 아직은 재즈를 잘 모르지만 재즈는 경계가 없는 것 같습니다. 그냥 편안한 자유로움이 재즈를 즐겨 듣는 배경이 아닐까 생각됩니다. 지금은 재즈와 함께 세상의 모든 음악을 경계 없이 듣습니다.

이렇게 나이를 먹어가며 듣는 음악이 달라진 것은 선생님의 지도나 교육을 받아서 된 것이 아닙니다. 선생님도, 계획도, 시나리오도 없었습니다. 나이를 먹고 듣다 보니 절로 음악에 대한 이해와 취향이 깊어지고 확장된 것일 뿐 어떤 의도가 있었던 것은 아닙니다.

하나님도 그랬습니다. 20대에 접어들어 예수님을 알았고 하나님을 만났는데, 나에겐 그 때 알았던 하나님과 지금 알고 있는 하나님이 똑같지는 않습니다. 하나님은 같은 하나님이시지만 내가 경험하고 이해하고 있는 하나님은 같은 하나님이 아닙니다. 20대의 하나님 인식, 30대, 40대의 하나님 인식이 조금씩 변화해 왔습니다. 그래서 그런 변화의 이야기를 여러분과 함께 꼼꼼히 따져 보면서 한국교회와 신앙, 우리들의 신앙생활, 그리고 너무나도 소중한 인생을 한 번 뒤집어 보는 시간을 갖고 싶어 이렇게 이야기판을 벌였습니다.

어떤 이들은 이런 변화를 가리켜 신앙이 변질되었다고 말합니다. 그러나 과연 그럴까요? 아내 이야기를 좀 하지요. 아내를 처음 만난 건 27년, 함께 산 건 22년이 됐습니다. 그런데 처음 아내를 만났을 때와 27년이 지난 지금은 아내를 이해하는 정도가 많이 변했습니다. 만일 아내를 처음 만났을 때의 이해 수준에 지금도 머물러 있다면 우리 부부는 잘 산 것이 아닐 겁니다. 아니, 진실을 말한다면 부부로 한 지붕 아래 사는 한 아내를 이해하는 폭과 깊이가 변하지 않는다는 것 자체가 불가능한 일입니다.

이런저런 일을 경험하고 인생의 고락을 함께하면서 아내를 아는 폭과 깊이가 더해지고 수정되는 것은 나에게 있어 지극히 자연스런 일이었습니다. 그래서 지금 알고 있는 아내는 처음 만났을 때 알고 있던 아내와 많이 다릅니다. 이런 인식의 변화는 피할 수 없는 인생의 진실입니다. 여러분! 짐승에게 세대 차이가 있는 것 봤습니까? 세대 차이는 사람에게만 있는 독특한 현상입니다. 세대 차이는 삶의 연륜에 따라 삶을 바라보는 이해의 정도가 다른 데서 오는 인간만의 현상입니다.

그런데 참 이상한 것은 이런 변화의 자연스러움이 한국교회의 대다수 목회자나 성도들에게는 거의 일어나지 않는다는 사실입니다. 참 신기하게도 한 번 하나님을 알고 나면 그 하나님 인식이 평생 동안 변하지 않습니다. 주일학교 때 배운 하나님을 붙잡고 평생을 삽니다. 그리고 그런 신앙이 좋은 신앙이요 확고한 신앙이라고 가르치고 자랑합니다. 하지만 나로서는 그게 정말 좋은 신앙이라는데 동의하기가 어렵습니다. 아니, 동의하기 어려운 것이 아니라 그건 진실이 아니라고 생각합니다.

그렇다면 왜 진실이 아닌 것을 진실이라고 착각하고 있는 것일까요? 그것은 오랜 습관으로 인해서 진실을 보지 않거나, 종교적인 이해관계 때문에 진실을 덮어 버린 거짓에 눈이 가려져 보지 못하기 때문이라고 생각합니다. 그리고 진실을 보지 않는 것, 진실을 보지 못하는 것이 바로 오늘 한국교회의 가장 큰 아픔이라고 생각합니다. 참으로 마음 아픈 것은 교회 안에 오래 머물면 머물수록 진실을 보는 눈이 열려야 하는데 이상하게도 현실은 정반대라는 사실입니다. 교회 안에 오래 머물면 머물수록 교회의 성에 갇혀서 편견이 깊어지고, 아집이 강해지며, 진실을 외면하는 모순이 발생하고 있습니다. 마치 이스라엘 백성들이 세월이 가면 갈수록 하나님의 예언자가 하는 말에 귀를 막은 것처럼, 교회의 백성들도 세월이 가면 갈수록 성령이 교회에 하시는 말씀을 듣지 못하고 있습니다. 모두가 한가지로 치우쳐 있습니다(롬 3:12).

내가 사랑하는 주님의 교회, 세상을 위해 소중하게 존재해야 할 교회가 교회 안에 오래 머물면 머물수록 교회라는 성에 갇혀서 편견이 깊어지고, 아집이 강해지며, 진실을 외면하게 되는 이 기막힌 모순을 대량 생산하고 있으니 어찌해야 하겠습니까? 다들 임금님이 멋지고 아름다운 옷을 입었다고 박수를 치며 환호하는 군중들 속에서 '임금님이 벌거벗었다' 고 말할 수 있는 어린아이가 있어야 하지 않겠습니까? 누구라도 나서서 '벌거벗은 임금님' 이라고 진실을 말해야 하지 않겠습니까?

하여, '임금님이 벌거벗었다'고 말한 철없는 아이처럼 철없이 정직하게 말해 보려 합니다. 내가 보고 발견한 진실의 범주 안에서, 큰소리가 아닌 작은 소리로, 비판이 아닌 애정으로 말해 보려 합니다. 진실을 덮어 버린 거짓의 정체를 밝히 보게 하고, 교회와 신앙과 삶의 진실을 볼 수 있도록 눈을 열어 가는 데 한줌이라도 보탬이 될 수 있기를 기대하면서…. 우선 내 작은 이야기의 첫 장을 여신 당신을 진심으로 환영합니다. 이제 준비한 차를 마시면서 슬슬 자유롭고 편안하게 이야기 마당을 열어 볼까요?

1부
새롭게
눈떠 가는
신앙의 진실

1 하나님과 사람의 관계적 진실

> "예수 그리스도, 인간: 이것은 하나님이 창조된 실재 안으로 들어오신 것을 의미하며 우리가 하나님 앞에서 인간이어도 되며 또한 인간이어야 함을 의미한다. 인간 존재의 파괴는 '죄'이며, 죄는 하나님이 인간들을 구원하지 못하게 막는다."
>
> — 본 회퍼 —

　사람마다 얼굴 모양이 다르고 개성이 다르듯 신앙도 비슷한 것 같지만 천태만상입니다. 같은 그리스도인이라도 사람마다 조금씩 신앙의 모양이 다르고, 칼라가 다르고, 향기가 다릅니다. 왜 이런 차이가 있는 것일까요? 여러 가지 배경이 있겠지요. 그 중에 가장 크게 영향을 미치는 요인 세 가지를 꼽아본다면 아마 다음 세 가지가 아닐까 싶습니다.

　첫째는 그 사람의 인격입니다. 흔히 신앙이 인격에 영향을 미친다고 생각합니다. 옳습니다. 신앙은 사람을 사람 되게 하는 능력입니다. 그러나 오랜 세월 나와 주변의 그리스도인들을 지켜본 결과 꼭 그런 것만은 아니라는 것을 발견했습니다. 신앙이 인격에 미치는 영향은 생각만큼 크지 않은 반면, 인격이 신앙에 미치는 영향은 거의 절대적이더라는 것입니다.

　그러니까 신앙이 좋으면 인격이 훌륭하고 신앙이 나쁘면 인격이 거친 것이 아니고 신앙의 좋고 나쁨과는 상관없이 인격의 모양에 따라 신앙의 모양이 결정되더라는 이야기입니다. '인격' 운운하는 것이 너무 거창하게 느껴진다면 '기질'이라고 하면 좋겠지요. 기질이 신앙을 따라가는 게 아니라 신앙이 기질을 따라가더라는 것입니다. 그런데 사람마다 기질이나 인격이 다 다르지 않습니까. 그러니 신앙도 사람만큼이나 천태만상일 수밖에요.

둘째는 하나님 인식입니다. 믿음은 하나님을 알고 십자가의 도를 알기 위한 최소한의 토대입니다. 믿음은 하나님의 계시를 받아들이기 위한 신뢰의 태도입니다. 그러기 때문에 믿음이 없이는 하나님을 알 수 없습니다. 하지만 믿음이 하나님을 알게 하는 것은 아닙니다. 믿음은 하나님의 세계에 들어갈 수 있게 하는 열쇠와 같습니다. 그래서 일단 믿음이라는 열쇠로 하나님의 세계에 들어가면, 그때부터는 믿음의 열쇠를 놓고(믿음은 더 이상 필요치 않다는 말은 아님) 신앙의 눈으로 하나님의 세계를 탐색하고 조사하고 배우는 일을 해야 합니다.

믿음을 통해 거듭난 이성으로 하나님께 묻고, 대화하고, 말씀을 연구하고, 깊이 생각해야 합니다. 뿐만 아니라 하나님의 세계인 우주 만물을 알기 위해 자연을 주의 깊게 관찰하고, 연구 결과를 공부하고, 다양한 인문학적 지식의 도움을 받아야 합니다. 그래야 하나님과 하나님의 세계를 점차 알아가게 되는 것입니다. 또 하나님과 하나님의 세계를 알아가는 만큼 신앙이 자라는 것입니다. 신앙은 믿음을 먹고 자라지 않습니다. 신앙은 하나님을 아는 영적 지식을 먹고 자랍니다. 그리고 하나님을 어떤 분으로 이해하느냐에 따라 신앙의 모양과 칼라가 결정됩니다.

셋째는 구원에 대한 이해입니다. 구원 문제는 신앙의 모든 것을 결정하는 바로미터입니다. 구원론은 모든 신학의 결정판입니다. 구원론을 보면 그 사람의 신학을 알 수 있습니다. 그렇다고 신학적인 이야기를 하려는 건 아닙니다. 그럴 만한 자격도 없고 능력도 없습니다. 단지 구원을 이해하는 것이 신앙에서 매우 중요하다는 이야기를 하려는 것뿐입니다.

앞에서 말씀드린 것처럼 하나님을 아는 만큼 신앙이 자라고, 신앙이 자란 만큼 구원을 알 수 있습니다. 하지만 그 반대도 가능합니다. 구원을 아는 만큼 신앙이 자랍니다. 구원을 이해하는 정도가 유치하면 신앙도 유치하고, 구원을 이해하는 정도가 깊고 넓으면 신앙도 깊고 넓어집니다. 또 구원을 어떻게 이해하느냐에 따라 신앙의 칼라가 결정됩니다. 이처럼 신앙과 구원은 상호 영향을 미치고 영향을 받습니다.

이처럼 그리스도인의 신앙 형성에 깊은 영향을 미치는 세 가지 요소 중에서 하나님과 구원에 대한 이해의 문제를 소박하게, 그리스도인들이 많이 부닥치는 현실적인 문제들을 중심으로 얘기하려고 합니다.

1 하나님께 영광을 돌릴 뿐 아니라 하나님의 영광이 되라

지금까지 대부분의 그리스도인들은 사람이 하나님을 위해 존재하는 것이라고 배웠습니다. 교회에서 가장 많이 가르치는 웨스트민스트 소요리문답에서도 첫 번째 질문이 "사람의 제일 되는 목적이 무엇입니까?" 입니다. 그 답은 "사람의 제일 되는 목적은 하나님을 영화롭게 하는 것과 그를 영원토록 즐거워하는 것입니다"라고 되어 있습니다. 옳습니다. 성경에서도 "이 같이 너희 빛을 사람 앞에 비취게 하여 저희로 너희 착한 행실을 보고 하늘에 계신 너희 아버지께 영광을 돌리게 하라"(마 5:16), "그런즉 너희가 먹든지 마시든지 무엇을 하든지 다 하나님의 영광을 위하여 하라"(고전 10:31)고 말씀하고 있습니다.

그러나 아무리 선한 것도 부작용을 낳지 않는다는 보장이 없습니다. 아니, 인간 사회에서는 거의 언제나 선한 것의 순기능 못지않게 역기능도 있었고, 역기능이 더 기승을 부리는 경우가 많았던 게 사실입니다. 성경 말씀도 예외가 아닙니다.

하나님께 영광을 돌리라는 이 말씀이 대표적인 경우라고 생각됩니다. 이 말씀은 마땅히 모든 그리스도인의 삶의 푯대가 되어야 합니다. 모든 일의 궁극적인 목표가 되어야 합니다. 먹든지 마시든지 무엇을 하든지 하나님의 영광을 위해서 해야 합니다. 그것이 하나님의 사랑을 아는 자의 자연스러운 반응입니다. 해바라기가 태양을 향해 얼굴을 들듯이 사람이 하나님을 향해 얼굴을 드는 것은 하나님을 아는 자의 자연스러운 태도입니다. 설사 하나님을 향해 얼굴을 들지 말라고 억압을 하고 핍박을 가한다 해도 꺾일 수 없는 절대적인 지향성입니다.

그런데 이 말씀이 교회 안에서 곡해되고 있습니다. 하나님께 영광을 돌리기 위해서는 하나님을 위해 뭔가를 열심히 하고 실적을 내놓아야 하는 것으로, 하나님의 영광을 위해서 끝없이 뭔가를 해야만 하는 것으로 뒤틀려 있습니다. 하나님을 위해 뭔가를 하지 않으면 인생의 사명을 다하지 못하는 것이라고 생각해 초조하고 불안하게 만듭니다. 마치 현대인들이 성공주의와 업적주의에 휘말려 삶을 상실한 채 허덕이고 있는 것과 똑같이, 그리스도인들은 하나님께 영광돌리라는 이 말씀 때문에 신앙적 성공주의와 업적주의에 휘말려 하나님이 주신 구원의 삶을 풍성하게 살지 못하고 있습니다.

성경은 언제나 우리에게 생산성주의, 업적주의로부터의 해방을 선포하고 있는데, 교회는 반대로 하나님께 영광을 돌려야 한다는 말씀으로 종교적인 생산성주의, 종교적인 업적주의로 성도들을 몰아가고 있습니다. 그래서 나는 묻지 않을 수 없습니다. 어쩌면 이 말씀이 교회에 의해서 왜곡되고 있는 것은 아닌지, 그리스도인을 하나님의 영광을 위한 노예로 전락시키고 있는 것은 아닌지 묻지 않을 수 없습니다. 여러분의 생각은 어떠십니까?

하나하나 생각해 봅시다. 하나님과 사람의 관계는 기본적으로 사람이 하나님을 위하는 관계가 아니라 하나님이 사람을 위하는 관계입니다. 사도 바울은 "우리가 아직 죄인 되었을 때에 그리스도께서 우리를 위하여 죽으심으로 하나님께서 우리에게 대한 자기의 사랑을 확증하셨느니라"(롬 5:8)고 했고, 사도 요한은 "사랑은 여기 있으니 우리가 하나님을 사랑한 것이 아니요 오직 하나님이 우리를 사랑하사 우리 죄를 위하여 화목제로 그 아들을 보내셨음이니라"(요일 4:10)고 선언했습니다. 이것이 하나님과 사람 사이의 관계의 대원칙입니다. 이 관계의 대원칙은 신앙을 갖기 이전이나 이후에나 달라지지 않습니다. 달라지면 안 됩니다.

이 기본적인 관계가 뒤틀리면 모든 것이 뒤틀립니다. 왜냐하면 참된 기독교의 모든 체계는 하나님이 사람을 위하신다는 사실 위에 서 있는 것이요, 참된 기독교의 신앙은 하나님이 사람을 사랑하신다는 것을 믿는 것이기 때문입니다. 탁월한 20세기의 유대인 학자이자 히브리 사상가인 헤셸은 "성경적인 생각을 하는 사람에게 있어 근본적인 문제는 하나님을 아는 인간의 지식이 아니라 인간이 하나님에게 알려지는 것, 인간이 하나님의 지식과 관심의 대상이 되는 것이다. … 성서적 종교의 핵심은 인간에게 쏟는 하나님의 관심을 깨닫는 것이다. … 종교인의 특성을 결정짓는 것은 인간에게 쏟으시는 하나님의 관심을 믿는 믿음이요, 그분의 인간과의 결속을 믿는 믿음이다"(누가 사람이냐. 71)라고 정곡을 찔러 말했습니다.

그러기 때문에 하나님께 영광을 돌리는 것도 하나님이 나를 사랑하신다는 믿음 위에 서야 합니다. 하나님의 사랑 때문에 터져 나오는 감사와 감격이 밑바탕이 되어야 합니다. 그럴 때 우리의 선한 행실이 하나님께 영광을 돌릴 수 있습니다. 만일 하나님께 영광을 돌리는 것이 하나님께 사랑받는 것보다 더 강조되거나 앞선다면 이때부터는 왜곡과 뒤틀림이 발생하게 됩니다. 하나님의 말씀으로 종교적인 행위를 조장하는 꼴이 되고 맙니다.

조직신학자 크라우스가 이에 대해 잘 말해주고 있습니다. "창조자를 찬미하고 창조자에게 영광을 돌리는 일을 하기 위해 인간이 창조되었다면, 이 으뜸되는 중요한 일은 종교적 강제의 표지 아래 있지 않고 '하나님 자녀'(롬 8:21)의 자유와 기쁨의 열려진 지평 아래 있다. 인간은 하나님의 현존과 그 자신의 현존을 기뻐해야 한다. 창조의 선물들을 복되고 만족스럽게, 기쁘고 감사한 마음으로 받아들이는 것이 그의 삶의 의미이다. 따라서 창조자 하나님에 대한 신앙은 유용성, 목적성 또는 실용성의 표준에 따라 생활의 의미를 평가하는 모든 인생관에 반대한다"(조직신학. 166).

여러분! 종교가 무엇입니까? 사람이 뭔가를 해서 신을 감동시키고 움직여 보겠다는 것 아닙니까? 우리가 믿는 신은 우상이 아니고 하나님이니까 괜찮다고요? 아닙니다. 하나님이라도 마찬가지입니다. 하나님을 위해 뭔가를 해서 하나님을 감동시키고 내 뜻을 이루어주시도록 움직여 보겠다는 의도라면 그것 역시 종교적인 행위에 불과한 것입니다. 그런데 교회를 들여다 보면 하나님께 영광을 돌리라는 궁극적인 삶의 의미와 목표를 이처럼 종교적인 차원에서 전가의 보도처럼 사용하고 있습니다.

그럼 왜 이런 왜곡이 발생하는 것일까요? 그건 인간의 종교적인 성향과 목회적인 필요가 맞물리면서 나타난 부작용이라고 생각합니다. 지나치게 강조하고 요구하는 데서 빚어진 부작용이기도 하고요. 이런 부작용을 최소화하기 위해서는 하나님께 영광을 돌릴 뿐 아니라 하나님의 영광이 되는 것도 중요하다는 사실을 함께 보게 해 줘야 합니다. 사실 사람을 비롯해 만물은 존재 자체로 충분히 하나님께 영광이 됩니다. 꽃은 꽃으로서 충분히 하나님께 영광이 됩니다.

사람도 사람 됨(하나님의 형상)을 잃지 않으면 충분히 하나님께 영광이 됩니다. 뭔가를 행해서 얻은 결과보다는 존재의 충만함을 잃지 않는 것이 최고로 영광을 돌리는 길입니다. 생각해 보세요. 만일 그리스도인이 죄의 공격이나 세상의 핍박 앞에서도 하나님이 주신 인간성(하나님의 형상)을 잃지 않을 수 있다면, 스데반이 자기를 공회에 거짓 고발한 사람들에 둘러싸여 있을 때에 그의 얼굴이 천사의 얼굴과 같았고(행 6:15), 돌로 쳐 죽일 때 '이 죄를 저들에게 돌리지 마옵소서'라고 기도했던(행 7:60) 것처럼 될 수 있다면 이보다 더 하나님께 영광 돌리는 일이 어디 있겠습니까?

나는 한국교회가 바로 이 길, 영광이 됨으로써 영광을 돌리는 길을 갈 수 있다면 정말 좋겠습니다. 그래야 영광 돌리는 일에 휘말리지 않으면서도 영광을 돌릴 수 있기 때문입니다. 그래야 영광의 노예가 아닌 참 자유인으로서 영광을 돌릴 수 있겠기에 말입니다.

하나님은 자비를 원하시는 분이시지 제사를 원하시는 분이 아니십니다(마 9:13). 예수님은 많은 일로 염려하며 들떠 있는 마르다보다는 조용히 예수님 곁에서 말씀을 듣는 마리아가 좋은 편을 택했다고 옹호하셨습니다(눅 10:38-42). 그런데도 교회는 여전히 제사를 강조하고, 하나님이 마르다를 기뻐하시는 분인 것처럼 분칠하고 있습니다. 마르다형 성도를 충성되고 헌신된 믿음의 사람이라고 추켜세우고 있습니다. 이처럼 하나님의 거룩한 말씀으로 하나님의 진리를 교묘하게 비틀고 있습니다. 성도들을 하나님의 영광을 위한 노예로 만들고 있습니다. 허나, 하나님 아버지는 결코 우리가 당신의 영광의 노예가 되는 걸 원치 않으십니다. 자유인으로서 영광을 돌리는 자녀를 원하실 뿐입니다.

2 하나님을 아전인수격으로 끌어다 대지 마라

그리스도인들이 가장 흔하게 일상적으로 범하는 잘못이 있습니다. 하나님을 아전인수격으로 끌어다 대는 버릇입니다. 그 실상이 어느 정도인지를 짐작해 볼 수 있는 이야기 하나를 소개하겠습니다. 중국의 임어당이 어머니 장례식 때 경험한 일입니다. 7월이 장마철이라 장례식을 치르기 나흘 전에 큰 비가 내렸다고 합니다. 만일 계속해서 내린다면 장례식을 거행할 수 없게 될 판이었는데 다행히 비가 멎어 장례식을 치렀습니다. 그때 집안 식구들 가운데 신앙이 좀 극성스러운 부인이 한 이야기입니다.

"그 부인은 말하기를 자기는 하나님이 계시다는 것을 믿고 있으며 하나님은 당신의 자녀들을 도와주실 게 틀림없으니 비를 멎게 해 달라고 기도를 했단다. 그러자 정말 비가 멎었다. 마치 조촐한 기독교도 일가가 날을 연기하지 않고 장례식을 치를 수 있게 하기 위해 비가 멎은 것 같았다. 그런데 이때 부인이 한 말이 정말 걸작이었다. 우리들 일가족이 없었다면 하나님께서는 아무런 사정없이 상주에 사는 만 명의 주민들을 무서운 홍수에 희생되게 하셨을 것이라느니, 비가 멎은 것은 상주에 살고 있는 백성들을 위해서가 아니라 우리들 기독교도의 한 집안을 위해서이며, 예정대로 장례식을 거행하고 싶으니 비를 멎게 해 달라고 기도를 드렸기 때문이라는 이야기였다. 이 믿을 수 없을 만큼 자기 본위적인 생각은 나에게 큰 충격을 주었다. 하느님이 이토록 이기적인 자식들에게 은총을 주신다고는 도저히 상상할 수조차 없는 일이기 때문이었다"(생활의 발견. 293).

사실 이 부인뿐 아닙니다. 그리스도인들의 자기 본위적인 행위는 끝이 없습니다. 예를 들어 봅시다. 버스 충돌 사고로 많은 사람들이 죽었는데, 다행히 그리스도인 한 사람이 죽지 않고 살았습니다. 그러면 그 사람은 의심 없이 말할 것입니다. 하나님이 뜻이 있어서 자기를 살리신 것이라고. 특별히 자기를 사랑하셔서 살리신 하나님 아버지께 영광을 돌린다고. 이 말을 듣는 교회 성도들은 '할렐루야! 를 외치며 자기 자녀를 특별히 사랑하신 하나님께 영광을 돌릴 것이고, 목사님께서는 하나님을 사랑하는 자는 어떤 상황에서도 하나님이 지켜주시니 열심히 하나님을 믿고 하나님께 영광 돌리는 삶을 살라고 말할 것입니다.

그러나 조금만 깊이 생각해 보십시오. 정말 죽지 않은 자의 고백과 이해가 진실이라면 사고로 죽은 자들은 어떻게 되는 겁니까? 하나님이 사랑하시지 않는 자들이라서 죽은 것입니까? 그들의 인생에는 하나님의 뜻이 없어서 죽었단 말입니까? 또 교회에서 하는 말을 죽은 자들의 가족이 듣는다면 어떻게 되겠습니까? 얼마나 하나님을 원망할 것이며 하나님이 불공평한 분이라고 생각하겠습니까? 이건 정말 말이 안 되는 이야기입니다. 다른 사람들의 입장을 조금도 배려할 줄 모르는 자기 본위의 극치요 신앙적인 단순함과 무지의 소치입니다. 하나님은 만유를 사랑하시고 깊이 품으시는 분이십니다. 하나님은 의로운 자와 불의한 자에게 태양을 비춰게 하시고 비를 주시는 분이십니다(마 5:45). 이런 하나님을 지극히 유치한 하나님으로 만드는 일은 하나님께 영광이 아니라 하나님을 욕되게 하는 일입니다.

그리스도인이 범사에 하나님을 인정하는 것(잠 3:6)은 지당한 신앙적 태도입니다. 그러나 모든 일에 하나님이 '간섭하시는' 것과 하나님이 '함께하시는' 것은 비슷한 것 같지만 구별되어야 합니다. 하나님은 언제나 함께하시지만 언제나 간섭하시는 건 아니기 때문입니다.

아담이 에덴동산에서 선악과를 따먹은 일을 생각해 봅시다. 하나님은 그때 아담과 함께하셨습니다. 그러나 간섭하시지는 않으셨습니다. 먹도록 자극하지도, 먹지 못하도록 방해하지도 않으셨습니다. 그저 아담이 먹는 것을 묵묵히 지켜보고 계셨을 뿐입니다. 온 세상이 죄악으로 뒤틀릴 수도 있는 그 절체절명의 순간에 하나님은 바보처럼 손 놓고 있었습니다.

하나님께서는 때로 사자의 입을 막아 다니엘을 지켜주시고(단 6), 세 친구를 타는 풀무 가운데서 머리카락도 그슬리지 않고 불에 탄 냄새도 나지 않도록 완벽하게 지켜주십니다(단 3). 그러나 언제나 하나님의 능력이 개입하는 것은 아닙니다. 신실한 주의 백성들이 잔인한 조롱과 핍박을 받으며 결박과 투옥을 당할 때, 돌에 맞고, 톱으로 찢겨지고, 헐벗고, 칼에 죽임을 당하는 극한 경우에도 하나님은 그들을 지켜주지 않으셨습니다(히 11:36-37). 베드로는 감옥에서 구출해 내셨으면서도 스데반은 돌에 맞아 죽게 하셨습니다.

이처럼 하나님은 함께하시지만 개입하지 않으시는 경우가 많습니다. '함께하심'과 '간섭하심'은 엄연히 다릅니다. 물론 '함께하심' 속에는 '간섭하심'도 포함됩니다. 그러나 '함께하심'이 곧 '간섭하심'은 아닙니다. '범사에 하나님을 인정하라'는 말씀도 '간섭하심'을 내포하기도 하지만 그보다는 뜻이 넓은 '함께하심'으로 이해하는 것이 더 정확한 이해라고 할 수 있습니다. 만일 '간섭하심'으로 이해한다면 아담의 경우나, 가인이 동생 아벨을 죽인 것, 가룟 유다가 예수님을 팔아넘긴 것 모두 하나님이 하신 일이 되어 버리는 엄청난 신학적 오류가 발생하게 됩니다. 반대로 스데반 집사가 돌에 맞아 죽은 것은 하나님이 함께하지 않으셨다는 강력한 증거가 되어 버립니다.

그러므로 우리는 미세하지만 구별이 필요한 것은 구별할 줄 알아야 합니다. 그런데 대부분 이런 구별을 하려고 하지 않습니다. 깊이 생각하는 것이 귀찮기도 하고, 신앙생활에서 그리 중요한 것 같지도 않고, 그게 그것 같고 해서 별 신경을 쓰지 않습니다. 그 결과 범사에 하나님을 인정한다는 것이 그만 범사에 하나님이 간섭하시는 것으로 전이되는, 그래서 자기 본위로 하나님을 끌어들이는 이상한 일들이 벌어지는 것입니다.

3 하나님께 책임을 전가하지 마라

이 문제 역시 범사에 하나님을 인정하는 태도와 관련해서 파생되는 또 하나의 문제입니다. 그리스도인들이 범사에 하나님을 인정하는 것은 신앙의 기본 태도임이 분명합니다. 그런데 이런 아름다운 신앙적 태도로부터 전혀 의도하지 않은 부정적인 결과가 발생합니다. 사람의 책임이 증발해 버리는 일입니다. 이 일 역시 흔히 일어나고 있는 일이기 때문에 조금만 눈을 뜨면 볼 수 있는 일들입니다.

예를 들어 마음에 드는 교회를 찾아 등록을 했다고 해 봅시다. 그럴 때면 흔히 이렇게 말합니다. 하나님이 자기를 이 교회에 보내셨다고, 이 교회를 만난 것은 하나님의 은혜요 인도하심이라고 말입니다. 그러다가 마음 상하는 일이라도 생겨 다른 교회로 떠나게 되면, 그때도 역시 하나님이 나를 성숙시키려고 그 교회에서 이런 아픔을 당하게 하시고 이 교회로 옮기게 하셨다고 말하며 주님의 인도하심이라고 고백합니다. 그리고는 끝입니다.

교회를 옮기게 된 과정에서 자기가 무엇을 잘하고 잘못했는지, 마음 상한 일이 발생한 것에 자기 책임은 없는지 묻지 않습니다. 육신의 질병으로 고생을 하고 나서도 하나님이 자기를 연단하시려고 질병을 주셨다고 은혜롭게 생각하지, 생활습관이나 내면생활에서 질병을 자초할 만한 잘못은 없었는지 돌아보지 않습니다. 모든 일이 그저 하나님이 인도하셔서 되어진 일이라는 생각에 익숙해 있기 때문에 자기 행동을 돌아볼 여지가 없는 것입니다.

그 결과 범사에 하나님을 인정한다는 것이 그만 하나님께 만사를 떠넘기는 꼴이 되고마는 것입니다. 실제로 그리스도인의 교회생활을 유심히 살펴보십시오. 자기 행동에 대해 책임을 묻는 사람은 찾아보기 어렵습니다. 어떤 일에 대해서든지 하나님의 인도하심이라고 하면 다 넘어가고 정당화되는 것이 교회의 현실입니다.

그러나 참 믿음은 범사에 하나님을 인정하는 것과 함께 자기 행동에 대해서도 책임을 인정하는 태도를 잃지 않습니다. 범사에 하나님을 인정하는 것과 자기 책임을 인정하는 것은 동전의 양면처럼 분리될 수 없는 것이요, 하나이면서 둘이요, 둘이면서 하나이기 때문입니다. 동전의 양면이 서로 분리되면 더 이상 동전이 아니듯이 하나님을 인정하는 것과 사람의 책임이 분리되면 더 이상 신앙이 아닙니다. 범사에 하나님을 인정하는 것만으로는 신앙이 될 수 없습니다.

참된 신앙은 사람의 책임을 인정한다고 해서 하나님을 인정하는 것이 약화되어서도 안 되고, 하나님을 인정한다고 해서 사람의 책임이 사라져서도 안 됩니다. 범사에 하나님을 인정하면서도 동시에 사람의 책임을 인정할 줄 아는 것이 신앙의 신비요 신앙의 역설입니다. 우리는 더 이상 하나님을 인정하는 믿음으로 사람의 책임을 증발시켜 버리는 익숙한 어리석음을 반복하지 말아야 합니다.

4 하나님의 일하심의 자유

맨 처음 하나님을 만났을 때 하나님은 매우 선명하신 분이셨습니다. 하나님이 어떤 분이신지 뚜렷이 알 수 있었습니다. 그분은 만물을 창조하신 분이시고, 나를 사랑하시는 분이시고, 만물을 다스리시는 역사의 주인이셨습니다. 내 인생에 놀라운 계획을 가지시고 그 계획을 이루어 가시는 분이셨습니다. 그러나 세월이 가면서 하나님은 점점 알 수 없는 분이 되셨습니다. 만물을 창조하신 건 분명한데 구체적으로 창조의 과정에서 어떻게 하셨는지, 창조 이후에는 만물을 어떻게 다스리시는지 단순하게 말할 수 있는 것이 아니었습니다. 하나님이 말씀하신다고 배웠는데 침묵하시는 경우가 더 많고, 하나님이 일하신다고 알았는데 일하시지 않을 때가 더 많다는 것을 알았습니다.

하나님의 '함께하심'과 하나님의 '간섭하심'도 개념적으로는 구별할 수 있고 또 구별해야 하지만 현실에서는 칼로 무를 자르듯 구분할 수는 없다는 것, 하나님은 만유와 함께하시면서 간섭하시고, 함께하시면서 간섭하지 않으신다는 것, 하나님의 존재와 하나님의 일하심은 우리 눈에 포착되지 않는다는 진실에 조금씩 눈을 뜨게 되었습니다.

예전에는 내가 하나님을 안다고 말했습니다. 그러나 지금은 이렇게 말합니다. '나는 하나님을 압니다. 그러나 하나님을 모릅니다.' 만일 내가 하나님을 알기만 하고 모른다는 걸 모른다면 나는 하나님을 왜곡하게 되고, 하나님을 내가 아는 범주의 하나님으로 축소시켜 버리는 잘못을 피할 수 없습니다.

하나님은 자기 정의 안에서 정의할 수 없는 분으로 드러나기 때문에 어떤 설명으로도 다 설명할 수 없는 분이십니다. 하나님은 영원불변하시지만 하나님의 자유 안에서 역동적으로 다스리시는 분이십니다. 신학자 한스 요아킴 크라우스는 "하느님의 계약 의지와 약속의 목적은 변치 않는다(말 3:6). 그는 언제까지나 한결같고 신뢰할 만한 분이다. 그러나 하느님의 인격적 사랑과 성실성, 그의 생동성을 도외시하고 하나님의 불변성에 대해서 말하는 것은 문제가 있다. 하나님의 성실성은 초월적 '최고 존재'의 불변성과 부동성은 아니다"(조직신학. 220)고 명확하게 말했습니다.

그런데 교회는 하나님의 존재의 불변성만 강조하지, 하나님이 얼마나 놀랍도록 자유하신 분이신지, 어떤 이론이나 방식에도 갇히지 않으신 채 당신의 일을 행하시는지에 대해서는 말하지 않습니다. 아니, 말하지 않는 게 아니라 아예 일정한 공식 속에 하나님을 담아두려 합니다. 그래서 하나님은 언제나 사랑하는 자에게 복을 주신다는 공식, 하나님 뜻대로 사는 자에게는 만사형통케 하신다는 공식, 주의 이름을 부르기만 하면 구원을 받는다는 공식, 예배에 성공하면 만사에 성공한다는 공식, 재난이나 불의의 사고를 만나는 것은 하나님의 경고나 형벌이라는 공식으로 매사를 풉니다.

그러나 과연 그럴까요? 하나님이 이런 공식대로 움직이실까요? 전혀 아닙니다. 하나님은 복으로뿐 아니라 고난을 통해서도 당신의 사랑을 표현하십니다. 주일마다 예배를 온전히 드리고 십일조 한 번 빼먹지 않았는데도 불의의 교통사고를 만나게 하십니다. 장마에 물난리로 온 마을이 떠내려가면 신실하게 잘 믿었던 집도 떠내려가고 예배당도 떠내려갑니다. 조금만 살펴보면 하나님이 우리가 만든 공식대로 움직이지 않는다는 증거를 수없이 찾아낼 수 있습니다.

성경에서도 발견할 수 있습니다. 예수님이 길을 가시다가 날 때부터 눈먼 사람을 만났습니다. 그러자 제자들이 대뜸 묻습니다. "랍비여, 이 사람이 소경으로 난 것이 뉘 죄로 인함입니까? 자기입니까 그 부모입니까"(요 9:2). 지금 제자들은 사람이 소경으로 난 것은 누군가의 죄 때문이라는 공식을 가지고 묻고 있습니다. 그러나 예수님은 그 공식에서 벗어난 대답을 하십니다. "이 사람이나 그 부모가 죄를 범한 것이 아니라 그에게서 하나님의 하시는 일을 나타내고자 하심이라"(요 9:3). 동방의 의인인 욥이 뜻밖의 재난을 당했을 때도 세 친구들은 전형적인 공식으로 욥의 재난을 설명하려 했습니다. 그러나 하나님은 그들의 공식이 정당하지 못하다며 진노하셨습니다. "여호와께서 욥에게 이 말씀을 하신 후에 데만 사람 엘리바스에게 이르시되, 내가 너와 네 두 친구에게 노하나니 이는 너희가 나를 가리켜 말한 것이 내 종 욥의 말같이 정당하지 못함이니라"(욥 42:7). 이사야는 하나님이 결코 우리의 공식대로 움직이시는 분이 아님을 이렇게 선언하고 있습니다. "여호와의 말씀에 내 생각은 너희 생각과 다르며, 내 길은 너희 길과 달라서 하늘이 땅보다 높음같이 내 길은 너희 길보다 높으며, 내 생각은 너희 생각보다 높으니라"(사 55:8-9).

진실이 이러하거늘 교회는 왜 여전히 하나님이 하시는 일을 몇 가지 공식 안에 묶으려 하는 거지요? 피조물이 무슨 권한이 있다고? 하나님은 만왕의 왕이십니다. 만물의 창조주시고 주재자이십니다. 이것은 그분이 자유하신 분이라는 걸 의미합니다. 또 그분은 자유하신 분이시기 때문에 그분이 일하시는 것은 다 이해할 수도 없고, 공식 안에 묶을 수도 없다는 것을 의미합니다. 그러므로 그리스도인은 상투적인 공식으로 하나님을 묶으려 하지 말고 하나님의 자유를 인정할 줄 아는, 그래서 하나님이 어떻게 일하시든지 잠잠히 수용할 줄 아는 태도를 잃지 말아야 합니다. 이것이 정말 하나님을 아는 자의 태도요, 하나님을 신뢰하는 자의 태도라고 생각합니다.

나는 하나님이 어떤 분이신지 눈떠 가는 과정에서 중국의 도가(道家) 철학자 노자(老子)의 신(神) 이해가 상당히 진실성을 갖고 있다는 걸 발견했습니다. 노자는 도덕경 37장에서 이렇게 말합니다.

도는 항상 함이 없으면서도 또한 하지 않음이 없다(道常無爲, 而無不爲).

여기서 노자가 말하는 자연적 우주적 도(道)는 종교적 언어로 말하면 신(神)이라고 할 수 있습니다. 나는 노자의 이 한 마디 속에서 하나님의 일하심이 어떠한 것인지를 꿰뚫어 알 수 있는 통찰력을 얻었습니다. 노자는 최고의 도, 최고의 존재, 최고의 다스림을 한 마디로 '함이 없으면서 하지 않음이 없다' 는 한 마디로 축약해서 말하고 있습니다. 다시 말해서 하나님은 행함이 없이 하지 않으시는 일이 없으시다는 겁니다.

38장에서는 높은 덕과 낮은 덕이 어떻게 다른지를 통해 하나님이 세상을 다스리시는 특징을 잘 드러내고 있습니다.

높은 덕은 덕이 아님으로써 덕이 있다(上德不德, 是以有德).

낮은 덕은 덕을 잃지 않음으로써 덕이 없다(下德不失德, 是以無德).

높은 덕은 함이 없으므로 작위가 없다(上德無爲, 而無以爲).

낮은 덕은 함이 있으므로 작위가 있다(下德爲之, 而有以爲).

여기서 우리는 놀라운 역설을 발견합니다. 높은 덕은 덕이 없기 때문이고, 낮은 덕은 덕이 있기 때문이라는 역설 말입니다. 여러분! 덕이라는 가치에 집착하지 않음으로써 덕이 있고, 덕이라는 가치에 집착함으로써 오히려 덕이 없다는 것이 얼마나 놀랍습니까? 우리는 일상적으로 많은 덕을 행함으로써 덕을 쌓으려 하는데, 노자는 반대로 덕을 행하지 않을 때 비로소 덕을 쌓는다고 말합니다. 참으로 기가 막힌 노자의 혜안입니다.

51장에서는 창조자 하나님과 피조물 세상과의 관계에 대해서 말하고 있습니다.

도는 만물을 생기시키고 덕이 만물을 키운다(道生之, 德畜之).

도는 만물을 생기시키지만 소유하지 않고(〈道〉生而不有),

작용하지만 거기에 의지하지 않으며(爲而不恃),

자라게 하지만 지배하지 않는다(長而不宰).

이것을 일컬어 현덕이라 한다(是謂玄德).

노자의 말을 기독교적 시각으로 이해하면 이렇게 됩니다. 하나님이 만물을 창조하셨고, 하나님이 사랑으로 세상을 돌보시며 키우고 계십니다. 그러나 하나님이 만물을 창조하셨다고 해서 결코 소유하시는 건 아니고, 만물과 관계를 맺으시며 영향을 미치시지만 그렇다고 만물에 의존하지는 않으시며, 만물을 자라게 하시고 지극한 사랑으로 돌보시지만 군림하시지는 않으신다는 겁니다. 진실로 그렇습니다. 하나님은 만물의 창조자시요 참 주인이십니다. 그러나 우리가 생각하는 소유 개념으로 만물을 소유하지는 않으십니다. 그분은 만물을 다스리시지만 호령하시며 군림하시는 건 아닙니다. 그분은 언제나 베푸는 주인이시며 겸손한 통치자이십니다. 나는 그 동안 교회에서 배우지 못한 하나님의 존재와 일하심의 진정성을 노자를 통해 배웠습니다. 교회와 서구 신학이 잘 말해주고 있지만 놓치고 있는 부분을 노자에게서 건졌습니다.

이제 내가 알고 있는 하나님은 일하시지 않으심으로 일하시는 분이십니다. 사랑하지 않으심으로 사랑하시는 분이십니다. 하나님은 만사를 간섭하지 않으십니다. 상당 부분 우리의 책임 영역에 맡기시고 계십니다. 그러나 하나님의 섭리가 아닌 것이 없고 손길이 미치지 않는 곳이 없습니다.

5 하나님의 주권과 사람의 자유의지

하나님께서 모든 피조물 가운데 오직 사람에게만 주신 놀라운 선물이 있습니다. 바로 자유의지입니다. 자유의지는 창조자께서 피조물에게 줄 수 있는 최고의 선물이요 최고의 배려라 할 수 있습니다. 아니, 그 차원을 뛰어넘어 하나님에게는 엄청난 모험이고 위협이 되는 일입니다. 왜냐하면 자유의지 속에는 하나님을 거부하고 불순종할 수 있는 가능성까지도 내포하고 있기 때문이요, 하나님이 만든 세상의 질서가 무너질 수도 있는 위험이 내재되어 있기 때문입니다.

그런데 그런 위험을 아시면서도 하나님은 사람에게 자유의지를 주셨습니다. 왜냐하면 자유의지가 없는 인간은 하나님이 의도하신 인간이 될 수 없기 때문입니다. 로봇같이 주인 맘대로 조종할 수 있는 인간은 편하게 조종하고 부려먹을 수는 있겠지만 인격적인 교제를 할 수 있는 파트너가 될 수는 없습니다. 하나님은 사람과 인격적인 사랑, 인격적인 교제를 하기 원하셨습니다. 파트너를 원하셨습니다. 그래서 하나님에게 복종하지 않을 수 있는 엄청난 위험이 도사리고 있다는 걸 아시면서도 자유의지를 주신 것입니다.

하나님에게는 자유의지가 없는 인간이란 상상할 수 없는 일이었습니다. 자유의지가 없는 인간들이 우글거리는 세상을 한 번 상상해 보십시오. 그런 세상은 맛도, 멋도, 느낌도, 생동감도, 사랑도, 기쁨도, 모험도 없는 차가운 인간 수용소요 죄로 가득한 지금 이 세상보다 더 비참하고, 더 잔인하고, 더 절망적인 세상일 것입니다. 자유의지가 없는 인간을 상상하는 것만으로도 하나님에게는 숨이 막히고 답답해서 견딜 수 없는 고문이 될 것입니다.

자유의지는 진실로 사람 됨의 조건이요 세상을 생기있게 하는 위대한 선물입니다. 자유의지는 하나님의 무한하신 사랑과 겸손하심을 계시하는 최고의 계시요 작품입니다. 그리고 하나님은 그분이 허락하신 이 최고의 선물, 최고의 계시, 최고의 면류관을 절대 침해하거나 짓밟지 않으십니다. 어떤 명분으로도, 어떤 경우에도 인간의 자유의지를 침범하지 않으십니다. 이 일은 하나님 스스로 자신을 제한하시기로 작정하신 일입니다. 그러기 때문에 사람의 자유의지는 하나님도 침범하지 않는 절대 성역입니다.

그런데 그 동안 기독교는 지나칠 만큼 사람의 자유의지를 평가절하해 왔습니다. 죄로 말미암아 인간의 자유의지가 오염되었기 때문에 제대로 대접받을 여지가 없다며 짓밟아 버렸습니다. 더욱이 하나님의 절대 주권을 강조하기 위해 인간의 자유의지는 설 자리가 없었습니다. 조금이라도 인간의 자유의지를 강조하면 하나님의 주권을 무력화시키는 불신앙으로 정죄를 받았습니다. 그러나 인간의 자유의지를 짓밟는 것은, 비록 죄로 인해 오염되었음에도 불구하고 하나님이 원하시는 일이 아닙니다.

하나님께서는 우리가 죄인임에도 불구하고 자유의지를 침범하지 않으시려고 우리 마음에 소원을 두고 행하게 하십니다. "너희 안에서 행하시는 이는 하나님이시니 자기의 기쁘신 뜻을 위하여 너희로 소원을 두고 행하게 하시나니"(빌 2:13). 바울은 명백하게 말하고 있습니다. 하나님이 우리 안에서 행하실 때, 그 일이 비록 하나님의 기쁘신 뜻을 행하는 일일지라도 자유의지를 거슬려 억지로 하게 하시지 않으시고 마음으로 사모하게 하여 자원하는 마음으로 자유의지를 따라 하게 하신다는 것입니다.

이 얼마나 깊은 하나님의 배려요 섭리입니까. 하나님도 이러하시거늘 하물며 사람이 사람의 자유의지를 짓밟는 것은 얼마나 큰 죄가 될까요? 이것은 하나님을 멸시하는 것이요 모독하는 것입니다. 하나님이 주신 선물을 짓밟는 참람한 죄입니다.

하나님의 주권과 인간의 자유의지는 서로 충돌하는 것 같지만 하나님의 지혜로운 섭리로 인해 충돌하지 않습니다. 우리는 하나님의 지혜로운 섭리 안에서 살기 때문에 하나님의 주권을 수호하기 위해 인간의 자유의지를 폐기처분할 필요가 없고, 인간의 자유의지를 확보하기 위해 하나님의 주권을 거부할 필요도 없습니다. 그저 감사한 마음으로 자유의지를 신앙의 빛 안에서 선용할 수 있도록 자유의지의 축복을 복권시킬 필요가 있습니다. 그리고 자유의지를 복권시킬 때 책임의식도 배울 수 있습니다. 자유의지가 없는 곳엔 책임의식도 없기 때문입니다.

유명한 사회 생물학자 윌슨은 「통섭」이라는 유명한 책에서 인간의 역사를 이렇게 말하고 있습니다. "인간의 역사는 끊임없이 신으로부터 자유로워지려는 자유의지의 몸부림과, 다시 신에게 돌아가려는 운명적인 믿음 사이에서 벌어지는 서사시다" (통섭. 22). 그렇습니다. 인간은 신으로부터 자유로워지려는 '자유의지 본능'과 신에게 의지하려는 '의존 본능' 사이에서 때로는 몸부림을 치고, 때로는 갈팡질팡하며 시계추처럼 매달려 있다고 생각합니다. 그도 그럴 것이, 자유의지 본능과 의존 본능은 하나님과 사람의 관계적 본질에서 파생되어 나온 것이기 때문입니다. 하나님과 사람의 관계는 의존적인 것만도 아니고, 자유로운 것만도 아닙니다. 이 둘의 역설적 관계가 공존하지 않으면 살 수 없는, 그래서 독립하고 싶기도 하고 의존하고 싶기도 한 관계가 바로 하나님과 사람의 피할 수 없는 운명입니다.

6 하나님과 사람의 관계적 진실

창조자이신 하나님과 피조물 사이의 관계에 대해서 사도 요한은 매우 중요한 말씀을 합니다. "모든 것이 그로 말미암아 창조되었으니 그가 없이는 창조된 것이 하나도 없다. 창조된 것은 그에게서 생명을 얻었으니, 그 생명은 사람의 빛이었다" (요 1:3-4).

여기서 강조되고 있는 사실은 모든 것이 창조하신 분과 본질적으로 관계를 맺고 있다는 것입니다. 사람만 아닙니다. 모든 것입니다. 만드신 분과의 관계없이 존재하는 건 우주 가운데 하나도 없다는 이야기입니다. 그렇다면 우리는 모든 피조물 속에서 그들이 관계 맺고 있는 하나님을 보아야 할 것입니다. 나와 관계가 있는 하나님뿐 아니라 모든 것과도 관계가 있는 하나님을 보아야 할 것입니다. 그리고 모든 것이 하나님과 관계가 있다면, 하나님과 관계가 있는 나와 어찌 관계가 없을 수 있겠습니까. 하나님으로 인하여 모든 피조물과 나 사이에도 관계가 성립되는 것은 당연지사입니다.

이처럼 하나님을 통해 모든 피조물과 나 사이에 맺어진 관계의 눈으로 보면 모든 것을 쉽게 공격하거나 파괴할 수 없습니다. 함부로 대할 수 없습니다. 이기적인 욕망을 채우는 수단으로 전락시킬 수 없습니다. 자연히 만물을 공경하게 되지요. 만물 속에는 하나님의 애정과 손길이 미치고 있기 때문에, 하나님을 사랑하는 자는 하나님이 애정으로 돌보는 만물을 애정 어린 눈으로 볼 수밖에 없습니다. 하나님이 사랑하는 사람을 함부로 짓밟거나 피부색을 가지고 차별할 수 없습니다. 쉽게 정죄할 수도, 등을 돌릴 수도 없습니다. 사람과 사람, 사람과 만물 사이에는 창조하신 분, 사랑하시는 분, 하나님이 계시기 때문입니다.

그래서 사도 요한은 이렇게 말할 수 있었습니다. "누가 하나님을 사랑한다고 하면서 자기 형제 자매를 미워하면 그는 거짓말쟁이입니다. 보이는 자기 형제 자매를 사랑하지 않는 사람이 보이지 않는 하나님을 사랑할 수 없습니다"(요일 4:20). 사도 요한의 이 말을 장황하게 풀어서 설명하면 이렇게 됩니다. 나와 하나님의 관계는 나와 형제와의 관계로 연결되어야 하는 것이라고. 만일 형제에게로까지 연결되지 않으면 하나님과 맺어졌다고 믿는 관계의 고리는 맺어진 것이 아니라고. 하나님과 나와의 관계의 진실성은 하나님과 나와의 수직적인 관계에 의해 증명되는 것이 아니라 수평적 관계에 의해 증명되는 것이라고.

결국 사도 요한은 하나님과의 사랑의 연결고리가 어디까지 확대되었느냐에 따라 하나님과 나와의 관계적 진실성이 판가름 난다는 이야기를 한 것입니다. 나는 여기서 한 걸음 더 나아가야 한다고 생각합니다. 자기 형제 자매뿐 아니라 만물을 사랑하지 않는 자도 역시 하나님을 사랑하지 않는 자라고. 만물을 사랑하지 않는 자가, 하나님이 만물을 창조하셨다고 고백하는 것은 거짓말하는 것이라고.

그렇습니다. 하나님과 사람의 관계적 진실은 그리 단순하지 않습니다. 상투적으로 생각하는 것과는 상당한 거리가 있습니다. 그러므로 우리는 쉬지 않고 하나님과의 관계가 어떻게 작동하는지, 하나님은 어떻게 일하시는지, 그분이 진정으로 뜻하시는 바가 무엇인지, 우리의 공식과 선입견을 내려놓고 성경과 삶을 깊이 살펴야 합니다. 이렇게 사는 것이 신앙적으로 깨어 사는 것이요, 신앙적인 이성을 활용하며 사는 것이라고 생각합니다. 그리고 그것이 참된 믿음의 삶이라고 믿습니다. 그저 습관을 따라 사는 것은 신앙인의 삶이 아니라 종교적인 삶일 뿐입니다.

2 구원의 진실을 찾아서

> "대부분의 사람들은 무지와 오해 때문에, 부질 없는 근심과 필요 이상으로 힘든 노동에 몸과 마음을 빼앗겨 인생의 아름다운 열매를 따보지 못하고 있다."
> — 헨리 데이빗 소로우 —

1 나의 구원 경험

내가 맨 처음 하나님에게 호기심을 갖게 된 것은 그분이 창조주라는 사실 때문이었습니다. 형이 나에게 전도할 때 하나님이 온 세상과 사람을 창조하셨으며, 그 하나님이 또한 세상을 다스리고 있다는 말을 많이 했습니다. 처음에는 무관심하게 흘러들었지만 시간이 가고 반복해 들으면서 조금씩 내 안에서 꿈틀대기 시작했습니다. '과연 형이 하는 말이 진실일까?' 하는 의문과 호기심이 생겨났습니다.

의문은 어느덧 '진실로 하나님이 세상과 사람을 창조하신 분이고 다스리시는 분이라면, 나는 마땅히 그분을 알아야 하는 것 아니겠는가?' 라는 쪽으로 발전해갔습니다. 그런 생각은 결국 나로 하여금 '다른 분은 관심이 없고 오직 온 세상을 만드시고 나를 창조하신 분이 정말 있다면 나는 바로 그 분을 만나고 싶다' 고 중얼거리게 만들었습니다.

하나님께서는 그런 나의 중얼거림을 외면하지 아니하시고 나에게 창조주 하나님으로 다가오셨습니다. 아닙니다. 나중에 발견한 사실이지만 하나님은 그때 처음 내게 다가오신 게 아니었습니다. 내가 하나님을 알기 전부터 이미 나와 함께하셨습니다. 나를 사랑하고 계셨습니다. 단지 내가 그걸 모르고 있었을 뿐입니다. 옆에 있어도 옆에 있는 줄 모르고, 사랑받고 있음에도 사랑받고 있는 줄 모른 채 고아처럼 무지와 사랑에 굶주려 살고 있었을 뿐 하나님은 이미 나와 함께하셨고, 나를 사랑하고 있었다는 것을 나중에야 깨달았습니다.

인도에서 평생을 선교사로 살았던 레슬리 뉴비긴은 "많은 사람들이, 특히 다른 종교의 신자들이 기독교인으로 거듭나는 것을 보면 거기에는 어떤 일관된 섭리가 작용하고 있는 것 같다. 원래의 종교를 버리고 기독교인이 되는 과정은 언뜻 보기에 굉장히 급격한 변화인 것 같다. 그러나 조금 더 눈여겨 그 과정을 살펴보면 기독교인이 되기 전부터 그들의 삶을 주관하셨던 분이 바로 살아계신 하나님이었다는 확신을 얻을 수 있다"(The Finality of Christ)고 말했습니다. 이런 사실은 눈여겨 그 과정을 살펴야만 볼 수 있는 사실입니다. 나도 내 구원의 과정을 살펴보면서, 내가 그리스도인이 되기 전부터 하나님이 나를 아시고 사랑하셨다는 것을 발견할 수 있었습니다. 이 사실을 확인하고 나자 그리스도인이 아닌 사람들, 이교도들을 바라보는 눈이 달라지더군요. 저들도 사단의 자식이 아니라 나와 똑같이 하나님께 사랑받는 자들이라고 말이지요.

아무튼 그렇게 해서 나는 하나님을 창조주 하나님으로 인식하게 되었습니다. 이처럼 창조주 하나님을 알게 되자 많은 일들이 동시다발적으로 일어났습니다. 첫째, 창조주 하나님은 나를 사랑하시는 분이라는 사실이 머리로가 아니라 온몸으로 믿어지고 느껴졌습니다. 그때부터 나는 더 이상 우주의 고아가 아니었습니다. 던져진 존재가 아니었습니다. 창조주에게 주목받는 사랑스러운 존재요, 우주의 주인공이요, 역사의 주인공이며, 하나님의 형상을 가진 위대한 존재라는 새로운 인식에 눈이 열렸습니다.

그러니까 하나님을 알자 곧바로 내 존재에 대한 인식의 전환이 일어난 것입니다. 하나님 인식과 내 존재의 인식이 동시에 일어난 것입니다. 그리고 나중에 알게 되었습니다. 내 존재의 뿌리가 하나님에게 있기 때문에, 하나님의 형상이 내 안에 있기 때문에, 하나님을 알면 곧 자신을 알게 되어 있다는 것을. 이것이 두 번째 변화였습니다.

셋째, 창조주 하나님을 알고 나자 일순간에 세상의 어둠이 걷히고 비밀이 열리는 것 같았습니다. 인생을 다 알아 버린 것 같았습니다. 어디서 와서, 무엇 때문에 살며, 어디로 가는 것인지가 손에 잡히는 것 같았습니다. 붙박이 같던 세상이 갑자기 살아 움직이는 것 같았습니다. 지금까지 침묵하던 세상의 피조물들이 나를 향하여 말을 걸어왔습니다. 온 우주 만물이 생기 있는 몸짓으로 나를 사랑한다고, 나를 환영한다고, 나를 안다고, 소리치며 춤추고 있었습니다. 너무 행복했습니다. 어떤 부족함도 느낄 수 없었습니다. 우주의 왕자가 된 느낌이었습니다. 이런 행복감과 충만감은 이전에는 경험하지도 상상하지도 못했던 것이었습니다.

넷째, 나는 하나님의 피조물이며 망가진 죄인이라는 사실 또한 거부할 수 없는 진실로 각인되었습니다. 하나님의 존재 앞에 서자 나는 한없이 더럽고 추악한 죄인임을 감출 수가 없었습니다. 머리부터 발끝까지 온통 죄악 덩어리인 내 모습이 보였습니다. 생각하고 행동하는 것마다 죄악이 묻어나고 있음을, 산다는 것이 곧 죄짓는 일임을 감출 수 없었습니다.

이상 네 가지 사실이 내가 창조주 하나님을 알게 된 순간 동시다발적으로 일어난 일들이라고 할 수 있습니다. 그때 난 구원이라는 말도 몰랐습니다. 그러나 나중에 알고 보니 그것이 구원이었습니다. 이처럼 구원은 알지도, 두드리지도, 소망하지도 않았을 때 갑자기 주어진 선물이었습니다. 하나님이 나에게 창조주로 알려지게 된 순간이 곧 구원에 참여한 순간이었습니다.

하나님을 아는 것이 곧 구원 경험이었습니다.

나는 구원을 받기 위해서 하나님을 찾은 건 아니었습니다. 구원을 받아야 할 필요도 느끼지 못했습니다. 아니, 구원이라는 것 자체를 알지 못했습니다. 단지 하나님이 창조주라면, 나를 만드신 분이라면, 나를 만드신 분을 모르고 하나님이 만든 세상에 산다는 것이 너무도 이상하게 생각되었기에 하나님을 알고 싶었을 뿐입니다. 그리고 감사하게도 하나님을 알게 되었습니다. 그것도 성경을 연구하고 배워서가 아니라 단순한 만남을 통해서 알게 되었습니다. 그렇게 하나님을 알고 나니 구원은 이미 내 앞에 있었습니다.

2 구원에 대한 지평의 확대

1) 초보적인 구원 이해
그 후 성경을 읽어가면서 나는 하나님을 만난 순간 깨닫고 발견한 것들을 하나하나 확인할 수 있었습니다. 성경읽기와 성경공부는 순간 번득였던 깨달음을 체계적으로 정리하는데 큰 도움이 되었습니다. 그 과정에서 십자가의 도리, 오직 믿음으로만 구원받을 수 있는 전적 부패의 도리, 십자가의 은혜로만 구원받을 수 있는 전적 은총의 도리를 배웠습니다. 예수님의 십자가와 함께 내가 죽고, 예수님의 부활과 함께 나도 부활 생명에 참여하는 구원의 도리를 배웠습니다. 이것이 신앙의 초기였던 C.C.C시절에 배운 구원의 세계였습니다.

2) 구속사적인 구원 이해
신학을 공부하면서부터는 구원을 하나님의 구속사라는 좀더 큰 틀에서 보게 되었습니다. 특히 '이미 구원받았다'(aleady)와 '아직 구원을 기다려야 한다'(not yet)는 구원의 이중성 내지 구원의 긴장점을 알게 되었습니다.

우리는 이미 예수 그리스도를 통해 구원받았습니다. 그러나 예수 그리스도가 재림하시는 그 날까지는 구원을 기다려야 합니다. 아직은 온전한 구원이 도래하지 않았기 때문입니다. 지금 우리는 객관적인 구속사의 종말적 중간 지점에 속해 있기 때문에 '이미'와 '아직 아님' 사이의 긴장점을 놓쳐서는 안 됩니다. 이 긴장점을 놓치면 구원론이 어느 한쪽으로 기울게 돼 결국에는 구원의 실체를 망가뜨리고 맙니다.

객관적인 구속사뿐 아니라 개인적인 실존의 차원에서도 긴장점을 놓치면 구원 문제로 인해 끝도 없이 방황하게 됩니다. 우리는 이미 구원받았습니다. 이 구원은 어떤 경우에도 흔들리지 않을 만큼 확고합니다. 죽음도, 삶도, 천사들도, 권세자들도, 현재 일도, 장래 일도, 능력도, 높음도, 깊음도, 그밖에 어떤 피조물도 우리를 하나님의 구원에서 끊을 수 없습니다(롬 8:38-39).

하지만 우리는 아직 구원받아야 합니다. 날마다 두렵고 떨림으로 우리 구원을 이루어 가야 합니다(빌 2:12). 우리는 아직 거룩한 죄인입니다. 구원받은 죄인입니다. 그리스도인은 구원의 흔적도 있어야 하지만 죄인의 흔적도 지니고 살 수밖에 없는 존재임을 잊어서는 안 됩니다. 그러기 때문에 구원받은 놈이 왜 그 모양이냐고 물어서는 안 됩니다. 정죄해서도 안 되고, 좌절해서도 안 됩니다. 아직은 구원이 완성되지 않았기 때문입니다.

이렇게 해서 '이미'(aleady)와 '아직 아님'(not yet)이라는 구속사적인 틀은 나의 구원 이해에 있어 매우 중요한 토대가 되었습니다.

이런 구원론적인 이해는 죽어서 천당 가는 피안으로서의 구원 이해를 넘어서게 해 주었습니다. 지금 이 땅에 살면서 힘써야 할 것은 죽음 이후의 천국행 문제가 아니라 '지금', '여기서' 구원을 이루어가는 것이어야 한다고 생각하게 해주었습니다. 주님이 가르치신 기도에서도 알 수 있듯이 우리의 관심사는 하나님 아버지의 뜻이 하늘에서 이루어진 것처럼 이 땅에서도 이루어지는 것이어야 합니다. 다시 말하면 천국 가는 것이 아니라 이 땅에서 천국을 사는 것에 관심을 두어야 한다는 것입니다.

구원을 이렇게 이해하고 나니 기존의 구원론의 빈약함과 함정이 눈에 보이더군요. 자연스럽게 목회와 신앙생활에서 기존의 구원론을 구원하는데 집중하지 않을 수 없었습니다. 구원의 삶을 현실에서 경험해 보자는 도전을 하지 않을 수 없었습니다. 비록 영원히 완전한 구원을 경험할 수는 없지만 그럼에도 불구하고 구원을 교회 안에서 현실화해 보자는 몸부림이었지요. 구원을 피안의 세계에서 차안의 세계로 최대한 끌어보자는 도전이었습니다. 영원히 불가능한 일을, 영원히 불가능한 줄 알면서 시도한 것입니다. 바보처럼. 그러나 그것이 구원에 대한 정직한 태도라고 믿었기에 맨땅에 헤딩하듯 구원을 살자는 도전을 했습니다.

3) 창조성 회복으로서의 구원

또 하나 구원에 있어서 중요한 발전이 있었습니다. 그것은 인간 중심적 구원에서 우주 만물의 구원으로 구원의 지평이 확대된 것입니다. 이 인식은 창조주 하나님에 대한 인식과 맥을 같이하는 것입니다. 창조, 타락, 구속이라는 기독교 세계관의 틀에서 볼 때 구원은 다른 게 아니었습니다. 구원은 '창조성 회복' 바로 이것이었습니다.

지금까지의 구원 이해는 세상을 멸망해야 할 더럽고 추악한 곳으로 만들어 버렸습니다. 새 하늘과 새 땅을 강조하면서 이 세상을 저주의 대상으로 몰락시켜 버렸습니다. 이런 인식은 하나님의 창조 행위와 창조의 의미를 지나치게 간과하고 있을 뿐 아니라, 하나님의 창조 행위를 실패한 것으로 만드는 위험성이 있습니다. 그러나 하나님의 창조 행위는 세계를 멸망시켜야 할 만큼 실수하지 않았습니다. 하나님이 보시기에 심히 좋았다(창 1:31)고 선언하실 만큼 아름답고 훌륭했습니다. 친히 다스리고 보존할 가치가 있는 세계였습니다. 그렇습니다. 창조는 구원의 토대가 되기에 충분히 의미있는 세계입니다. 때문에 구원이 창조라는 토대를 떠나면 환상이 되어 버립니다.

하나님의 창조 세계는 구원의 굳건한 토대입니다. 뿐만 아니라 하나님의 구원에 참여할 복된 대상입니다. 사람뿐 아니라 모든 피조물 역시 구원을 기다리고 있으며 하나님의 구원에 참여하게 될 것입니다(롬 8:19-21). 그러므로 자연은 결코 정복할 대상도 아니고, 사람을 위한 수단도 아닙니다. 자연도 사람과 똑같이 하나님의 영광을 찬미하고 있습니다. 하나님이 하신 일을 증거하고 있습니다(시편 19). 하나님의 진리를 침묵으로 설교하고 있습니다. 이런 눈으로 자연을 보면 자연은 벗이 됩니다. 스승이 됩니다. 나를 품어기르는 생명의 어미가 됩니다. 한없이 베푸는 은혜의 손길이 됩니다. 그리고 그런 자연 앞에 고개 숙이게 됩니다. 감사하게 됩니다. 현재의 창조 세계를 긍정적으로 볼 수 있게 됩니다. 무심코 '그것' 이었던 자연이 '너'로 다가오게 됩니다. 드디어 자연과의 만남이 이루어지는 거지요. 그렇게 조금씩 구원의 지평이 확대되어 왔습니다.

4) 관계로서의 구원 이해

조금씩 구원의 지평이 확대되면서 자연스럽게 구원의 본질이 무엇인지를 알게 되었습니다. 구원을 본질적인 차원에서 본다면 관계를 회복하는 것, 즉 화해라고 할 수 있습니다. 성경이 구원을 여러 가지로 표현하고 있지만, 그 핵심을 들여다 보면 틀어진 관계, 원수였던 관계, 끊어졌던 관계를 다시금 정상적인 관계로 회복하는 것이라고 할 수 있습니다. 특별히 하나님과의 관계를 회복되는 것이야말로 성경이 말하는 구원의 근본 중에 근본이라 하겠습니다(롬 5:1, 10-11). 하나님과의 관계를 회복하는 것이 구원의 전부는 아니지만, 구원의 서정이요 구원의 자궁임에는 틀림이 없습니다. 이 구원의 자궁에서 나와의 화해, 너와의 화해, 모든 피조물과의 화해라는 구원이 잉태되고 생산됩니다.

성경은 의인이나 죄인을 말할 적에도 관계적 차원에서 정의하고 있습니다. 로마서 5장을 보면 8절에서는 '죄인' 이라는 호칭이 나오는데 10절에서는 '하나님의 원수' 라는 말로 대체되고 있습니다. 이 두 말을 연결해서 생각해 보면 '죄인' 이란 '하나님과 원수인 상태에 있는 사람' 을 가리킨다는 것을 알 수 있습니다. 반대로 '의인' 은 하나님과 정상적인 관계 속에서 사는 사람을 뜻합니다. 그 대표자가 예수입니다. 아브라함, 요셉, 다윗도 그러합니다. 성경이 그들을 '의인' 이라 부르는 것은 인격이 훌륭하거나 도덕적으로 흠이 없어서가 아닙니다. 하나님과의 관계 속에서 살고 있었기 때문에 '의인' 이라고 부른 것입니다.

　생명은 유통입니다. 돌고 돌아야 합니다. 생명은 막히면 죽습니다. 사람의 몸이 그렇습니다. 목구멍에서 대장까지 뚫려야 살 수 있습니다. 뇌에서 말초 신경까지 연결이 되어 있어야 움직일 수 있습니다. 온몸의 혈관이 통해야 살 수 있습니다. 어느 한 곳이라도 막히면 그 순간 몸은 죽습니다. 몸뿐 아닙니다. 부부 사이, 부모와 자식 사이, 대통령과 국민 사이도 통해야 살 수 있습니다. 하나님과 인간의 영혼 사이에도 뚫려 있어야 살 수 있습니다.

　이처럼 소통이 생명의 본질이요 생명의 현상입니다. 소통이 곧 생명입니다. 그럼 소통은 무엇입니까? 소통은 관계입니다. 관계는 단순히 객관적인 두 물체 사이의 거리를 말함이 아닙니다. 두 물체 사이에 주고받는 소통이 있을 때 그걸 일컬어 관계라 합니다. 관계는 소통의 또 다른 이름입니다. 소통이 없으면 관계라 하기 어렵습니다.

　그렇게 본다면 결국 구원이란 무엇이겠습니까? 구원이란 관계요 소통입니다. 관계와 소통이 구원의 알파와 오메가입니다. 그런데 만일 구원에서 관계와 소통의 의미를 빼버린다면 어떻게 되겠습니까? 그렇게 된다면 구원은 이상야릇한 종교적 상품으로 탈바꿈하게 될 것입니다. 매우 매력적이고 멋진 종교적 상품으로 인기는 얻을 수 있겠지만 하나님의 구원과는 아무런 관계도 없는 구원이 되고 말 것입니다. 구원은 결코 사람들이 원하는 멋진 종교적 상품이 되어서는 안 됩니다. 또한 구원은 풀리지 않는 인생 문제를 푸는 문제 풀이가 되어서도 안 됩니다. 구원은 언제나 맺힌 관계를 푸는 관계 풀이가 되어야 합니다.

창조가 그 진실을 말해줍니다. 창조를 보면 구원이 보입니다. 보세요. 하나님은 헤아릴 수 없이 많은 개체를 창조하셨습니다. 하지만 그 개체들은 독립적으로 생존하지 않습니다. 함께, 더불어, 서로 의존적으로 얽혀 살고 있습니다. 하나님은 세상을 창조하실 때부터 관계의 망으로 얽히고 설킨 세상을 창조하셨습니다. 관계의 망을 벗어나서는 결코 살 수 없는 세상을 창조하셨습니다. 그리고 하나님 자신마저도 관계를 떠나서는 생각할 수 없는 분이십니다. 하나님을 인식하고 그분의 영광을 찬미하며 감사의 고백을 드릴 세상이 없는데 하나님의 존재가 무슨 의미가 있겠습니까? 비록 하나님이 세상에 의존하여 존재하시는 건 아니시지만, 그럼에도 불구하고 하나님은 세상을 통해 당신의 존재를 알리시고 세상으로 인해 기뻐하십니다. 더욱이 사람을 창조하실 때 하나님의 형상을 따라 창조하신 것은 다른 이유 때문이 아닙니다. 보다 깊은 인격적인 만남(관계)을 위해서입니다.

신학자 크라우스는 하나님의 형상의 의미를 다음과 같이 설명했습니다. "하나님의 형상의 의미에 관한 물음을 정태적이고 존재론적인 자질 개념에 의해 다루지 않는 것이 매우 중요하다. 하나님의 형상이란 표현에 의한 인간 규정은 성서적 사고의 맥락 속에서 설명되어야 한다. 분명히 하나님의 형상은 이런 맥락에서 존재 개념이나 자질 개념이 아니라 관계 개념이다. 인간의 본분은 창조자 하나님과의 관계 속에서 밝혀진다"(조직신학. 163). 그래요. 인간은 존재만으로서 인간이 될 수 없습니다. 오직 하나님과의 관계 속에서라야 인간일 수 있지요. 모든 피조물 역시 하나님의 관계를 떠나서는 그 자신이 될 수 없습니다.

이처럼 하나님의 창조 세계는 하나님과의 관계성 안에 탯줄처럼 연결되어 있을 뿐 아니라 피조물 상호 간에도 절대적인 관계의 망으로 얽혀 있습니다. 이것이 하나님이 창조하신 세상의 본모습이고 생명이 약동하는 존재의 원리입니다. 그리고 또한 이것이 구원의 참 모습입니다. 결국 구원이란 창조 세계 속에 투영되어 있는 관계적 질서를 회복시켜 내는 것입니다. 하나님이 창조하신 관계의 질서 안에서 사는 삶입니다. 어떤 상황에서도, 어떤 이유로도 관계의 질서를 깨지 않고 억압하지 않으며 사는 삶이 곧 구원의 삶입니다.

3 구원론의 문제점 발견

1) 윤리적인 죄 인식의 한계

구원론은 반드시 죄론과 연계됩니다. 구원을 말하기 위해서는 먼저 죄를 말해야 하고, 죄를 어떻게 이해하느냐가 구원을 이해하는데 영향을 미칩니다. 그러기 때문에 교회가 죄를 어떻게 인식하느냐 하는 문제는 매우 중요하다고 하겠습니다. 내가 보기에 한국교회의 죄 인식은 지나치게 도덕 지향적이라고 생각합니다. 그러나 도덕적인 차원에서 죄를 인식하는 것은 선과 악이라는 잣대를 중심으로 죄를 인식하는 것이요, 죄라는 객관적인 실체를 중심으로 접근하는 것으로써 성경적인 죄 이해와는 상당한 거리가 있다고 생각합니다. 성경은 죄를 선악의 차원이나 실체적 차원이라기보다는 오히려 관계의 차원에서 접근한다고 보이거든요.

최초의 범죄를 볼까요? 일반적으로는 아담이 하나님이 금하신 선악과를 먹은 행위를 가리켜 죄라고 말합니다. 하지만 그것은 죄의 행위적 결과이지 죄의 본질은 아닙니다. 죄의 본질은 사단에게 미혹되어 하나님의 말씀에 의혹을 품었다는데 있습니다. 죄의 시작은 "하나님이 참으로 너희더러 동산 모든 나무의 실과를 먹지 말라 하시더냐?'(창 3:1)는 물음에 아담이 관여한 사실에 있습니다. 아담이 하나님의 말씀을 앞에 놓고 고민하며 논의할 수 있는 문제로 삼았다는 것은 하나님에 대한 신뢰에 금이 갔다는 것을 의미합니다. 하나님에 대해 제3자적 입장에 서 있다는 것을 의미합니다. 나와 너의 관계에서 나와 그의 관계로 변한 겁니다. 바로 이것이 죄의 본질입니다.

성경에서 죄는 법을 어긴 것이라고 말합니다(요일 3:4). 율법이 죄를 죄로 인식하게 한다고 말합니다(롬 3:20, 5:13). 그런데 죄를 죄로 규명하는 이 율법 또한 윤리적이라기보다는 관계적입니다. 철학과 신학을 공부한 김용규는 십계명을 시대를 초월한 보편타당한 윤리로 보는 것은 심각한 오류가 깔려 있다면서 이렇게 말했습니다. "십계명을 포함한 신구약성서에 윤리적인 측면이 없는 것은 아니지만 계약에는 윤리에는 전혀 없는 것, 즉 신이 부담하는 그 어떤 몫이 있다. 계약에는 신이 인간에게 스스로 맹세한 약속이 있고, 스스로 부단히 이 약속의 구현에 참여한다는 점에서 계약은 윤리와 근본적으로 다르다. 윤리에는 원칙적으로 요구와 의무만이 있을 뿐 이에 상응하는 보상이 없으며, 그것을 약속하는 이도 없고, 당연히 그것의 구현에 함께 참여하는 이도 없다"(데칼로그. 14). 매우 중요한 지적이라고 생각합니다. 여기서 우리가 눈여겨 보아야 할 것은 하나님이 사람에게 윤리적 요구를 하신 것이 아니고 계약적인 요구를 하셨다는 사실입니다. 도덕적인 선이 아니라 하나님과 사람의 쌍방 계약에 근거한 요구를 하셨다는 것입니다. 물론 그 계약에는 윤리적인 내용이 들어 있습니다. 하나, 계약은 근본적으로 관계적인 것이지 도덕 교과서가 아니지 않습니까?

이처럼 죄를 죄 되게 하는 율법이 계약이고, 또 계약이 관계적인 것이라면 율법을 범하는 죄를 어떻게 이해하는 것이 옳을까요? 죄 역시 관계적으로 이해하는 것이 옳지 않겠습니까? 죄란 계약의 당사자인 하나님 앞에 서지 않는 것이요, 하나님과 맺은 계약의 말씀을 듣지 않는 것이라고, 하나님과 하나님의 말씀으로부터 철저하게 단절된 것, 소외된 것이라고 이해해야 옳지 않을까요? 그렇다고 죄가 윤리적인 문제가 아니라고 말하는 것은 아닙니다. 분명히 윤리적인 내용을 갖고 있습니다. 그러나 죄를 윤리적으로 접근해서는 죄의 근원, 죄의 성질을 보지 못하게 된다는 것입니다. 그런 문제 때문에 조직신학자 크라우스도 신학을 서술하면서 전통적으로 '죄론'에서 다루었던 내용을 '소외된 인간'이란 주제 아래 다루었습니다(조직신학. 173). 죄를 관계의 차원에서 접근한 거지요.

성경은 죄와 관계의 상호 연관성을 말씀하고 있습니다. "오직 너희 죄악이 너희와 너희 하나님 사이를 내었고 너희 죄가 그 얼굴을 가리워서 너희를 듣지 않으시게 함이니"(사 59:2). 이 말씀에 의하면 죄가 하나님과의 관계를 멀게 한 것이라고 말하고 있습니다. 맞습니다. 죄는 우리와 하나님 사이를 멀게 만듭니다. 그런데 바울은 반대로 접근합니다. "저희가 마음에 하나님 두기를 싫어하매 하나님께서 저희를 그 상실한 마음대로 내어 버려 두사 합당치 못한 일을 하게 하셨으니, 곧 모든 불의, 추악, 탐욕, 악의가 가득한 자요 시기, 살인, 분쟁, 사기, 악독이 가득한 자요 수군수군하는 자요"(롬 1:28-29). 무슨 말입니까? 모든 윤리적인 죄악은 사람이 마음에 하나님 두기를 싫어하는 원초적 관계의 깨어짐에서 비롯된 것이라는 이야기입니다. 이처럼 죄는 하나님과의 관계에 영향을 미치고, 하나님과의 관계는 죄에 영향을 미칩니다.

죄를 윤리적인 차원에서 추적하면 몇 가지 심각한 문제가 발생합니다.

첫째, 선악의 차원에서 죄를 보게 합니다. 우리가 죄악 세상에 살면서 선악을 판단하는 것은 피할 수 없고 또 필요한 일입니다. 그런데 선악을 판단하다 보면 선악을 판단하는 데서 그치지 않고 인격적인 판단과 함께 자칫 정죄하고, 경멸하고, 멸시하는 데까지 나아가기 쉽고, 결국에는 인격적인 상처를 주게 된다는 문제가 발생합니다. 사람은 누구나 정죄와 멸시를 당하면 상처를 입고 수치와 두려움을 느낍니다. 그래서 인간과 인간의 관계가 소외되는 또 다른 죄를 낳게 됩니다. 그뿐 아니라 판단받고 소외되는 게 싫어서 겉과 속이 다른 행동을 하게 만듭니다. 죄를 포장하여 숨기거나, 겉만 번지르르하게 꾸미는 위선을 떨게 하지요. 교회 안에 위선자들이 많은 것도 교회가 죄를 많이 말하고 죄를 윤리적으로 정죄하기 때문에 그런 것이라고 생각합니다.

둘째, 더욱이 놀라운 사실은 선악을 아는 것 자체가 죄요 죄의 결과라는 것입니다. 인간이 선악과를 먹기 전(죄를 짓기 전)에는 선악을 알지 못한 채로 살았습니다. 에덴동산은 선악의 기준을 초월한 곳이었습니다. 그런데 선악과를 먹음(선악을 앎)으로 죄가 들어왔습니다. 이 생각은 우리가 상식적으로 생각하는 것과는 정반대입니다.

우리는 흔히 선악을 아는 것이 깨어 있는 삶이라고 생각합니다. 악에 빠지지 않고 선에 속하는 것이 그리스도인의 삶이라고 생각합니다. 그러나 사실은 그렇지 않습니다. 악을 알지 않고는 선을 알 수 없고, 선을 알지 않고는 악을 알 수 없습니다. 악이 없이는 선에 속할 수 없습니다. 선과 악은 항상 공존합니다. 그러기 때문에 아담이 선악을 앎과 동시에 에덴의 삶이 막을 내렸던 겁니다. 그러니 선악의 잣대로 어떻게 선악을 극복할 수 있겠습니까? 만약 그것이 가능하다면 왜 예수님이 오셨겠습니까? 예수님이 오셔서 십자가에 돌아가신 것은 바로 선악의 잣대로는 선악을 극복할 수 없기 때문이었습니다.

셋째, 윤리적인 접근으로는 죄 문제를 치유할 수 없습니다. 이건 율법이 죄인을 구원하지 못하고 죄를 깨닫게 하는 것 이상의 기능을 할 수 없는 것과 같은 이치입니다. 율법은 그리스도에게 인도하는 몽학선생일 뿐입니다(갈 3:24). 그러기 때문에 죄를 윤리적으로 접근해서는 결코 죄 문제를 풀 수 없습니다. 구원으로 인도할 수 없습니다. 더 큰 죄에 빠지게 하거나 죄를 포장하여 숨기게 하는 악순환을 거듭할 뿐입니다.

넷째, 죄를 윤리적인 차원에서 이해하면 어쩔 수 없이 하나님의 복음과 하나님 나라의 삶의 규범들도 윤리적인 수준으로 왜곡시키게 됩니다. 본래 하나님의 복음은 윤리와 무관하지는 않으나 윤리를 넘어서는 곳에 자리합니다. 예수님이 우리 죄를 지고 십자가에 죽으신 것은 죄를 끊고 윤리적인 선에 속하게 하기 위함이 아니라, 죄가 하나님과의 관계를 가로막고 있기 때문에 꽉 막힌 관계를 회복시키기 위해서 죽으셨습니다. 죄의 가장 무서운 기능은 우리를 악에 떨어뜨린다는 데 있지 않고 하나님과의 관계의 숨통을 조르는데 있습니다. 그런데 복음을 선포하는 교회가 죄를 윤리적인 것으로 정죄하고 도덕적인 설교를 입이 닳도록 해대면 복음이 겨냥하는 것과는 전혀 엉뚱한 방향으로 복음이 왜곡될 수밖에 없습니다. 그리스도인의 삶이 하나님 나라의 삶으로까지 성숙할 수 없습니다.

그렇다고 죄가 윤리적인 문제가 아니라거나 윤리적인 차원에서 이해하는 것이 틀렸다고 말하는 것은 아닙니다. 복음은 윤리와 아무런 상관이 없다고 말하는 것도 아닙니다. 죄는 분명 윤리적인 문제를 안고 있습니다. 윤리적인 부분을 짚어야 합니다. 요즘같이 죄에 무감각해진 세대에는 더더욱 죄를 각성시킬 필요가 있습니다. 하지만 윤리적인 죄 이해로는 죄인을 구원으로 인도할 수 없는 한계가 있다는 것, 성경적인 죄 인식에서 멀어지게 할 위험성이 있다는 것, 복음을 왜곡시킬 위험성이 있다는 것을 기억해야 합니다.

그러므로 교회는 죄를 윤리적인 차원만 아니라 관계적인 차원에서 이해할 수 있도록 눈을 열어야 합니다. 그래야 성도들과 하나님과의 관계가 인격적으로 소통하는 건강한 관계로 발전할 수 있고 구원의 축복을 풍성히 누릴 수 있습니다. 그래야 교회가 죄에 집중하고 정죄하고 판단하는 도덕적 완벽주의로부터 해방될 수 있고 바리새적인 형식적 경건주의로부터도 해방될 수 있습니다. 그래야 죄를 보면서도 죄를 넘어서는 따뜻한 교회, 죄인을 포용하고 죄를 덮어주며 용서하는 십자가의 품을 가진 교회, 윤리적인 수준을 넘어서는 구원의 삶이 넘치는 교회로 회복될 수 있습니다.

2) 구원 집착증

구원을 받는 것과 구원에 집착하는 것은 전혀 다른 문제입니다. 교회는 구원의 종교이긴 하나 구원에 집착하는 종교는 아닙니다. 그런데 교회는 다른 어떤 종교보다 구원에 대한 집착이 매우 강합니다. 왜 그럴까요? 인간의 보편적인 심리에 비추어 생각해 보겠습니다. 사랑을 받지 못하고 자란 사람이 사랑을 받고 자란 사람보다 사랑에 집착합니다. 돈이 넉넉지 못한 가정에서 자란 사람이 돈에 집착합니다. 배우지 못한 부모가 배운 사람보다 자식 교육에 더 집착합니다. 왜 그럴까요? 자기에게 없거나 채워지지 않은 뭔가가 있기 때문입니다. 구원 문제도 예외가 아닙니다.

구원에 집착하는 사람은 역설적으로 구원의 은혜를 누리지 못하고 있거나 구원에서 먼 사람일 가능성이 많습니다. 만일 그 사람이 구원의 은혜를 충만히 누리고 있다면, 구원에 대한 약속을 신뢰하고 있다면 구원에 집착하지는 않을 것입니다. 건강한 사람이 숨쉬기 위해 애쓸 필요가 있습니까? 숨쉬기 위해 애쓰는 사람은 숨이 잦아드는 사람입니다. 구원받은 사람도 그와 같습니다. 정말 구원받은 사람은 구원받기 위해 목숨 걸지 않습니다. 구원에 매달리지 않습니다. 이미 구원의 세계 속에 살고 있는데 무엇 때문에 발버둥을 치겠습니까?

이것이 인간의 보편적인 심리 현상이라면 교회가 지나치게 구원에 집착하는 현상을 어떻게 해석해야 하겠습니까? 물론 영혼 구원에 대한 열정 때문이기도 하겠지요. 그러나 어쩌면 교회가 구원에서 멀리 있기 때문에, 성도들이 구원을 누리지 못하고 있기 때문에, 그걸 감추기 위해서 구원에 집착하는 건 아닌가 하는 심각한 의문을 던져보지 않을 수 없습니다.

사도 바울은 "그(예수 그리스도) 안에는 신성의 모든 충만이 육체로 거하시고 너희도 그 안에서 충만하여졌으니"(골 2:9-10)라고 말했습니다. 이렇게 그리스도 안에서 충만해졌다고 말한 바울이 이번에는 "두렵고 떨림으로 너희 구원을 이루라"(빌 2:12)고 말합니다. 이 두 말씀을 통합해 보면 이미 충만해진 우리는 구원을 위해 분투해야 합니다.

그렇다면 빌립보서에서 말하는 구원은 구원받음이 아니라 구원받은 것을 사는 문제라는 걸 알 수 있습니다. 천국 가는 문제가 아니라 성화의 문제를 말하고 있는 것입니다. 만일 이런 의미의 구원이라면 교회는 쉬지 않고 구원을 말하고 구원을 위해 분투하도록 격려해야 할 것입니다. 날마다 두렵고 떨리는 마음으로 구원의 삶을 살기 위해서 힘써야 할 것입니다. 그런데 교회가 말하고 집착하는 구원은 성숙의 문제보다는 구원받음의 문제요, 구원의 삶을 살기 위해 분투하는 게 아니라 구원 자체에 매달리고 있지 않습니까?

더구나 구원의 확신을 많이 강조하는데 확신이라는 것이 참 애매모호합니다. 확신이라는 게 대부분 심리적인 현상일 가능성이 많습니다. 사람의 심리는 기계처럼 작동하지 않습니다. 상황에 따라 수많은 변수가 작용하는 것이 마음입니다. 아마 사람의 마음처럼 오묘하고 변덕스럽고 변화의 편차가 큰 것도 드물 것입니다. 이런 사람의 마음을 향해서 불변의 확신을 가져야 한다고 강요하는 것은 심리적인 억압이 아닐까요. 또 확신의 정도에 의해서 구원 여부가 결정되는 것도 아닌데 왜 교회는 성도들에게 확신을 지나치게 요구하고 강조하는지요. 과연 누구의 허락을 받고 이렇게 심리적인 억압을 하는지요. 확신은 구원 이후에 나타나는 자연스러운 반응일 뿐 요구할 성질의 것은 아닌데 말입니다. 확신 여부에 따라 구원이 달라지는 것도 아니고요. 이제 교회도 집착의 관행을 벗고 조용히 한걸음 물러나 그저 바라볼 수 있으면 좋겠습니다.

더욱이 확신이라고 하는 것은 매우 위험한 독소를 갖고 있습니다. 일본의 독서광이요 지성인인 다치바나 다나카는 "정신적으로 건강해지려면 젊을 때 최대한 많은 사상적인 외도를 해야 합니다. 사상에 관해서는 되도록 바람을 많이 피워야 한다고 분명하게 말할 수 있습니다. 바람을 덜 피운 사람은 쉽게 미칩니다. 쉽게 미칠 뿐만 아니라 자기가 푹 빠져 있다는 사실조차 알지 못합니다. 인간의 머리는 뭔가에 쉽게 미치게끔 되어 있습니다. 인지과학이나 정신의학을 공부해 보면 인간의 머리가 얼마나 미치기 쉽게 만들어져 있는지 알 수 있습니다. 진실이 아닌 것을 진실이라고 쉽게 믿도록 되어 있습니다"(뇌를 단련하다. 29).

여러분! 이 말을 신앙과는 반대되는 사단의 말이라고 무시해도 될까요? 이 말이 전부는 아니지만 인문학적 진실을 담고 있다는 것 정도는 인정하고 우리 자신을 돌아보는 것이 정직한 태도 아니겠습니까?

스콧 펙도 확신의 위험성을 이렇게 지적하고 있습니다. "당신이 기억해야 될 것은 세상에서 일어나는 대부분의 악은 자신들이 하고 있는 일이 어떤 것인지 확실하게 알고 있다고 믿고 있는 사람들에 의해 저질러진다는 사실이다"(그리고 저 너머에. 223). 내가 처음 이 글을 읽었을 때 얼마나 놀랐는지 모릅니다. 이 말의 진실성 때문에 충격을 받았습니다.

경건한 믿음의 사람이요 구원의 체험과 확신이 분명했던 파스칼조차도 "사람들이 종교적 확신으로 무엇을 할 때만큼 철저하고 지독하게 잔인하거나 그릇될 때도 없다"고 종교적 확신의 위험성을 지적한 바 있습니다. 파스칼의 이 말은 모든 종교의 역사를 한 번만 훑어보아도 알 수 있는 명백한 진실입니다.

인류의 전쟁사를 보세요. 종교적 확신이 일으킨 전쟁이 대부분 아닙니까. 가장 잔인하고 광포한 전쟁은 언제나 종교전쟁이었지 않습니까. 진실이 이러한데 왜 교회는 여전히 종교적 확신에 목을 매다는지 모르겠습니다. 나는 그리스도인들이 적어도 파스칼 정도의 인식을 할 수 있도록 종교적 확신의 위험성을 알려주고 자기 확신을 점검할 수 있도록 안내해 주는 것이 목회자로서 정직한 태도라고 믿습니다.

물론 내가 지금 말하고자 하는 것이 구원의 확신이나 믿음의 확신을 모두 거부하자거나 거짓이라고 매도하는 게 아니라는 건 십분 이해하시리라 믿습니다. 단지 지나치게 강조하는 것의 위험성과 억지스러움을 지적하는 것이요, 확신이 능사가 아니라는 것을 말하려는 것입니다. 또 확신을 지나치게 강조하는 것은 심리적인 자기 확신의 토대 위에 구원과 하나님 나라를 건설하는 위험한 짓이라는 것을 말씀드리는 것입니다. 그리고 진정으로 구원에 참여한 자, 하나님과의 인격적 관계 안에서 사는 자는 구태여 확신에 매이지 않는다는 것, 확신을 강요할 필요도 없다는 것을 말씀드리는 것입니다.

3) 좁디좁은 구원의 지평

교회가 낡은 테이프를 돌리듯 반복해서 외쳐대는 구원은 그 지평이 너무 좁습니다. 너무 개인 중심적이고 영혼 중심적입니다. 사실 구원은 우주처럼 광대하고 끝이 없습니다. 하나님의 존재의 크기만큼 구원도 크고, 하나님의 존재의 깊이만큼 구원도 깊으며, 하나님의 존재의 신비만큼 구원도 오묘하고 신비합니다.

나의 짧은 신앙 경험을 되돌아보면 하나님은 알수록 모르겠습니다. 하나님을 아는 것으로 신앙생활을 시작했는데, 신앙생활을 하면 할수록, 하나님을 알면 알수록 하나님을 모르겠습니다. 감추어진 부분, 이해할 수 없는 부분이 너무 많아서 이제는 감히 하나님을 안다고 말할 자신이 없어졌습니다. 아니, 하나님을 알지만 하나님을 모릅니다. 내가 하나님을 안다고만 생각했을 때는 신앙의 확신과 열정이 있었습니다. 그러나 하나님을 알 수 없다는 것도 알고 보니 신앙적 확신과 열정이 예전 같지 않더군요.

허나 어찌하겠습니까? 하나님을 다 알 수 없는 것이 진실인 걸. 확신과 열정을 위해서 진실을 가릴까요? 예, 지금까지 교회는 그렇게 해왔습니다. 확신과 열정을 갉아 먹는 진실을 가린 부분이 있습니다. 그러나 나는 그럴 수 없습니다. 확신이나 열정보다는 진실이 더 소중하기 때문입니다.

바울도 지식이 없는 열심의 위험성에 대해서 이렇게 지적했습니다. "나는 증언합니다. 그들은 하나님을 섬기는데 열성이 있습니다. 그러나 그 열성은 올바른 지식에서 생긴 것이 아닙니다. 그들은 하나님의 의를 알지 못하고 자기 자신들의 의를 세우려고 힘을 씀으로써 하나님의 의에는 복종하지 않게 되었습니다"(롬 10:2-3). 유대인들은 신앙적인 열성이 대단했지만 진실에 대한 참 지식이 없었기 때문에 엉뚱한 길을 좇았다는 것이 바울의 지적입니다.

인생을 좀 살아보니 이제는 안다는 것의 가벼움과 허접스러움이 보입니다. 확신이나 열정조차도 신앙의 결과라기보다는 단순함의 결과일 경우가 많다는 것도 보입니다. 때문에 이제는 확신이나 열정에 속지 않습니다. 그렇다고 확신이나 열정이 필요 없다거나 나쁘다고 말하는 것은 아닙니다. 확신과 열정은 우리 삶에 없어서는 안 되는 필수 영양소요 에너지원입니다. 열정이 없는 삶은 죽은 것과 같습니다. 하지만 진실을 찾아가는 노정에서 열정을 상실하게 되는 경우도 발생할 수 있다는 것을 인정하려 합니다. 나에겐 열정보다 진실이 더 소중하기 때문입니다.

그럼 교회의 구원 이해가 왜 이렇게 좁은 것일까요? 교회의 구원 이해가 좁은 것은 사람의 이기적인 본성에 편승한 결과라고 생각합니다. 사람은 보편적으로 돈과 권력을 위해서는 젖 먹던 힘까지 동원하며 최선을 다하지만 진실을 찾는 일, 생각하는 일에는 한없이 게으릅니다. 주먹은 빠르지만 생각은 더딥니다. 손에 떡을 쥐어 주면 환영하지만 생각을 쥐어 주면 뿌리치고 도망갑니다. 이런 사람을 대상으로 목회를 해야 하니 어찌하겠습니까? 생각이 아니라 떡을 쥐어 줄 수밖에.

성도뿐 아닙니다. 교회의 구원 이해가 천박하고 같은 테이프를 쉬지 않고 돌려대는 것은 대부분의 목회자들 역시 생각하기를 싫어하기 때문입니다. 생각보다는 떡(성공)에 눈독을 들이기 때문입니다. 심지어 신학교 교수들 중에도 생각하기를 싫어하는 자들이 수두룩합니다. 내가 그간의 인생을 살아오면서 관찰하고 생각해 본 결과 생각하기를 게을리 하는 것이야말로 인류의 재앙이며 종교의 재앙이라는 확신이 들었습니다. 행함이 없는 믿음도 위험한 것이지만 생각하지 않는 믿음은 더 위험하다는 것이 내가 발견한 진실입니다.

우리의 구원론은 구원받아야 합니다. 우리의 구원 이해가 너무 좁고 부분적이며 왜곡되어 있기 때문에 구원론을 구원하는 것보다 더 중차대한 문제가 없다고 생각합니다. 또 하나 한국교회가 시급히 해결해야 할 과제가 있습니다. 교회론을 구원하는 일입니다. 만일 이 두 가지 과제를 정직하게 대면하고 구원하기 위해 애쓰지 않는다면 그 목회는 눈 가리고 아웅하는 목회, 본질을 덮고 실용적인 교회 이익을 추구하는 목회, 하나님 나라를 외면하고 종교적인 교회 왕국을 건설하는 목회라고 감히 말하고 싶습니다.

설사 기도를 많이 하고 발이 부르트도록 부지런히 뛴다 할지라도, 구령의 열정에 미쳐 몸을 불사른다 할지라도, 눈에 보이는 신앙의 모습이 아무리 헌신적이라 할지라도, 교회론과 구원론을 구원하기 위해 진력하지 않는 목회는 거짓 목회일 수밖에 없다고 생각합니다. 왜냐하면 그런 목회의 심층에는 목회적 성공이라는 대왕이 자리하고 앉아서 조종하고 있을 가능성이 거의 99%일 거라고 생각되기 때문입니다. 그렇다면 목회 성공이라는 대왕을 일부러 숨기는 것일까요? 예, 그런 사람이 없진 않겠지요. 허나 극소수일 것입니다.

대부분은 문화적으로 익숙해 있어서 인지하지 못하고 있거나, 자기 열심과 헌신에 속고 있는 거라고 보여집니다. 목회자들도 성도들도 모두 종교적인 겉모습에 피차 속고 있는 줄도 모르면서 속고 있다고 생각됩니다. 이제 더 이상 열심과 맹신이라는 신화에 갇혀 있어서는 안되겠습니다. 과감하게 종교적인 열심과 맹신, 거짓의 신화를 벗고 진실의 안경을 씁시다. 그래서 왜곡된 교회론과 부분적인 구원론을 회복하고 구원하는 일에 매진합시다. 이것이 이 시대 교회와 그리스도인을 향한 주님의 뜻이라고 믿습니다.

고독한 영혼 키에르케고르는 숨을 거두던 해인 1855년에 쓴 글에서 이렇게 신음하듯 말합니다. "나는 무엇을 원하는가? 단순하다. 나는 정직을 원한다. … 나는 관대파도 엄격파도 아니다. 나는 … 인간적 정직파이다. … 공식적인 기독교의 범죄란 그 거짓됨에 있다고 나는 생각한다"(아브라함 요수아 헤셸, 진리를 향한 열정. 131에서 재인용). 헤셸은 아브람이 친척과 고향 땅을 떠난 것을 진리와 더불어 홀로 살기 위해 공동체와 속임수를 포기한 것이라고 해석하면서 "순수한 고립은 새 공동체 출현의 전주곡이다. 그러나 당신이 발을 빼지 않고 세상의 부분으로 남는다면 당신은 자신을 속이지 않기 위해 최대의 노력을 기울여야 한다. 분명히 인간의 가장 강한 속성 가운데 하나는 자기를 속이는 것이다. … 사람이 자기 자신을 속이지 않으면, 그는 마침내 세계의 거짓됨을 깨닫게 된다"(진리를 향한 열정. 24)고 말했습니다. 깊이 음미해 봐야 할 대목이라고 생각합니다.

3 새롭게 눈떠 가는 진실의 세계

1 신앙으로 진실 보기

다른 사람은 신앙을 어떻게 바라보는지 모르겠습니다만 나에게 있어서 신앙은 거짓에 눈 가리지 아니하고 진실에 눈떠 가는 것입니다. 처음부터 그랬던 건 아니지만 신앙의 연륜이 쌓여가면서 신앙과 진실 보기는 딴 세계가 아니었습니다. 신앙이란 하나님을 통해 진실을 보는 것 외에 다른 어떤 것도 되어서는 안 된다는 것이 지금의 내 생각입니다. 만일 진실을 보는 것 외에 다른 것이 가미되면 그 순간부터 신앙은 종교적 수단으로 전락하거나 종교적 행위가 되는 운명을 피할 수 없다는 것이 그 동안의 경험과 관찰을 통해 얻은 결론입니다.

물론 우리 스스로의 능력으로는 결코 진실을 볼 수 없습니다. 오직 하나님을 통해서만 진실을 볼 수 있습니다. 허나 하나님을 통해 본다 해도 사람은 결코 진실을 다 볼 수 없습니다. 만일 누군가가 진실을 다 본다고 말한다면 그보다 더 큰 거짓은 없을 것입니다. 우리는 그저 진실을 보기 위해 마음을 맑게 하고, 눈을 부릅뜰 뿐입니다. 하나님의 진실, 하나님의 말씀의 진실, 창조 세계의 진실, 구원의 진실, 십자가의 진실, 인생의 진실, 종교적 허위의 진실, 인간의 진실을 보기 위해 애를 쓰고, 진실을 붙잡기 위해 삶을 불태우는 것이 우리가 할 수 있는 최선입니다. 그것이 가장 정직한 신앙의 태도입니다. 그저 적당히 하나님이 하셨다고 눈가림 하는 것은 신앙이 아니라 위선입니다.

사도 바울은 에베소교회 성도들을 위해 기도할 때 이렇게 기도했습니다. "너희를 인하여 감사하기를 마지아니하고 내가 기도할 때에 너희를 말하노라. 우리 주 예수 그리스도의 하나님, 영광의 아버지께서 지혜와 계시의 정신을 너희에게 주사 하나님을 알게 하시고, 너희 마음눈을 밝히사 그의 부르심의 소망이 무엇이며, 성도 안에서 그 기업의 영광의 풍성이 무엇이며, 그의 힘의 강력으로 역사하심을 따라 믿는 우리에게 베푸신 능력의 지극히 크심이 어떤 것을 너희로 알게 하시기를 구하노라"(엡 1:16-19).

바울은 에베소교회 성도들을 위해 다른 것 기도하지 않았습니다. 오직 저들의 마음의 눈을 밝혀달라고 기도했습니다. 하나님이 행하신 구원이 어떠한 것인지를 알게 해 달라고 기도했습니다. 마음눈이 밝아지지 않으면 진실을 볼 수 없기 때문에(하나님의 진실, 구원의 진실, 신앙의 진실, 세계의 진실, 인생의 진실, 인간의 진실을 볼 수 없기 때문에) 마음눈을 밝혀달라고 기도한 것입니다. 이처럼 마음의 눈이 밝아져 하나님이 행하신 구원의 풍성함을 알고 진실을 보는 것이 신앙의 본질이라고 믿습니다.

2 새롭게 열리는 세상의 아름다움

미국의 정신과 의사인 스콧 팩은 인간과 삶을 탐구하고 관찰한 결과 이런 결론을 내리고 있습니다. "우리는 배우기 위해서 여기 있는 것이다. 우리들에게 생긴 모든 일은 우리가 배우는 것을 도와준다. 그리고 죽음보다 더 많이 배울 수 있게 해주는 것은 아무것도 없다. 나는 또한 우리가 뭔가를 배우는데 이상적인 환경을 부여받았다는 결론에 이르게 되었다. 나는 여러분들이 상상력을 발휘해서 우리에게 주어진 인생보다, 이러한 인생보다 인간이 배우는데 더 이상적인 환경을 생각해 보라고 하고 싶다. 가장 힘든 순간에 내가 처해 있던, 하나님이 만드신 신병 훈련소는 거의 지옥 같은 장애물 코스로 가득했지만 내가 보기에는 우리의 배움을 위해서 계획된 것이다"(끝나지 않은 여행. 76).

스콧 팩은 현재의 인생이 배움을 위한 최상의 조건을 갖추고 있다고 말합니다. 이 말을 곰곰이 생각해 보니 지금까지 기독교에서 말하는 것(현재의 인생은 죄의 결과라는 해석)과는 판이하게 다른 해석이었지만 이 말 속에도 진실이 있다는 것을 발견할 수 있었습니다. 인생이 이렇게 지옥 훈련소 같은 환경이 된 것은 우리의 죄 때문이기도 하지만, 인생을 위한 최상의 환경이기도 하다는 오묘한 역설을 발견할 수 있었습니다.

나는 스콧 팩이 말한 대로 상상의 나래를 펴고 가능한 모든 세계를 추리해 보았습니다. 죄가 없고, 죄로 인한 상처도 없는 세상을 상상해 보았습니다. 아픔, 질병, 배신, 질투, 교만, 죽음이 없는 세상을 상상해 보았습니다. 상상의 나래를 펴고 지금보다 나을 것 같은, 사람들이 간절히 꿈꾸는 세상을 그려보았습니다. 하지만 얻은 결론은 지금 이보다 더 완전한 세상은 상상할 수 없다는 것이었습니다.

스콧 팩은 죄 문제를 가볍게 다루는 사람이 아닙니다. 그는 정신과 의사로서 죄 문제에 대해서 깊은 관심을 갖고 연구하고 임상을 한 경력을 갖고 있습니다. "악의 심리학"이라는 책을 낼 만큼 죄 문제를 탐구했던 사람입니다. 또 그가 성경의 가르침을 최종적인 진리로 받아들이게 된 것은 기독교가 인간의 죄 문제에 대해서 가장 정직하고 진지하게 다루고 있기 때문이라고 말할 정도로 죄의 실체에 대해서 심각하게 고민한 사람입니다. 그런 그가 이 세상을 단지 죄의 결과로만 해석하지 않고 배움을 위한 하나님의 계획이라고 말한 것은 매우 놀랄 만한 일입니다. 그리고 깊이 생각해 보니 진실이 담겨 있었습니다.

진실로 이 세상은 죄가 득실거리고 있습니다. 죄 때문에 세상이 휘청거리고 있습니다. 모든 피조 세계가 죄 때문에 신음하고 있습니다. 죄가 모든 소통을 틀어막고 있습니다. 그런데 죄로 인해 신음하는 이 세상이 바로 최고의 인생 대학이 되어서 사람들을 가르치고 있습니다. 보세요. 아픔은 죄의 결과이지만 아픔이 없으면 성숙도 없습니다. 죽음은 죄의 결과이지만 죽음이 없으면 삶의 가치를 배울 수 없습니다. 배고픔과 실패가 인생의 쓴잔이지만 실패와 배고픔이 없이는 연민을 배우기 어렵습니다. 요셉이 형들에게 미움을 받아 애굽으로 팔려 갔지만 애굽의 종살이가 없었더라면 요셉은 요셉이 될 수 없습니다.

배신은 인생에서 가장 더럽고 추악한 행동입니다. 나도 배신이라는 쓴잔을 마신 적이 있습니다. 배신을 확인한 순간을 지금도 잊지 못합니다. 내 안의 모든 세포가 일시에 멎어 버리는 것 같았으니까요. 잠을 잘 수도, 다른 생각을 할 수도 없더군요. 날마다 순간마다 배신이라는 실체 없는 괴물에 쫓겨야 했습니다. 아무리 달아나려 해도 소용이 없었습니다. 나도 모르는 원초적 죄의 본능이 무서운 적개심이 되어 심장을 펌프질했습니다. 그 동안 내 안에서 잠자고 있던 모든 죄의 본능들이 꿈틀대기 시작했습니다. 그러나 차마 죄의 본능에 나를 맡길 수는 없었습니다. 추악한 싸움을 할 수는 없었습니다. 그것은 주님의 뜻도 아니고, 해결책도 아니고, 또 가치 있는 일도 아니기 때문에, 살기 위해서는 달리 길이 없기 때문에 마음은 결코 용서하고 싶지 않았지만 용서해야만 했습니다. 그리고서 알았습니다. 용서가 무엇인지를. 하나님께 용서받은 은총이 무엇인지를. 전에는 머리로 알았지만 이제는 몸으로 알았습니다. 배신을 통해 비로소 용서를 배운 것입니다.

바로 여기에 논리를 넘어선 삶의 신비가 있습니다. 하나님이 하시는 일의 신비가 있습니다. 이 세상이 죄로 인해 형편없이 찌그러졌지만 바로 이런 세상이야말로 인간을 위한 최적의 세상이요, 이보다 더 좋은 교육적인 환경은 있을 수 없다는 역설이 있습니다. 나는 이 놀라운 신비와 역설을 깨닫고 나서, 이 세상이 비록 죄악으로 가득한 슬픈 세상이지만 죄악으로 짓이겨진 슬픈 세상을 사랑할 수 있게 되었습니다. 세상을 긍정하고 감사할 수 있게 되었습니다.

20세기 최고의 신앙 변증가인 C.S. 루이스가 "아마 지금 이 우주는 있을 수 있는 모든 우주들 중에 가장 좋은 우주가 아니라, 있을 수 있는 단 하나의 우주일 것입니다"(고통의 문제. 51)라고 말한 것도 이런 하나님의 신비와 역설을 보았기 때문일 것입니다. 그래요. 인생이란 배움을 위해 계획된 하나님의 선물입니다. 비록 죄악으로 일그러진 세상이요 인생이지만 그렇게 일그러진 세상이요 인생이기 때문에 오히려 우리에게 많은 배움을 주고 있다는 역설을 인정하면서 힘들고 고통스럽지만 조금씩 배우고 눈떠 가는 재미에 인생의 산을 오르고 있습니다.

3 시선은 넓게, 생활은 작게, 예수님처럼

예수님은 모든 그리스도인에게 경외의 대상입니다. 그분의 인격과 삶은 하늘처럼 높고 높아 감히 흉내조차 낼 수 없는 분이십니다. 우리로서는 그저 마음 다해 경외하고 찬양하는 것 외에는 딱히 할 것이 없을 정도로 크신 분이십니다. 나도 예수님을 볼 때면 그분의 탁월한 능력, 허를 찌르는 탁견, 십자가의 숭고한 희생, 하늘 아버지에 대한 절대 순종의 모습을 주로 보아왔습니다. 그런데 나이 40을 넘어선 어느 때 예수님의 삶을 묵상하다가 예수님의 삶 속에 나타난 놀라운 특징 하나를 발견하게 되었습니다. 예수님의 시선은 우주를 아우르는 데까지 나아갔던데 비해 예수님의 행동은 갈릴리를 크게 넘나들지 않을 만큼 작더라는 사실입니다.

볼까요? 예수님은 십자가를 지실 때 온 세상을 위한 화목제물이 되심으로써 세상을 송두리째 품으셨습니다. 자기 세대만 아니라 오고 오는 세대까지 껴안으셨습니다. 아니, 한 몸으로 창세로부터 종말까지를 끌어안고 사셨습니다. 그분에게는 내가 없었습니다. 가족이 없었습니다. 민족이 없었습니다. 국가가 없었습니다. 종교의 경계가 없었습니다(타종교인을 위해서도 예수님은 십자가에 죽으셨습니다). 하늘과 땅의 경계가 없었습니다. 하늘과 땅에 있는 모든 것이 예수 안에서는 하나였습니다(엡 1:10). 제자들에게도 땅 끝까지 가서 증인의 삶을 살라고 하셨습니다. 예수님은 진실로 가없는 세계를 한 몸으로 끌어안고 사신 분입니다. 예수님의 눈에 들어오지 않은 세계는 없었습니다.

그러나 예수님이 행하신 것을 보세요. 회당장 야이로가 병든 딸을 고쳐달라고 간청하는 손길을 내밀 때 마다하지 않으셨습니다(막 5:22-23). 죽은 야이로의 딸을 소생시키고서도 그 일을 아무에게도 알리지 말라고 엄히 명하셨습니다(막 5:43). 물론 사전에 나팔을 분 적도 없으시지요. 자기 존재와 사역을 효과적으로 알리기 위해선 예루살렘 행차라도 하면 좋으련만 부러 오르지 않으셨습니다. 그분의 행동반경을 보면 일상의 테두리를 크게 벗어나지 않으셨습니다. 언제나 소박하고 작았습니다. 예수님의 삶을 보면 사고는 세계적이었지만 행동은 지역적이었습니다. 시선은 넓었지만 생활은 작았습니다. 머리는 하늘을 향했지만 발은 땅을 딛고 사셨습니다.

아마 이 시대에 사신다 할지라도 전용 비행기를 타고 세계를 누비고 다니지는 않으실 것입니다. 전용 비행기를 타고 세계를 누비고 다니며 하나님 나라 사역에 바쁜 예수님을 나는 상상할 수 없습니다. 마음과 시선이야 지구촌

뿐 아니라 우주촌을 배회하시겠지만 생활은 여전히 지구촌 한 구석에서 이름도 없는 사람들과 함께 이천 년 전 갈릴리에서 하셨던 일을 조용히 하시고 계실 것입니다. 나는 그런 예수님의 삶의 특징을 발견하고 마음에 큰 울림이 있었습니다. 그리곤 마음에 깊이 새겼습니다. 나도 예수님처럼 살아야 하겠다고. "시선은 넓게, 생활은 작게, 예수님처럼."

그때 이후로 난 예수님의 삶의 비밀은 능력의 남다름이나 지혜의 비범함에 있지 않다는 것을 알았습니다. 오히려 작은 생활 속에 예수님의 삶의 비밀이 있다는 새로운 진실에 눈을 뜰 수 있었습니다. 그리고 오늘의 교회와 지도자들이 예수님을 닮았다면 수천, 수만 명씩 모이는 교회는 확신컨대 없었을 것입니다. 생각해 보세요. 바로 옆에 작은 교회가 숨죽이며 있는데, 언제 큰 교회에 성도를 빼앗길지 몰라 전전긍긍하고 있는데, 큰 교회는 스스로 하나님의 축복이라고 감사하며 기뻐하고 있으니 예수님의 마음을 갖고 어찌 그럴 수 있겠습니까. 떡 하나도 나눠먹는 것이 형제의 도리이거늘, 대기업이 중소기업을 삼키는 것보다 한 술 더 뜨는 교회를 향해 무슨 말을 해야겠습니까. 모든 걸 하나님의 축복이라는 말 한 마디로 정당화해 버리는 교회의 몰염치에 정신이 아득할 뿐입니다.

테레사 수녀는 세상의 모든 가난한 자들을 품고 살았지만 언제나 정성껏 한 사람을 돌보았을 뿐입니다. 예수님은 세상을 위해 세상을 흔들지 않고 자기 몸을 십자가에 내주었을 뿐입니다. 나는 바로 여기서 세상을 위하는 것이 뭔지, 그 진실을 볼 수 있었습니다. 그리고 진실을 보고 나니 진실 아닌 것들이 보였습니다. 범람하고 있는 비전의 허상이 보였습니다.

4 내 눈을 열어 준 사람들

나는 교회를 향해 근본적인 의문을 던지지 않을 수 없습니다. 과연 현실

교회가 예수와 상관이 있는가? 역사적 교회가 예수의 길을 걸어왔던가? 아니 걸어온 것은 차치하더라도 교회의 메시지가 예수의 메시지와 일치하기는 했던가? 초대교회 교부였던 테르툴리아누스가 세상 학문과 예술을 경멸하며 '아카데미가 교회와 무슨 상관이 있는가? 그리스도께서 플라톤과 무슨 상관이 있으며, 예루살렘이 아테네와 무슨 상관이 있는가?'라고 냉소적인 질문을 던졌듯, 1800년이 지난 지금 나는 더 우울한 질문 '교회가 예수와 무슨 상관이 있는가?'를 묻지 않을 수 없습니다. 내가 감히 이런 질문을 던지는 것은 그 동안 교회가 걸어온 길과 현실 교회를 어설프게나마 들여다보고 난 후의 감상이 그러했기 때문입니다. 또 진실 찾기라는 신앙의 여정을 한 걸음 한 걸음 걸어오면서 눈에 띤 진실의 파편들을 보고 내뱉는 슬픈 탄식이기도 합니다.

나는 진실 찾기라는 신앙의 여정을 걸어오면서 참으로 좋은 분들을 만나 이야기를 듣는 행운을 누렸습니다. 그 중에 몇 분만 소개하겠습니다. 미국의 필립 얀시, 스콧 펙, 헨리 나웬 신부, 교육자 파커 팔머, 프랑스의 자크 엘룰, 독일의 한스 큉, 본 회퍼, 유대 랍비 아브라함 요수아 헤셸, 헤롤드 쿠쉬너, 스위스의 프란시스 쉐퍼, 베트남의 스님 틱낫한, 중국의 노자, 장자, 인도의 간디, 자연주의자 헨리 데이빗 소로우, 영국의 존 스토트, 세익스피어, 러시아의 도스토예프스키….

이들은 대부분 정통 신학자나 목회자가 아닌 사람들입니다. 시대의 주류에 속하지 않은 사람들입니다. 그런데 바로 그들과의 만남에서 나는 신앙의 진실을 보는 눈을 뜨는 도움을 받았습니다.

내가 그들에게 배운 것을 짧게 정리하면 이렇습니다. 존 스토트에게선 신앙 인식의 균형을, 필립 얀시와 헤롤드 쿠쉬너에게선 고난과 고통의 의미를, 헨리 나웬에게선 깊은 묵상과 하나님의 마음을, 정신과 의사인 스콧 펙에게는 인생의 다층성과 복잡성을, 헤셸에게는 영적인 통찰력을, 한스 큉에게는 신앙의 깊이와 본질을, 본 회퍼에게는 제자도와 신앙의 진지함을, 쉐퍼에게는 기독교 세계관을, 교육자 파커 팔머에게는 영성의 중요함을, 자크 엘룰에게는 치우치지 않는 냉정한 비판 정신을, 세익스피어와 도스토예프스키에게는 인간의 심오한 심리의 세계를, 간디에게는 진리에 대한 탐구 정신과 실천하는 용기를, 소로우에게는 자연에 대한 섬세한 애정과 소유가 아닌 삶에의 충실을, 스님 틱낱한에게는 침묵과 사물을 보는 새로운 시각을, 노자와 장자에게는 자연의 도와 자유의 정신을 배웠습니다.

나는 이분들이 하는 이야기를 듣고, 생각하고, 질문하고, 고민하면서 조금씩, 아주 조금씩 진실에 눈뜨는 축복을 받았습니다. 이분들과의 만남으로 인해 내 인생은 더 풍성해질 수 있었습니다. 내가 이분들을 만난 것은 전적으로 예수님 덕분입니다. 예수님을 만나지 않았으면 만날 수 없는 분들이었습니다. 예수님은 나를 예수님에게만 붙잡아 두지 않으셨습니다. 친히 내 손을 이끌어 많은 분들을 만나게 하시고 그분들의 말을 듣게 하셨습니다. 그래서 나는 앞으로도 예수님과 함께 그분들도 항상 곁에 모시고 말을 걸기도 하고 말을 듣기도 하며 살 것입니다.

5 알수록 몰라

사람이 나이를 먹고 삶의 연륜이 쌓인다는 것은 넓은 세계를 보는 것만 아니라 삶의 깊이를 보는 것이기도 합니다. 그런데 삶의 깊이를 천착하다 보면 자연스레 질문이 많아지는 것을 경험합니다.

삶을 표피적으로만 보았을 땐 모든 걸 알고 있다고 생각했는데, 깊이 들여다 보면 볼수록 알고 있다고 생각했던 것들이 아는 것이 아니었음을 발견하곤 하거든요. 나의 그런 경험을 "질문하는 어른으로 살고 싶어"라는 글에서 이렇게 적어 보았습니다.

"나는 인생의 밥그릇 수가 더해갈수록 세상과 삶에 대하여, 인간과 하나님에 대하여, 신앙과 종교에 대하여, 과학과 사회에 대하여 꼬리에 꼬리를 물고 의문이 이어진다. 때로 의문을 잠재우고 싶어지기도 하지만 도무지 잠재워지지 않는 의문을 붙들고 씨름하느라 마음과 시간을 빼앗기는 걸 어찌할 수 없다. 진실(왜곡과 신화의 껍질을 벗겨내고 있는 그대로의 참 실상)을 알고 싶은 욕망과 호기심이 더욱 강해지는 걸 발견한다. 예전에는 인생과 진리에 대하여 알고 있다는 대단한 확신과 자신감이 있었는데 지금은 그렇지 못하다. 나이를 먹을수록 내가 지금까지 알고 있다고 자신했던 것들이 실제로는 지극히 부분적일 뿐이며 많은 경우 한쪽으로 치우쳐 있다는 것, 그래서 진실과는 거리가 있다는 것을 새롭게 발견할 때가 많다. 그래서 의문이 더 많아지는지도 모르겠다.

소크라테스는 '음미되지 않는 인생은 살아갈 가치가 없다'고 했다. 그는 질문하는 걸 자신의 사명으로 알았던 사람이다. 소크라테스는 이런 신념대로, 생각하기를 게을리 하는 아테네 시민들에게, 특히 지혜를 깨달았다고 자부하는 사람들에게 끝없이 질문을 던짐으로써 그들의 무지를 폭로하고 가면을 벗겨내는 일에 전념했다. 아테네 시민들은 이런 소크라테스를 원수로 생각했다. 그래서 소크라테스를 신성모독으로 고소하고 사형에 처하는 데 이의를 제기하지 않았다. 지혜를 사랑한다던 아테네가 지혜의 스승 소크라테스를 죽인 것이다. 어디 그뿐인가? 하나님의 율법을 가졌다는 유대 제사장과 율법사들이 율법의 완성자요 율법의 참 해석자인 예수를 십자가에 죽이기도 했지 않은가.

이로 보건데 사람이란 지식을 원하면서도 지혜는 거부하고, 진리에 목말라 하면서도 진리를 거부하는 이상야릇한 존재인 것 같다. 삶의 질문자인 소크라테스가 아테네 시민 법정에서 죽음을 당한 것은 사람들이 얼마나 질문하는 걸 역겨워하며 생각하기를 싫어하는지를 보여주는 역사적 실증이다.

지금도 어른이란 더 이상 질문하지 않는 사람으로 통한다. 질문은 어린아이나 하는 것쯤으로 여긴 채 질문하지 않는 어른으로 살아가는데 익숙해 있다. 그러나 나는 앞으로도 계속 질문하는 어른으로 살고 싶다"(2001.12.23. 교회 주보).

2003년에도 같은 이야기를 쓰고 있습니다.

"나는 늘 대답을 해주어야 하는 설교자입니다. 그러나 개인적으로는 언제나 질문자로 살아갑니다. 질문하지 않고 설교자로 살아가는 것은 내 능력을 넘어서는 일이기에, 질문하는 자만이 진정한 대답을 줄 수 있다고 믿기에, 나는 늘 질문하는 자로 살아갈 수밖에 없습니다"(2003.5.25. 교회 주보).

"하지만 그 진리의 빛은 나와 상관없이 나에게 비추이지는 않는다는 걸 조금씩 아주 조금씩 알아갔습니다. 모든 건 나라는 존재를 통해서만 받아들이게 되며, 내 존재 만큼만 이해할 수 있다는 것을. 또한 진리는 세상의 수많은 요인들에 의해서 왜곡되고 각색된다는 것도 조금씩 아주 조금씩 알아갔습니다.

진리는 결코 포착하거나 규정할 수 없을 만큼 광대무변합니다. 그에 비하면 나의 진리 인식은 내 존재 만큼이나 작고 부분적입니다. 한국이라는 사회의식, 20세기라는 시대의식, 내 삶의 궤적, 사고 능력, 지식, 교회의 전통, 등등 수많은 요소들이 나의 진리 인식을 제한하고 있습니다. 하나님의 진리를 정직하게 인식하기 위해서는 진리 인식을 제한하는 나의 편견과 한계, 길들여진 사고의 틀을 과감하게 벗고 인식의 광야로 달려가야 합니다. 자만심은 닫힌 사람의 마음입니다. 자만심은 진리의 적입니다. 그런데 생각없는 믿음과 자만심은 그 거리가 참 가깝습니다. 본래 믿음은 진리로 들어가는 문인데 생각없는 믿음은 진리로 들어가는 문을 닫아 버립니다. 생각없는 믿음은 모든 걸 닫히게 합니다. 조심해야 할 일입니다"(2003.6.1. 교회 주보).

이런 경험과 생각들 속에서 나는 계속 질문하며 살았습니다. 고정관념의 틀을 깨기 위해 이미 알고 있다고 생각했던 것들에 대해서까지도 '정말 그럴까? 라고 되묻곤 했습니다. 그러는 과정에서 헛된 신화의 벽들이 무너지기도 하고, 피상적으로 알았던 것을 심층적으로 알게 되기도 하고, 알고 있던 것이 모르는 것이 되기도 했습니다. 이런 과정에서 내가 얻은 최고의 수확은 내가 모르는 것이 너무 많다는 것을 알았다는 사실입니다. 역설적이게도 어느 정도 진실에 눈을 뜨면서 내 입에서 터져 나온 고백은 '난 알 수 없어요' 입니다.

어느 날 예수님께서 소경을 고치시고 나서 알쏭달쏭한 말씀을 하신 적이 있습니다. "예수께서 가라사대 내가 심판하러 이 세상에 왔으니 보지 못하는 자들은 보게 하고, 보는 자들은 소경 되게 하려 함이라 하시니, 바리새인 중에 예수와 함께 있던 자들이 이 말씀을 듣고 가로되 우리도 소경인가? 예수께서 가라사대 너희가 소경 되었더면 죄가 없으려니와 본다고 하니 너희 죄가 그저 있느니라"(요 9:37-41).

이 말씀을 깊이 살펴보십시오. 알 것도 같고 모를 것도 같지 않습니까? 예수님은 빛으로 오셨습니다. 우리들 마음눈을 밝히사 보게 하시려고 오셨습니다. 그런데 보지 못하는 자들은 보게 하고, 보는 자들은 소경되게 하려 하신다고 말씀하고 있습니다. 스스로 본다고 생각하는 바리새인을 향해서는 너희가 본다고 하니 죄가 그저 있다고 말씀하십니다. 이게 무슨 말씀입니까? 예수님은 지금 보는 것을 가로막는 최대의 장애물이 뭐냐, 본다고 생각하는 그것이 바로 보지 못하게 가로막는 장애물이라고 말씀하시는 것입니다. 그렇습니다. 자기는 이미 알고 있다고, 보고 있다고 생각하는 자는 결코 볼 수 없습니다. 오직 보지 못함을 아는 자만이 볼 수 있습니다.

　예수님이 한 번은 고향 나사렛에 가신 적이 있습니다. 그때 고향 사람들이 예수를 배척하고 믿지 않았습니다. 그래서 많은 능력을 행치 않았습니다(마 13:53-58). 왜 고향 사람들이 예수를 배척했을까요? 저들이 예수를 알았기 때문입니다. 저들이 예수를 몰랐더라면 예수의 진면목을 보았을 텐데, 예수를 알기 때문에 오히려 예수를 보지 못한 것입니다. 그런데 오늘 그리스도인들 역시 예수님 당시의 고향 사람들의 실수를 똑같이 반복하고 있다고 생각됩니다. 성경을 상투적으로 알기에 성경을 알지 못하고, 예수를 피상적으로 알기에 정작 예수를 알지 못하고, 교회를 습관적으로 다니기에 교회를 알지 못하는 것이 아닌가 생각됩니다.

　오늘 교회 안에 아픔과 뒤틀림이 많은 것도 교회 안에 있는 자들이 지나친 확신에 빠진 사람들, 단순하고 피상적인 진리 인식의 우물 안에 갇혀 있는 사람들이 많기 때문입니다. 내가 때로 한국교회의 정경을 생각하다 보면 답답함과 섬뜩함이 밀려오는 것도 아마 같은 이유일 겁니다. 헤셸이 한 말에 깊이 공감을 하는 것도 마찬가지겠지요. "자신의 지혜를 절대적으로 확신하는 사람들, 세계의 모든 것이 투명하게 분명한 사람들, 신비라든가 불확실성 따위는 모르는 그런 사람들이 지배하는 사회는 생각만 해도 나는 몸이 떨린다"(누가 사람이냐. 106).

　나는 생각합니다. 진실이란 아는 세계만 아니라 모르는 세계 앞에도 서는 것이라고. 하나님과 하나님이 만든 세계는 우리가 아는 것이 0.1%라면 모르는 것은 99.9%일 테니까요. 그렇지 않습니까? 당신은 0.1% 이상 알고 계십니까? 글쎄요. 아마 아닐 겁니다. 인류의 지식이 기하급수적으로 확장되고 있긴 하지만, 그래도 우리가 아는 것은 0.1%에도 미치지 못한다고 생각합니다. 그렇다면 우리가 아는 0.1% 안에 머무는 것이 과연 신앙일 수 있을까요? 모름 앞에 서지 않는 건 신앙이 아닙니다. 하나님 앞에 선다는 것은 모름 앞에 서는 것이니까요.

4 21세기 교회가 시름해야 할 것

> "주여! 내가 변화시킬 수 없는 것들을 받아들일
> 수 있는 침착함을 주옵시고, 내가 할 수 있는 것
> 들을 변화시킬 수 있는 용기를 주옵소서. 또한 이
> 둘 사이의 차이를 분별할 수 있는 지혜를 주시옵
> 소서."
> — 라인홀드 니버 —

하나님은 역사의 주인이시고 역사의 하나님이십니다. 하나님은 홀로 고
상하게 역사적 현실과 유리된 채 계시지 아니하시고 끊임없이 역사와 대화
하시며 역사 속에서 함께 뒹구시는 분이십니다. 교회도 역시 역사적 현실과
대면해야 합니다. 역사와의 대화를 쉬지 않아야 합니다. 그래야 역사의 하나
님과 의미있는 대화를 할 수 있고, 하나님과 대화를 할 수 있어야 현실을 넘
어설 수 있는 대안을 끌어낼 수 있습니다. 그렇지 않으면 교회는 시대로부터
고립된 종교의 성에 갇히게 될 것입니다. 왜냐하면 19세기의 기계적 세계관
과 교회 중심적 신학을 갖고서는 21세기 사람들과 의미있는 대화나 소통을
할 수가 없을 것이기 때문입니다.

신학자 한스 큉은 「위대한 그리스도교 사상가들」이라는 책에서 현대의
신학 작업이 지향해야 할 방향성을 네 가지로 요약했습니다. 첫째는 시류에
영합하지 않는 신실한 신학, 둘째는 권위주의적 신학이 아닌 자유로운 신
학, 셋째는 전통에 얽매인 신학이 아닌 비평적인 신학, 넷째는 특정한 신앙
고백을 중심으로 한 신학이 아닌 에큐메니칼한 신학이 그것입니다. 한스 큉

이 이런 이야기를 하는 것도 신학이 오늘 이 시대와 의미 있는 대화를 하기 위해서입니다.

부족한 사람이 목회적 삶을 살면서 최대한 역사적 현실과 대화하려 한 것도 역사적 현실을 하나님 안으로 끌고 가 대안을 찾기 위해서였습니다. 오늘의 교회적 현실인 21세기 사회를 깊이 들여다보고, 21세기의 과제를 찾아 대안을 제시하려는 목회적인 노력을 하는 것이 역사의 주인이신 하나님을 믿고 따르는 교회와 목회자의 책임이 아니겠습니까.

1 21세기 사회의 혁명적 변화와 교회의 자세

다가올 21세기는 단순히 '역사적 변화의 시기'라고 일컫기에는 부족하고 '문명사적 전환의 시기'라고 해야 할 만큼 변화의 폭이 크고 넓다고들 말합니다. 네이스비트는 이미 우리의 삶 속으로 침투해 들어오기 시작한 열 가지의 새로운 경향들을 다음과 같이 소개하고 있습니다. 인위적 기술에서 하이테크(하이터치)로, 국가경제에서 세계경제로, 중앙집권에서 지방분권으로, 계급 체제에서 네트워크 체제로, 산업사회에서 정보사회로, 단기정책에서 장기정책으로, 제도적인 원조에서 자립체제로, 대의 민주주의에서 참여 민주주의로, 북부에서 남부로의 인구 통계학적 변화, 양자택일에서 다종 선택으로.

이 모든 변화의 흐름을 가만히 살펴보면 이것은 부분적인 변화가 아님을 발견하게 됩니다. 생태계의 위기나 핵의 위협을 포함해서 앞으로 21세기 사회가 겪을 모든 변화는 총체적이며 동시적인 것이 특징입니다. 더 나아가 세계관 자체의 변화가 진행되고 있습니다.

그러기 때문에 세계의 일부분인 교회도 원하든 원치 않든 현대세계의 변화를 피할 수 없고, 그 영향권 밖으로 나갈 수 없습니다. 또한 교회는 세계를 위한 존재이기에 세계를 바로 알아야만 합니다. 시대를 좇아가기 위해서가 아니라 시대를 극복하고 복음적 대안을 찾기 위해서, 보다 적극적으로는 시대로부터 진정한 자유를 누리기 위해서 교회는 시대를 알아야 합니다. 르네 빠딜라는 "복음은 이 세계의 현상유지에 대한 명백한 하나의 도전이다"(복음에 대한 새로운 이해)라고 했는데, 교회가 복음으로 현 세계에 도전을 주기 원한다면 시대를 알아야 합니다. 한스 큉은 "교회가 그야말로 자신의 본질에 충실하려면 단순히 과거만을 고수해서는 안 된다. 역사성을 지닌 교회로서 항상 변하는 세계, 항상 과거가 아닌 현재에 사는 세계 속에서 본연의 사명을 수행하기 위하여 스스로 변해야 한다"(교회란 무엇인가)고 말했습니다.

그러면서도 동시에 교회의 변화에는 한계가 있어야 한다는 사실도 빼놓지 않습니다. 교회란 하나님께서 예수 그리스도를 통하여 이 땅에 '주어진' 것이요 '제정된' 것이며 '맡겨진' 것이기 때문에, 우리 자의로 변화시킬 수 없는 근원적 본질이 있다고 합니다. 그렇습니다. 교회에는 변해야 하는 것과 변해서는 안되는 것이 있습니다.

그런데 그 동안의 교회는 어떠했습니까? 변해야 할 것은 변하지 않고, 변하지 않아야 할 것은 도리어 변하는 이상한 길을 걸어왔습니다. 사실, 그 동안의 교회를 보면 시대에의 민감성과 적합성을 추구한답시고 복음의 본질을 훼손하고, 시대사상과 바꿔치기 해버리는 실수를 자주 범해 왔습니다. 사람들에게 효과적으로 복음을 증거하기 위해서 복음을 값싼 것으로 전락시키는 우를 범해 왔습니다.

또 정반대로 세상이야 어떻게 되든지 교회 홀로 독야청청 교리와 제도의 성벽에 갇혀서 도무지 자기 갱신의 몸짓도 하지 못하는 무기력을 보여주기도 했습니다. 우리는 이와 같은 과거의 실패를 거울삼아, 21세기 목회를 준비하고 변화를 시도해 가는 과정에서 또 다시 같은 실수를 범하지 않도록 경계해야 하겠습니다.

2 21세기 사회의 변화와 교회의 응전

21세기 사회를 간단하면서도 정확하게 말한다는 것은 쉬운 일이 아닙니다. 그러나 목회하는 동안 여러 자료들을 읽고 생각하면서 우리의 목회와 관련하여 중요하다고 생각되는 몇 가지 흐름과 이슈를 나름대로 정리하여 보았습니다. 대략 4가지 정도로 핵심 쟁점을 묶을 수 있었습니다. 1) 기계적 세계관에서 유기적 세계관으로. 2) 초월체험과 영상문화에 적응된 신세대의 등장. 3) 생태계의 위기가 강요하는 삶의 방식의 전환. 4) 교회 중심적 사고로부터 하나님 나라 중심적 사고로의 변화.

1) 기계적 세계관에서 유기적 세계관으로

하워드 스나이더는 「21세기 교회의 전망」이라는 책에서 네이스비트의 말을 인용하여 생물학이 물리학을 물리치고 지배적인 학문으로 자리잡을 것이라고 말하면서, 21세기 세계관의 최대 특징은 인생과 사회를 기계적인 모델에서 유기적인 모델로 이해하게 되는 것이라고 전망하고 있습니다. 이런 전망의 배경은 대략 3가지입니다.

첫째, 환경오염으로 말미암은 생태계 파괴와, 그로 말미암은 생존 위협입니다. 둘째, 현대사회의 산업화와 도시화에 따른 인간 소외의 경험입니다. 셋째, 데카르트 이래 서구사회를 지배해왔던 합리주의의 한계 상황입니다.

데카르트 이래 서양의 사상가들은 영적인 것과 초월적인 세계를 부인하고 과학과 과학적인 방법만을 진리를 결정하는 기준으로 받아들였습니다. 합리적인 지성과 논리적인 사고가 삶의 전 영역을 지배해왔습니다. 모든 것은 분리된 개체였습니다. 그러나 이제는 그런 태도가 의문시되고 있습니다.

합리적인 논리나 과학적 실험만으로는 설명할 수 없는 경험과 사건이 우리 인생에는 너무나도 많다는 것, 모든 존재는 개체로서 완성된 것이 아니라 서로서로 깊은 영향을 주고받는 관계 속에 있음을 발견한 것입니다.

또한 자본주의나 사회주의를 막론하고 근대 산업문명은 막대한 자연 자원을 소모했습니다. 엄청난 폐기물 배출, 환경 위기와 끝없는 소비 확대, 온갖 범죄와 윤리적 무기력, 신기술 개발과 노동 소외, 관료주의와 노동자의 무력감 등 총체적 문명의 위기를 경험했습니다. 그리고 생태계 파괴가 지구적 생존을 위협하는 상황까지 몰리게 되면서 점차 자연을 바라보는 시각이 달라져 왔습니다. 과거에는 물질이란 단순히 인간 행복의 도구일 뿐이었습니다. 착취의 대상이었습니다. 그러나 이제 자연은 단순히 인간의 행복 증진을 위한 수단이나 도구가 아님을 깨닫고 있습니다. 이제는 자연 그 자체가 인간의 행복에 없어서는 안 되는 절대적인 것임을 발견하고, 자연은 더 이상 우리네 삶의 수단이 아니라 삶의 한 부분으로 받아들여지고 있습니다. 그리하여 이제는 착취에서 돌봄으로, 개발에서 보존으로 의식의 대전환이 일어나고 있습니다. 지금 우리에게 절실한 것은 가격이 아니라 가치며, 돈이 아니라 생명이라는 사실을 깨달아가고 있습니다.

인간관계에 있어서도 마찬가지입니다. 산업사회는 기본적으로 공식적이고 계약적인 관계가 주조를 이루었습니다. 기능적인 전문화가 숭상되고 전문인이 대접받는 사회였습니다. 이처럼 기능과 능률만이 중요시되는 사회 속에서 인간은 하나의 기계 인간, 기능 인간이 되어 버리고, 인간 가치보다 상품 가치에 의해 평가되는 인간 소외 현상이 나타났습니다.

이런 경험을 하면서 세계는 점차 기계적 세계관으로부터 유기적 세계관으로 이동하고 있습니다. 이러한 사고의 변화는 위기와 파국에 직면한 현대문명의 한계점에서 새롭게 타오르는 문명사적 사고의 전환이라고 할 만합니다. 이것은 현대문명의 총체적 위기 국면을 맞은 전 인류적 탈출 시도라

하겠습니다.

이렇게 기계적 세계관에서 유기적 세계관으로 변화하는 시대, 근대사회의 기계문명이 공동체의 상실과 인간성 소외를 자초한 것을 발견하고 그 대응으로써 잃어 버린 공동체를 되찾고자 하는 열망이 폭발하는 시대에 교회는 어떻게 응전해야 하겠습니까? 교회는 당연히 사람들이 찾고 있는 공동체를 제공할 수 있어야 합니다. 계약적 관계와 익명성의 편안함을 넘어서는 공동체, 상호 이해와 상호 용서가 있는 공동체, 마음과 마음을 이어주는 인격적인 만남이 있는 공동체를 제공할 수 있어야 합니다.

미국의 신학자 도날드 블러쉬는 이 시대에 공동체에 대한 관심이 고조되는 이유를 3가지로 말하고 있습니다. 첫째로는 고독한 군중의 시대에 살면서 사람들은 서로가 보다 깊은 수준의 인격적인 만남을 추구하려고 하기 때문이요, 둘째로는 전적 헌신에 대한 열망으로서 그들은 무엇인가 의미와 가치를 찾아 자기들의 인생을 전적으로 불태우고 싶기 때문이며, 셋째로는 뿌리 없이 급히 요동하는 시대 가운데서 수많은 사람들, 특히 젊은이들은 안정성과 영속성을 추구하기 때문에 공동체를 찾고 있다는 것입니다. 자기들의 집이라 부를 수 있는 그런 곳을 찾고 있다는 거지요.

다행히 이런 시대적 변화를 읽은 목회자들은 오래 전부터 교회의 공동체성을 회복시키는 길을 찾고자 몸부림을 치고 있습니다. 요즘 셀 목회나 가정교회가 새로운 교회 운동으로 관심을 끄는 것도 이런 시대적 변화 때문이라고 생각합니다. 그런데 아직도 많은 교회는 어떻게 하고 있습니까? 어떤 면에서 교회는 아직도 가장 완고한 기계적 모델을 유지하고 있다고 판단됩니다. 교회를 보면 너무도 답답할 만큼 기계적 세계관이 넘실대고 있습니다. 신도를 교회 성장의 한 부속품쯤으로 여긴다든지, 대형화에 따른 조직의 경직화와 부교역자들의 관료화, 목회자와 평신도 사이의 불협화음, 밀물처럼 들어왔다가 썰물처럼 빠져나가 버리는 예배 회중들, 개교회 중심주의에 따른 교회와 교회, 성도와 성도 사이의 지체 의식의 상실, 복음의 상품화 등등, 이 모든 현상들은 교회가 여전히 기계적 세계관에 함몰되어 있다는 것을 보여주고 있습니다.

오늘날 교회의 모습을 보여주는 사례 하나를 몰트만은 이렇게 소개하고 있습니다.

"나의 부인과 나는 3년 전에 스트트가르트로 이사를 갔다. 거기에서 우리는 새로운 인간관계를 가지고 싶어 했다. 교회에서 우리는 목사님으로부터 많은 시간과 정력을 들여 준비하였고 우리에게 생각할 것을 많이 던져 준 훌륭한 설교를 들었다. 그러나 교회 의자에 앉아 있는 동료 교인들과 진실한 관계를 바라는 우리의 희망은 성취되지 못했다. 그래서 우리는 교회에 홀로 들어간 것과 마찬가지로 역시 교회를 홀로 떠나고 말았다"(새로운 삶을 위하여).

안타깝지만 이것이 우리네 교회의 현실입니다. 사람들은 교회 안에서도 여전히 도시가 주는 무관계성, 익명성, 소외, 고립을 경험하고 있습니다. 교회도 현대 도시사회와 다를 바가 전혀 없습니다. 그래서 산업화와 도시화에 따른 현대사회의 문제를 교회가 전혀 해결해 주지 못하고 있을 뿐만 아니라 오히려 더 심화시키고 있다는 느낌입니다.

이제 교회는 지난 날 교회 성장을 위하여 복음을 상품화한 것과 교회를 시장화한 것을 회개하고, 제자도에 기초한 공동체적 모임이 되도록 전환해야 합니다. 교회는 인간 소외를 극복할 수 있는 구조와 규모를 유지할 수 있도록 끝없는 자기 성장 욕구를 절제해야 합니다. 목회자와 성도의 관계에 있어서도 그 간격을 좁히고, 서로 주님을 위해서 협력하는 열린 대화적 관계로 바뀌어야 합니다.

교회의 행사, 교육, 선교 이 모든 일에 있어서도 우선적으로 고려해야 할 것은 공동체성이 되어야 합니다. 그리하여 유기적인 세계관으로 변화하고 있는 21세기 사회에 교회는 진정한 유기적인 만남과 삶의 모습이 어떠함을 이 사회에 보여줄 수 있어야 할 것입니다. 만일 교회가 이 일을 제대로 해내지 못한다면 공동체를 열망하는 많은 사람들은 오도된 사교 집단이나 반사회적인 공동체로 튕겨져 나갈지 모릅니다. 그러므로 교회의 공동체적 본성을 회복하는 것이야말로 21세기 교회가 감당해야 할 가장 중요한 사명이요 역할이라고 확신합니다.

2) 초월체험과 영상문화

지금 전 세계를 뒤덮고 있는 뉴에이지 운동의 특성 중 하나는 초월체험을 추구하는 것입니다. 뉴턴 이래 물리적으로 닫힌 세계관 속에 살아왔던 사람들은 이제 물질적인 우주 너머에 있는 초월세계를 동경하기 시작했습니다. 자본주의 후기 세대인 지금까지 황금을 좇아 살아본 사람들은 이제 떡으로만 살 수 없다는 것을 인식하기 시작했습니다. 물질주의는 인간의 영혼을 만족시켜 줄 수 없으며, 인간은 근본적으로 의미를 추구하는 존재이기 때문에 삶의 의미와 가치를 찾아 동양적 명상이나 초월세계를 향해 다가가고 있습니다.

독일의 다름슈타트 가나안공동체 원장인 바실레아 슈링크는 "우리는 변화된 세계, 새로운 시대로 들어섰다. 초자연적인 것이 오늘의 주제가 되어 버렸다. 서점들은 방대한 양의 밀교문학으로 채워지고, 영화와 비디오들은 보이지 않은 영적 존재들을 소재로 하여 그들을 우주의 주인으로 부각시키고 있다. 청소년 잡지들은 동양의 다양한 정신공학을 제공하면서 영적 존재들을 새로운 예언자, 20세기의 신으로 간주하고 그들이 모든 문제 해결의 열쇠를 가지고 있는 것처럼 선전한다"(천국의 향취)고 말했습니다.

시인 김지하는 21세기를 한 마디로 '영의 시대'라고 규정했습니다. 이와 같은 영적이고 초월적인 것에 대한 세계적인 흐름을 타고 뉴에이지 운동이 급속히 확산되고 있습니다. 요가와 명상, 밀교, 수상술, 심령술, 정신치료, 마술, 영들과의 접촉 등 모든 것이 초자연적인 경험으로 일관된 새로운 세계관으로 채색되어 있습니다.

또한 지금 젊은이들은 어려서부터 영상문화에 익숙한 세대입니다. 이들은 어린 시절부터 많은 시간을 TV, 비디오, 게임, 컴퓨터, 영화 등 영상문화에 익숙해 있어서 활자화된 인쇄 문화를 접하며 성장한 세대와는 다른 점이 많습니다. 그들은 합리적인 논쟁을 원하지 않습니다. 그들은 말이나 이성으로 설득되지 않습니다. 직접 체험하기를 원하고 느끼기를 원할 뿐입니다. 그래서 영상문화에 익숙해진 21세기 인간은 더 이상 하나님을 깊이 생각하려 하지 않습니다. 성경 말씀을 배우고 그 말씀에 근거하여 믿으려 하지 않습니다. 그들은 하나님을 '느끼고' 하나님의 세계에 '동참하려' 할 뿐입니다. 이성과 정신으로만 아니라 감성과 육체와 혼으로 하나님을 접촉하고 체험하고자 합니다.

그러므로 영상문화 지향의 사람들을 대상으로 목회해야 할 21세기에는 과거에 말하듯이 말할 수 없습니다. 한국교회의 70, 80년대를 풍미했던 제자훈련 방식은 전형적인 인쇄문화 시대의 종교교육 방식이기 때문에 그런 방식으로는 영상 시대의 인간을 교육하기 어렵습니다. 인쇄문화는 분석적이고 논리적인 반면, 영상문화는 총체적이고 감성적입니다. 영상은 분석하기보다는 화면 전체를 한꺼번에 보고, 거기에서 느끼는 느낌을 통해서 영향을 받습니다. 논리적인 사고보다는 영상을 통해서 다가오는 느낌을 중시합니다.

이러한 현상이 결코 건강하고 옳은 것은 아닙니다. 그러나 21세기 교회가 가르치고 세워가야 할 사람이 그런 문화에 길들여진 사람들이라는 걸 부인하거나 외면하는 것도 잘하는 일은 아닙니다. 그런 현상이 옳지 않다고 해서 너희들의 태도를 고치라고 탓만 하는 것도 세상을 섬기는 교회적 태도로서는 문제가 있습니다. 교회는 쉽지 않겠지만 창조적인 대안을 찾아야 합니다. 그 동안의 기독교 교육이 지나치게 글자와 이성 중심이었다는 것을 인식하고 감성도 중시하는 교육 방법을 찾아야 합니다. 시청각 교육의 권위자인 삐에르 바뱅은 지금과 같은 영상 시대, 시청각 시대에 효과적인 종교교육은 아름다움의 길과 상징적인 길이라고 말하면서 이렇게 덧붙였습니다.

"우리가 시청각 시대에 들어서고 있고, 과학적 합리주의에 피곤해 있으며, '하이테크'에 지나치게 젖어 있으므로 감정과 즐거움이야말로 신앙을 얻는 특별한 길이 되었다. 그리스도인이 된 즐거움을 경험하는 것만이 신앙을 지니게 하는 길이다. 종교교육의 요체는 무엇보다도 천국을 맛볼 수 있는 영적 경험을 할 수 있는 장소를 마련해 주는 것이다"(느끼는 시대, 오늘).

이렇듯 초월체험을 추구하고 영상문화에 젖은 신세대를 건강한 하나님의 백성으로 양육하기 위해서는 교회의 예배와 교육 방식에 새로운 전환이 있어야 합니다. 사실 그 동안 우리들은 예배에 대하여 너무 무관심했습니다. 전통적인 예배에 익숙해진 채로 그것이 예배의 전부인 줄 알고 있습니다. 중세 가톨릭의 미신적인 미사의 폐해를 너무나 깊이 경험하고 나온 탓인지 그 동안의 개신교는 십자가나 성상, 심지어는 성찬까지도 몽땅 불태워 버렸던 것이 사실입니다. 그 결과 개신교회의 예배는 설교만이 큰 소리로 울려대는 또 하나의 기형적인 예배가 되고 말았다는 것이 요즘 뜻있는 개신교 학자들의 지적입니다.

최근의 종교 통계를 보면 개신교에서 가톨릭으로 옮기는 사람들이 많습니다. 특히 청년, 지식인 층에서 성당으로 옮기는 경향이 두드러지고 있다고 합니다. 이유야 여러 가지가 있겠지요. 하지만 그 중에서도 개신교의 예배 분위기와는 상당히 다른 성당 고유의 분위기, 즉 영혼 깊은 곳으로 와 닿는 평화와 그윽함, 그리고 말씀 강론과 함께 거룩한 예전이 주는 매력이 작용했으리라고 생각합니다. 그러니까 21세기 인간이 중시하는 느낌에의 욕망을 성당의 웅장함과 고요함, 그리고 미사가 주는 거룩함이 제공하면서 피차 맞아떨어진 게 아닌가 하는 생각을 하는 것입니다.

물론 우리는 사람들의 종교성을 자극하여 종교적 욕구를 채워주는 소비적인 교회가 되게 해서는 안 됩니다. 교회의 종교화는 성경이 가장 강력하게 비판하고 있는 사단의 행위임에 틀림없습니다(사 29:13). 기독교의 종교적 이미지는 그저 종교적인 것 이상이어야 합니다. 종교적인 형식이나 상징 속에 복음을 충실하게 담아내야 합니다. 다시 말하면 기독교교육을 위한 시청각적인 방법이나 상상력과 상징적인 것을 자극하는 예배의 분위기는 십자가에 달리신 역사적 예수를 향하도록 하기 위한 접목의 구실을 하는 것이지 그것 자체가 목적이 될 수는 없다는 것입니다. 그러나 그러면서도 개신교회의 예배는 이제 중세 가톨릭에 대한 피해의식이나 방어의식을 과감하게 털어 버리고 상상력과 감성을 자극하고 일깨우려는 진지한 시도를 해야 한다고 믿습니다.

그럼 어떻게 예배를 갱신해야 할까요?

첫째, 예배가 하나님 나라의 임재를 체험하는 것이 될 수 있기 위해서는 먼저 역동적이면서도 진지한 성경 말씀의 선포가 회복되어야 합니다. 개신교 예배가 설교를 그 특징으로 하고 있다고는 하지만, 요즘 한국교회의 설교는 만담과 닮고 닮은 말이 홍수를 이루고 있는 것이 사실입니다. 우리네 현실을 끌어안고 성경과 씨름하며 토해내는 말씀이 아니고 진지한 해산의 수고가 없는 피상적인 이야기의 반복으로는 사람들의 마음과 삶을 움직일 수 없습니다. 감동을 줄 수 없습니다.

요즘은 '설교 공해' 라는 말이 생겨날 정도로 한국교회의 설교 위기는 심각합니다. 이제 다시 한 번 말씀이 그 권위와 능력을 회복해야 합니다. 말씀의 회복은 예배 갱신의 으뜸이요 지름길입니다. 이 일을 위해서는 목회자들이 심방이나 몸으로 뛰는 일을 좀 뒤로 하고 성경과 기도, 그리고 현실에 대한 깊은 안목을 가질 수 있도록 준비해야 할 것입니다.

둘째, 역동적인 새로운 찬양을 개발해야 합니다. 프랑스 남쪽에 위치한 떼제 공동체의 경우가 좋은 모델이 될 수 있습니다. 화해, 가난, 평화와 연대하는 조용한 신앙운동의 옹달샘이기도 한 이 공동체는 간단한 찬양들을 반복하는 가운데 거룩한 임재의 체험을 하고 있습니다. 지금 떼제 공동체의 찬양은 세계 교회의 예배에 활력소가 되고 있습니다. 찬양뿐 아니라 연극예배, 촛불예배, 침묵기도회, 자연예배 등등 예배의 형식과 폭을 넓힐 수도 있을 것입니다.

셋째, 단순히 말로 설교하고 귀로 듣기만 하는 예배로부터 예배 공간이나 의식에 있어서 상징적인 시각적 표현을 시도할 필요가 있습니다. 물론 시각적 표현은 예배에 있어서 부차적인 것이기는 합니다. 그러나 예수님이 성육신 하신 것 자체가 하나님의 시각적 표현이라고 할 수 있습니다. 하나님은 우리의 귀만 만드신 것이 아니라 눈도 만드셨음을 기억해야 합니다. 그리고 예수님이 제정하신 성만찬 역시 구원 사건의 재현으로서 상징성과 시각적 요소, 동작적 요소가 총체적으로 표현된 예배 행위입니다. 그런데 왜 교회는 기독교의 복음을 눈으로 볼 수 있도록 표현하는 일에 그렇게도 인색해야 합니까? 이제 예배는 의식이 아니라 십자가 구원 사건의 재체험이 되어야 하며 부활의 축제가 되어야 합니다. 그러기 위해서 교회는 예배를 총체적으로 표현할 필요가 있습니다.

3 생태계 위기와 삶의 양식의 도전

1993년 판 '지구환경 보고서' 에 의하면 1년에 최소한 5만 종, 하루에 140여 종의 생물이 멸종하고 있다고 합니다. 만일 이 보고서가 어느 정도의 진실을 담고 있다면 이것은 보통 사람들의 상상을 초월하는 것이며, 작금의 지구 생태계가 얼마나 위험한 지경에까지 이르렀는가를 단적으로 보여주는 것입니다. 이것은 생태계의 기본 질서가 깨어지고 있다는 것을 의미합니다. 이제 환경오염 문제는 더 이상 강 건너 불이 아닙니다. 우리의 일상생활 깊숙이 다가와 버렸습니다. 피조물에게 가장 시급한 오늘의 문제가 되었습니다. 이제 생태학은 모든 학문의 중심 테마가 되고 있습니다.

생태학적 경제학, 생태학적 철학, 생태학적 여성학, 생태학적 시술, 생태학적 예술, 생태신학 내지는 창조신학 등이 이를 말해 줍니다. 기업도 마찬가지입니다. 환경을 생각하지 않는 기업은 살아남을 수 없습니다. 지금 자연은 더 이상의 진보를 감당할 수 없을 만큼 인내의 한계에 다다랐습니다. 끝없는 인간의 소비 욕구를 채워 주기에 지친 자연은 지금 신음하고 있습니다. 생태계 위기와 그로 인한 사람의 건강 문제는 앞으로 21세기 사회의 최고의 관심사가 될 것입니다.

그럼 생태계가 이 지경까지 이르게 된 것은 무엇 때문일까요? 그 배경에 대하여 많은 이들은 기독교의 잘못된 이원론 사상에 화살을 돌립니다. 영적인 것은 거룩하고 물질적인 것은 속되며, 전자는 승리해야 하고 후자는 정복되어야 하는 것으로 평가하는 태도 내지는, 소위 문화명령에 대한 오해에 그 책임이 있다고 말합니다. 일리가 있는 지적입니다. 그러나 그런 이론적인 공방은 뒤로 합시다.

지금 이 시간 우리가 해야 할 일은 인간 중심적 창조관을 바탕에 깔고, '땅을 정복하라' 는 성서적 명령을 오해하여 아름답고 균형 잡힌 자연을 파괴해 온 범죄를 겸손히 인정하고 회개하는 것입니다. 하나님의 창조 행위에 대한 오만 불손함을 회개해야 합니다. 영국교회의 사회책임 위원회는 "지구를 오염시키는 것은 판단 착오나 실수가 아닌 하나님에 대한 모독이다" 라고 말했습니다. 100% 동의합니다. 환경을 오염시키는 것은 동료 인간에게 죄 짓는 것일 뿐 아니라 창조주이신 하나님의 얼굴에 똥칠하는 행위입니다.

모든 것을 하나님의 피조물로 고백하는 그리스도인은 생태계의 위기 앞에서 어떻게 대응해야 할까요? 첫째, 창조신학의 정립과 가르침이 필요합니다. 지금까지 교회는 구원신학에 너무 치중한 나머지 아이러니컬하게도 구원의 바탕이요, 구원의 대상인 창조 세계를 간과해 온 실수를 범했습니다. 물론 그 동안의 세계가 창조신학에 눈을 돌릴 만큼 생태계 위기로 고민하지 않았던 것도 사실입니다. 그러나 이제 생태계 위기가 오늘의 중요 문제가 된 만큼 교회는 더 이상 눈 감고 있어서는 안 됩니다. 자연을 우리네 삶의 진보를 위한 수단에서 하나님이 보시기에 좋았던 본래의 자리로 격상시키고 창조의 영광을 회복하는 창조신학을 정립해야 합니다.

둘째, 삶의 방식을 바꾸어야 합니다. 개인주의로부터 더불어 사는 것으로, 소비 중심으로부터 절약 중심의 라이프스타일로 삶의 방식을 바꾸어야 합니다. 환경에 대한 문제는 정부나 사회단체, 법을 고치는 것만으로는 해결되지 않습니다. 개개인의 생활습관, 소비습관, 가치관의 변화가 절대적으로 중요합니다. 즉, 환경을 오염시키는 데 일익을 담당해 온 지금까지의 삶의 방식을 포기하고 삼가며 절제하는 삶의 스타일로 바꾸는 것을 의미합니다.

이 새로운 삶의 방식은 개인 이기주의와 세대 이기주의를 극복하는 것으로 표출되어야 합니다. 이웃과 다음 세대를 생각하는 마음이 없다면 환경 문제는 결코 극복되지 않을 것이며 극복할 수도 없습니다. 왜냐하면 지금의 환경 위기는 어떤 면에서 본다면 개인 이기주의와 세대 이기주의를 극복하지 못한 데서 비롯된 것이라고도 할 수 있기 때문입니다. 생태계 위기의 근본 원인은 자연을 이용하여 경제적 이득을 챙기려고 하는 인간의 탐욕과 끝없는 소비 욕구에 있기 때문입니다.

그러므로 소비가 미덕이요 자랑이었던 자본주의적 삶의 방식을 포기하고, 절약과 검소함을 미덕으로 칭찬하는 분위기로 성숙되어야 합니다. 그런데 이 일은 교회와 그리스도인이 앞장 서야 합니다. 믿음과 말씀에 대한 순종의 의지 없이 누가 개인적인 불편을 감수하면서까지 선한 의지를 갖고 삶의 방식을 바꾸려 하겠습니까? 그리스도인이 앞장 서야 합니다.

마지막으로 한 마디만 더 하겠습니다. 이제 21세기 교회는 목회의 대상을 사람뿐 아니라 자연으로까지 확대해야 합니다. 생태계 보전을 위한 창조신학과 목회적 대안을 위해 기도함으로써 생태계 전체를 목회의 영역으로 끌어안아야 합니다. 창조 질서의 보전은 이 시대를 향한 하나님의 명령이기 때문입니다.

4 교회 중심에서 하나님 나라 중심으로

지난 70년대 이래 '성경의 첫째 되는 주제는 무엇인가?' '기독교 신학의 기초를 어디에 세워야 할 것인가?' 하는 관심에서부터 하나님 나라 신학은 새롭게 연구되기 시작했습니다. 필자는 개인적으로 하나님 나라의 신학 연구가 매우 고무적인 일이라고 생각하고 있으며, 그 동안의 편협된 시각들(선교중심, 교회중심, 구속중심 등)을 교정하고 통전적인 시각을 열게 해줄 수 있는 신학이라고 믿고 있습니다. 나는 여기서 성경신학적인 하나님 나라를 논하고자 하는 것이 아닙니다. 단지 그 동안 복음주의 안에서 일반적으로 이해하고 있는 하나님 나라 신학을 전제로 놓고 이야기를 하고자 합니다. 왜 21세기에 하나님 나라 신학이 필요할까요?

첫째, 교회의 바른 회복을 위해서 하나님 나라의 신학이 필요합니다. 예수님은 이 땅에 오셔서 하나님 나라의 복음을 전파하셨습니다(막 1:15). 공생애 기간 동안 병든 자를 고치시고 귀신을 쫓아내며 죽은 자를 살리시는 기적들도 모두 하나님 나라는 이미 도래했으며 그 나라의 실재가 어떠한지를 보여준 것이었습니다. 예수님에게 있어서 하나님 나라는 알파와 오메가였습니다. 이것은 구속사의 최종점이요 은혜의 실재입니다. 그러므로 교회의 모든 사역은 그 목표와 동기에 있어서 하나님 나라를 지향해야 합니다. 왜냐하면 주께서는 당신과 함께 도래한 하나님 나라를 증언하도록 교회를 세우셨기 때문입니다.

그런데 교회의 역사를 보면 그렇지 못했습니다. 교회가 하나님 나라를 정직하게 증언하고 지시하기보다는 교회 왕국을 세우고 그 힘으로 세상을 통치하고자 하는 유혹을 받아 온 것이 사실입니다. 하나님 나라를 위해서 교회를 소비하기보다는 교회의 영광과 힘을 축적하기 위해서 하나님 나라를 등졌다고 하겠습니다. 교회는 언제나 하나님 나라의 종이 되려고 하지 않는 죄성으로 인해 시달려 왔습니다. 그러므로 필자는 교회의 가장 중요한 싸움을 '종교적인 제도로서의 교회가 될 것인가? 아니면 '하나님 나라 증언자로서의 교회가 될 것인가? 하는 싸움이라 생각합니다. 비단 21세기뿐만 아니라 주님 오시는 그날까지 교회는 이 문제와 싸워야 할 것입니다.

교회는 하나님 나라의 중요한 도구요, 이미 도래했고 앞으로 완성될 하나님 나라의 최고의 모형이긴 하나 하나님 나라는 아닙니다. 한스 큉은 온전한 의미의 교회는 교회 자체에, 교회의 현실에 있는 것이 아니라 교회가 지향하는 목적(하나님 나라)에 있다고 했습니다. 필자 역시 교회 중심적 생각을 가지고서는 올바른 교회를 세울 수 없다고 확신합니다. 올바른 교회의 회복을 위해서는 하나님 나라 신학이 꼭 필요합니다.

둘째, 위에서 언급한 21세기 사회의 다양한 요구를 목회적으로 수용하고 대응하기 위해서 하나님 나라 신학은 필요합니다. 교회 중심적 생각을 가지고서는 사람들의 다양한 아픔을 치유하지 못할 것이며, 시대정신에 얽매여 참 자유를 누리지 못하는 사람들에게 하나님 나라의 진정한 자유를 제시하지 못할 것입니다. 지구적 고통인 환경 위기는 더 말할 필요도 없다 하겠습니다.

교회 중심적 생각으로 어떻게 생태계 전체의 위기를 끌어안을 수 있겠습니까? 교회 중심적 생각은 장기적인 안목이나 폭 넓은 신앙 세계로 안내하기 어려운 한계가 있습니다. 목회자의 생애 주기를 뛰어 넘어 다음 세대까지 생각하는 목회가 불가능합니다. 단기적인 처방이나 단기적인 사업에만 치중하는 교회 중심적 생각을 가지고서는 21세기 사회의 도전에 효과적으로 대응하기 어렵습니다. 그러나 하나님 나라 중심적 생각을 갖게 되면 우리의 시선을 종말의 때까지로 확대할 수 있을 뿐만 아니라, 모든 피조세계 전체로까지 사역의 폭을 넓힐 수 있게 해줍니다. 그래서 하나님 나라의 신학이 필요합니다.

5 방법보다 더 중요한 것

21세기 사회의 다양한 문제들과 현상들 중에 중요한 흐름이라고 보여지는 것들을 나름대로 정리해 보았습니다. 그러나 이 모든 이야기보다도 더 중요한 것은 우리의 태도라고 생각합니다. 만일 우리의 목회적인 모든 행동이 목회적 적응과 성공을 위한 방법이나 테크닉으로 나타난다면 아무리 좋은 분석이나 대안도 휴지 조각에 불과할 것입니다.

정말 중요한 것은 방법이나 테크닉이 아니라 태도라고 말하고 싶습니다. 영리하고 발빠른 현실 대응보다는 복음과 교회에 대한 정직한 이해가 더 중요하다고 역설하고 싶습니다. 모든 목회자들이 복음에 신실하고자 하며, 본래적인 교회에 신실하고자 한다면 이 모든 시대의 도전은 다 극복할 수 있으며, 방법이나 테크닉에 필요한 참된 지혜도 얻을 수 있다고 확신합니다.

2부
교회다운
교회를 꿈꾸며

5 삶의 의문과 하나님 만남

> "성서란 닫혀져 있지 않고 열려져 있다. 성서는 인간의 문제에 대해서 그 자체를 한없이 개방하고 있다. 성서는 해답이 아니고 물음이다. 다시 말해서 성서는 인간에 대한 하나의 해답이 아니라 인간을 올바로 묻게 하는 하나의 물음이다."
>
> — 송기득 —

1 신앙과는 무관했던 가정

나는 본래 예수와는 아무런 연이 없이 살던 가정에서 성장했습니다. 부모님은 말 그대로 무종교여서 무당을 섬기거나 미신을 따르지도 않았습니다. 오직 성실하게 일하시는 훌륭한 농부셨습니다. 한 번인가 집에서 무당이 굿하는 것을 본 기억은 있지만 어린 시절이라 뭐가 뭔지 모르고 지나쳤을 뿐 종교적인 세계관에 영향을 받았다거나 호기심을 갖지는 않았습니다. 종교적인 분위기란 눈을 씻고 찾아보려 해도 찾을 수 없는 집안이었기에 우리 형제들은 교회나 절 같은 곳은 가 본 적이 없었습니다. 그렇게 십대 후반이 될 때까지 종교적인 세계와는 담을 쌓고 살아왔습니다. 인생에 대해서도 특별한 고민이 없었습니다.

그런데 십대 후반이 되자 인생에 대한 의문이 생기더군요. 심각한 정도는 아니었지만 인생에 대한 보편적인 의문이 드는 거였습니다. '인생이 뭔가? 왜 사는가? 나는 누구인가?' 이런 밑도 끝도 없는 의문으로부터 '대학을 가기 위해서 지금 공부를 하기는 하는데 왜 대학을 가려고 하는 것인가? 라는 매우 현실적인 의문까지, 십대 후반이 되어서야 뒤늦게 삶과 세상, 그리고 나에 대해 의문이 생기기 시작했습니다. 특별히 누군가에게 질문을 받은 것도 아니고 어디서 들은 것도 아니었습니다. 십대 후반이 되자 봄이 되면 꽃이 피듯 인생에 대한 근본적인 의문들이 불쑥불쑥 찾아들곤 하는 거였습니다.

2 인간과 의문

나같이 무지하고 고민 없이 살던 녀석이 십대를 넘기기 전에 삶과 세상, 인간에 대해 의문을 던진 걸 보면 인간이라는 존재가 불가불 '의문을 던지는 존재' 인 건 분명한 것 같습니다. 특별히 십대는 의문에 불을 붙이고 그 불에 휩싸여 기존의 가치와 관습을 거부하고 반항하며 스스로의 삶에 눈을 뜨고자 발버둥치는 '이유 없는 반항의 세대' 라고 할 수 있겠지요.

인간이 만일 의문과 반항의 십대가 없다면 어떻게 인간이 될 수 있겠습니까. 나라는 존재 인식은 의문으로부터 출발합니다. 의문은 나를 타자와 구별된 자아 인식에 눈뜨게 하며, 인간의 삶을 동물적 생존 이상이 되게 하는 근원입니다. 그러므로 의문이 없으면 나도 없습니다. 의문이 없으면 삶도 없습니다. 의문이 없는 인간은 인간 기계이지 인간은 아닙니다. 인간은 의문을 던질 때 비로소 인간입니다.

그런데 '나는 누구인가? 왜 사는가? 나라는 존재는 왜 여기에 있는가? 죽음 이후는 어떻게 되는가? 왜 나는 고민하는가? 이런 질문은 사실 내가 던지는 질문이 아닙니다. 내가 질문하는 것이 아니라 오히려 내가 질문을 받는다고 보아야 합니다. 내 속에 있던 의문이 밖으로 터져 나오는 것이라고 보아야 합니다. 인간의 양심과 이성 안에는 결코 지울 수 없는 의문이 새겨져 있기 때문에, 또 하나님께서는 인간의 양심과 이성 안에 새겨져 있는 의문들을 자극해서 사람을 일깨우고 계시기 때문에 인간은 질문 받는 걸 회피하거나 면제받을 수 없습니다.

더욱이 인간은 하나님이 던지는 질문 앞에 서야만 진정한 질문을 하면서 인생을 살 수 있고, 질문 앞에 선 자만이 질문의 답을 찾아가는 삶을 살 수 있기 때문에 하나님께서는 쉼 없이 질문하십니다. 이성과 양심, 자연과 인생의 뭇 사건들을 통해서 하나님은 우리에게 쉬지 않고 질문을 던지고 계십니다. 인생의 궁극적 관심사 앞에 서게 하십니다. 그러므로 폴 틸리히가 말한 것처럼 하나님 앞에 선다는 것은 인생의 궁극적인 문제, 궁극적인 관심사, 궁극적인 질문 앞에 서는 것이라고 할 수 있습니다. 예외는 없습니다.

인간이면 누구나 인생의 근본적인 질문 앞에 서야 합니다. 그리고 이 질문 앞에 서야만 비로소 질문을 던질 수 있습니다. 질문을 받지 않고 던지기만 하는 것으로는 표피적인 지식만 쌓을 뿐이지 지혜를 발견할 수는 없으며, 하나님과 피조세계의 진실이나 삶의 진실은 알 수 없습니다. 사람이 진정으로 질문을 던지기 위해서는 먼저 질문을 받아야 합니다. 질문 앞에 소환당해야 합니다. 그런 면에서 인간은 질문하는 존재일 뿐만 아니라 더 근본적으로는 질문을 받는 존재입니다.

성경을 보면 최초의 인간이 죄를 범한 것은 '의문' 때문이었습니다. '하나님의 말씀대로 선악과를 먹으면 과연 죽을 것인가?' 이것이 최초의 의문이었습니다. 물론 이 의문에 불을 붙인 것은 사단이었습니다. 하지만 아담 안에 의문의 씨앗이 없었더라면 사단의 유혹이 먹혀들지 않았을 것입니다. 아담이 사단의 유혹에 넘어갔다는 것은 아담 안에 의문의 씨앗이 있었다는 추론을 가능케 합니다. 그리고 타락하기 이전에 아담 안에 의문의 씨앗이 있었다는 추론이 틀리지 않다면, 결국 아담 안에 의문의 씨앗을 심어 준 것은 하나님이라는 추론 또한 가능한 일이구요. 그렇지 않나요? 조금 혼란스럽긴

하지만 나는 이 추론이 진실한 것이라고 생각합니다.

그리고 이 추론에 근거해서 인간과 의문, 의문과 죄의 관계를 정리해 보면 이렇게 정리할 수 있습니다. 인간이 죄를 범한 것은 의문 때문이었습니다. 그런데 인간이 의문을 갖게 된 것은 하나님이 인간을 그러한 존재, 즉 의문을 던지는 존재로 만드셨기 때문입니다. 그러기에 의문이 삶을 고난에 빠뜨리고 죄의 현실에 묶이게 하지만, 그럼에도 불구하고 인간은 의문을 던질 수밖에 없고 의문을 던져야만 합니다. 이것은 피할 수 없는 인간의 존재 구조입니다.

이뿐 아닙니다. 의문으로부터 인간의 비극이 시작되었음에도 불구하고 의문의 씨앗은 하나님이 심어 주신 것이기 때문에 의문을 상실하는 것 또한 비극이라는 것입니다. 언제나 그랬지만 인간의 진정한 비극은 의문을 상실한 채 사는 것입니다. 하나님이 던지는 질문을 듣지 못하고 사는 것입니다. 그리고 이 의문이 없기 때문에 인간은 구원받지 못하는 것입니다. 조금은 혼란스럽고 역설적이긴 하지만 나는 이것이 진실이라고 믿습니다.

그 동안 기독교는 의문을 믿음의 무덤이라며 억압하고 정죄했습니다. 오늘날 인간의 최대 위기는 의문이 사라지고 있는 것임에도 불구하고 교회는 삶의 근본적인 의문을 살려 내기는커녕 의문을 죽이는 데 앞장 섰습니다. 의문이 원죄를 뿌렸다고 주장할 뿐, 의문이 인간의 성장과 발전의 원동력이요, 구원의 문을 여는 하나님의 도구이기도 하다는 진실은 외면하고 있습니다. 사람들이 의문을 갖고 교회에 나왔다가도 교회에 나오고 나면 의문이 사라집니다. 신앙으로 의문을 죽였기 때문입니다. 하여, 세상 사람들은 말할 것도 없고 그리스도인들마저도 즉물적 존재가 되어 버린 나머지 도무지 생각하거나 의문을 품고 고민할 줄을 모르는 존재가 되어 가고 있습니다. 먹고 사는 실용적인 문제 외에는 고민할 줄을 모릅니다.

하나님이 던지는 근본적인 질문엔 관심이 없습니다. 그저 이런저런 심심

풀이로 인생의 의문을 덮어 버린 채 눈앞의 성공을 잡기 위해 질주합니다. 이것이 의문을 상실한 인간의 비참한 현실입니다. 한국교회 안에 기복주의 신앙이 활개치고 있는 것도 그리스도인들이 의문을 상실했기 때문입니다.

물론 의문은 때로 믿음의 무덤이기도 합니다. 의문에는 분명 사단적인 성격이 있습니다. 하지만 하나님에게서 나오는 의문도 있습니다. 아니, 하나님은 처음부터 물음을 던지는 분이셨습니다. "아담아 네가 어디 있느냐"(창 3:9). 이 최초의 물음으로부터 지금까지 하나님은 쉬지 않고 사람들에게 묻고 계십니다. 하나님은 해답을 가르쳐 주시는 분이라기보다는 오히려 묻는 분이십니다. 그런 면에서 "성서는 해답이 아니라 물음이다. 올바로 묻게 하는 하나의 물음이다"(인간, 61)라고 했던 송기득 교수의 말은 이 시대 교회와 그리스도인들이 깊이 새겨들어야 할 말이라고 생각합니다.

3 또 하나의 의문

그렇게 한참 인생의 궁극적인 의문을 품고 고민하며 답답해 할 즈음 독서실에서 공부를 하다가 점심을 먹으러 집으로 갈 때였습니다. 그 날도 거리에는 수많은 사람들이 바쁘게 길을 오가고 있었습니다. 바쁘게 오고가는 사람들 틈에 끼여 길을 걷는데 하나의 의문이 머리를 스쳤습니다. '저 많은 사람들은 도대체 누구인가? 저 사람들이 진정한 사람인가? 저들은 무엇을 위해서 저렇게 열심히 길을 가고 있는가?' 길 가는 사람들을 바라보면서 나도 예상치 않았던 의문, 밑도 끝도 없는 의문이 갑자기 내 마음을 비집고 들어왔습니다.

이 의문은 곧바로 또 다른 의문으로 이어졌습니다. '과연 저 많은 사람들이 진정한 인간일까? 세대를 거슬러 올라가면 최초의 인간이 있을 텐데, 그 때의 인간과 지금의 인간이 과연 같은 인간일까?' 아마도 아닐 거라는 생각이 들었습니다. 수많은 세대를 거쳐 오면서 분명히 변질됐을 거라는 생각이 들었습니다. 그러자 생각은 또다시 꼬리를 물고 이어졌습니다. '그렇다면 참 인간은 어떤 모습일까? 최초의 인간은 어떤 인간일까? 나는 지금의 인간이 아닌 최초의 인간, 변질되지 않은 최초의 인간이고 싶다.' 이 생각은 그 순간으로 끝나지 않았습니다. 이상하게도, 그 한 번의 생각을 하고 난 후부터는 그 생각으로부터 떠날 수 없었습니다. 어디에서도 인간이라고 할 만한 전형을 찾아볼 수 없었고, 무엇이 참 인간의 모습인지 도무지 감을 잡을 수 없어 답답했지만 '변질되지 않은 최초의 순수한 인간이 되고 싶다' 는 생각이 뇌리를 떠나지 않았습니다.

4 전도를 받다

그렇게 난생 처음 인생에 대한 궁극적인 의문에 고민하던 때, 참 인간이 되고 싶다는 생각을 품고 염원하던 때, 나에게 열심히 전도한 사람이 있었습니다. 내 둘째 형이었습니다. 그때 형(정병건)은 서울대학교 물리학과 3학년에 재학중이었는데 우리 가족으로서는 처음으로 예수를 믿고 교회를 나가기 시작했었습니다. 그것도 적당히 다닌 것이 아니었습니다. 교회를 나간 지 얼마 되지도 않았는데 하루도 빠짐없이 성경을 읽고, 심지어 신학 전문 서적을 읽을 정도로 정말 열심이었습니다. 형은 어려서부터 설명을 잘 하는 재주가 있었습니다. 그 타고난 재주로 함께 있는 시간이면 열심히 전도를 했습니다. 믿음이 뭔가로부터 시작해서 하나님이 온 세상을 창조하시고 사람을 창조하셨으며, 그 하나님은 지금도 살아계셔서 온 세상을 다스리고 계시다는 것을 여러 가지 예를 들어가며 설명하곤 했습니다. 하지만 나는 완강히 거부했습니다. 신을 믿고 의지하며 도와달라고 하는 것이 영 젊은이답지 않아 보였거든요. 당당해야 할 젊은이가 신을 의지한다는 게 왠지 비겁한 행동

같아 보였습니다. 하여, 하나님을 믿고 의지하고 싶은 마음이 전혀 없었습니다.

그러나 사람의 마음이란 자기도 알 수 없습니다. 시간이 가고 반복해 듣다 보니 마음 속에 호기심이 작동하는 게 아니겠습니까. '과연 형이 하는 말이 진실일까? 정말 하나님이 세상과 사람을 창조하신 분이고 다스리시는 분이실까? 형이 동생한테 거짓말을 하지는 않을 텐데… 형이 하는 말이 진실이라면…, 하나님이 세상을 만드시고 나를 만드신 것이 진실이라면…, 나도 마땅히 그분을 알아야 하는 것 아닐까?' 하는 생각이 드는 겁니다. 겉으로는 계속해서 거부하고 있었지만 내 마음 저 깊은 곳에서는 정체를 알 수 없는 호기심이 고개를 쳐들고 있었습니다.

5 하나님을 만나다

그럴 때쯤 형이 다니던 교회 대학부에서 수련회가 있으니 같이 가자고 했습니다. 나는 못이기는 척 따라 나섰습니다. 호기심 반, 의문 반 따라 나섰습니다. 하지만 모든 것이 낯설었습니다. 사람들도 낯설고, 설교도 낯설고, 의식과 언어 모든 것이 낯설었습니다. 도착 예배를 드리면서 대학부 담당 전도사님의 설교를 듣는데 아무 소리도 귀에 들어오지 않았습니다. 말하는 것이 다 허황되고 거짓말 같기만 했습니다. 세상에 이렇게 허황된 것을 믿고 따르는 사람들이 있다는 것이 참 우스꽝스럽다는 생각까지 들었습니다. 모든 것이 이질적인 세계 속에서 나만 홀로 고독한 섬처럼 섞일 수 없었습니다.

그렇게 이방인이 되어 하루를 보내고 둘째 날 밤이었습니다. 밤 몇 시쯤 되었을까? 온 세상이 깜깜한데 다들 산에 올라가는 것이었습니다. 나는 영문도 모른 채 따라 나섰습니다. 산 중턱쯤 올라가더니 함께 소리 내어 기도하고는 전도사님이 차례대로 한 사람씩 머리에 손을 얹고 기도해 주더군요.

내 머리 위에도 손을 얹고 기도하는데 얼마나 손가락 힘이 센지 머리가 아팠던 것 외에는 아무 느낌이 없었습니다.

　그렇게 안수 기도가 끝나자 이번에는 뿔뿔이 흩어지더군요. 무슨 일인가 했더니 여기저기서 기도 소리가 들렸습니다. 나는 기도가 뭔지, 기도를 어떻게 해야 하는지 전혀 몰랐기 때문에 어떻게 해야 할지 순간 당황스럽고 민망했습니다. 혼자 멍하니 서 있기도 뭐하고 해서 작은 바위가 있는 곳으로 몇 걸음 걸어가서는 무릎을 꿇었습니다. 그리고는 중얼거렸습니다.

　"하나님! 나도 참 웃깁니다. 하나님이 있는지 없는지도 모르면서 사람들이 하도 하나님이 있다고 하기에 나도 '하나님'이라고 한 번 해봤을 뿐입니다. 나는 정말 하나님이 있는지 없는지 모릅니다. 그런데 정말 많은 사람들이 하나님이 있다고 합니다. 사람들이 말하는 그 하나님이 정말 있다면, 다른 하나님은 관심이 없고 오직 온 세상을 만드시고 나를 창조하신 분이 정말 있다면 나는 바로 그 분을 만나고 싶습니다." 이렇게 중얼거리고 나니 더 이상 할 말이 없었습니다. 나는 일어나 어둠 속을 서성대다가 사람들과 함께 산을 내려왔습니다.

　그리고는 하나님을 만났습니다. 하나님을 알았습니다. 무슨 특별한 일이 있었던 것은 아닙니다. 어떤 신비한 현상도 없었습니다. 밤에 잠을 잘 자고 아침에 일어날 때까지 아무것도 달라진 것이 없었습니다. 그런데 새벽 예배를 드릴 때 보니 내가 변해 있었습니다. 똑같은 전도사님이 설교를 하시는데 그렇게 이해되지 않고 엉터리 같기만 하던 말씀들이 그때부터는 귀에 쏙쏙 들어오는 것이었습니다. 더 이상 엉터리가 아니었습니다. 그렇게 논리적이고 옳고 합당할 수가 없었습니다. '아니, 내가 왜 이렇게 달라졌지? 왜 모든 말씀이 다 이해가 되는 거지?' 스스로도 의아할 정도로 내가 변해 있었습니다. 나도 내가 왜 이렇게 달라졌는지 설명할 도리가 없었습니다. 내가 변했다는 사실 외에는 어떤 것도 말할 수가 없었습니다. 스무 살 되던 해 1월의 일이었습니다.

그 후부터 나는 자발적으로 교회에 나가기 시작했습니다. 전주교육대학교에 입학한 후에는 한국대학생선교회(C.C.C)에 들어가 성경 말씀을 열심히 읽고 배웠습니다. 말씀이 꿀보다 달다는 것을 경험한 게 그때였습니다. 기독교 신앙이 어떤 것인지, 성경이 말하고자 하는 것이 무엇인지 어렴풋하게나마 그림이 그려지기 시작한 것도 그때였습니다. 그리고 열심히 책을 읽기 시작했습니다. 하나님을 만나고 나니 알고 싶은 것이 너무 많아지더군요. 호주머니에 돈만 생기면 책방으로 달려가서 책을 사고 읽는 것이 최고의 즐거움이 되었습니다.

6 신학의 문을 두드리다

그렇게 신앙생활의 재미에 푹 빠져 살던 대학생활을 마치고 교사로 근무하면서도 쉬지 않고 공부했습니다. 영어는 물론이고 손에서 책을 놓지 않고 읽었습니다. 그리고 자연스럽게 신학을 공부하고 싶은 마음이 생겼습니다. 하여, 대한신학교(현재는 안양대학교 신학부로 바뀜) 2학년에 편입해 주경야독으로 신학 수업을 시작했습니다.

내가 신학의 문을 두드린 것은 두 가지 이유 때문이었습니다. 하나님이 나를 설교자로 불렀다는 소명의식이 아니라 하나님이 어떤 분인지 그분을 좀 더 깊이 알고 싶은 마음이 첫째였습니다. 나를 사랑하시고 역사를 운행하시는 그분을 보다 깊이 알고 싶은 마음이 제일 컸습니다. 둘째 이유는 하나님이 만드신 세계, 하나님이 운영하시는 세상을 알고 싶은 마음 때문이었습니다. 하나님을 알고 나자, 하나님이 세계를 창조하셨다는 것과 하나님이 세계를 다스리고 계시다는 사실을 알고 나자, 알기 전에는 무관심하게 보였던 세상이 그렇게 사랑스럽고 아름답고 가깝게 다가올 수가 없었습니다. 하나님의 숨결이 머물고 있는 세상이 다 소중하게 다가오면서 관심이 생기고 알고 싶어졌습니다.

우리가 누군가를 사랑하게 되면 그 사람에 관해 모든 것이 알고 싶어지지 않습니까. 사랑하는 사람의 생활 습관에서부터 가족들, 가정 환경, 친구들, 좋아하는 것, 장래의 꿈, 등등 모든 것이 알고 싶어집니다. 하나님도 그랬습니다. 하나님을 알고 하나님을 사랑하게 되자 하나님과 하나님이 하시는 일과 하나님의 세계에 대해 모든 것이 알고 싶어지더라고요. 하나님의 모든 것이 알고 싶어 미칠 지경이었습니다. 그러니 신학 공부를 하고 싶어 문을 두드릴 수밖에요.

내가 신학의 문을 두드리게 된 배경을 살펴보면 어떤 진실 하나를 발견할 수 있습니다. 만남과 앎의 진실입니다. 나의 경우 앎을 자극한 것은 만남이 있고서였습니다. 알고 싶어서 만난 게 아니라 만나고 나서야 알고 싶어졌거든요. 사실 하나님을 만나기 전까지는 그분을 알고 싶은 마음이 눈곱만큼도 없었습니다. 그런데 만나고 나자 알고 싶어 안달을 했습니다. 다른 의도가 있어서가 아니었습니다. 그냥 알고 싶어서였습니다. 나는 이것이 정상적인 만남의 성격이라고 생각합니다. 진정한 만남은 반드시 앎에의 욕구를 자극한다고 생각합니다. 만일 누군가를 만났음에도 불구하고 그 사람에 대해 알고자 하는 욕구가 일어나지 않는다면 그 만남이 진정한 만남일 수 있을까요? 그건 마주침이지 만남이 아닐 겁니다.

물론 만남이 앎으로 시작하지는 않습니다. 앎으로 시작하는 만남이란 거의 없습니다. 아무것도 모르는 가운데 만남이 이루어집니다. 그래서 만남은 전적으로 은총이요 선물입니다. 하지만 만남은 만남으로 끝나지 않습니다. 진정한 만남은 반드시 앎으로의 여행을 출발하도록 자극합니다. 왜냐하면 상대를 알고자 하는 것이 만남의 본질이기도 하고, 앎을 통해서만 만남의 깊이가 더해지기 때문이지요. 하나님과의 만남도 그렇고 사람과의 만남도 다르지 않습니다.

특별히 하나님과의 만남은 그분이 만물의 창조주이시기 때문에 알고 싶은 것이 피조세계 전체에까지 미친다는 차이가 있습니다. 그래서 하나님을 만나고 나면 세상 모든 것이 알고 싶어집니다. 하여, 호기심과 상상력이 메마를 날이 없습니다. 날마다 새롭고 흥미진진합니다. 창조 세계의 오묘함과 신비, 결코 다 포착할 수 없는 하나님의 손길로 인해 삶이 진부해질 수 없습니다. 물음이 없어질 수가 없습니다.

나는 하나님을 만나고 나서 인생의 궁극적인 의문에 대해 해답을 얻었습니다. 그러나 동시에 만나기 전에는 없었던 의문과 물음도 얻었습니다. 나는 하나님 때문에 오늘도 물으면서 삽니다. 물음이 없는 삶은 이미 죽은 삶이요 닫힌 삶입니다. 물음이 없는 삶은 하나님과 함께 사는 삶이 아닙니다. 하나님은 죽으신 분이 아니시고, 닫힌 분도 아니시기 때문입니다. 하나님은 끝없이 자유하신 분이시고 무한히 열려 있는 분이십니다. 하나님의 이 자유하심과 열려 있음 때문에 인간은 오늘도 헤매야 합니다.

히브리서는 증거합니다. "믿음은 바라는 것들의 확신이요 보이지 않는 것들의 증거입니다.… 믿음으로 아브라함은 부르심을 받았을 때에 순종하고 자기 몫으로 받을 땅을 향해 나갔습니다. 그런데 그는 어디로 가는지를 알지 못했지만 떠난 것입니다"(히 11:1, 8). 그렇습니다. 믿음은 보이지 않는 증거를 붙잡고 가는 길이기도 하지만, 동시에 갈 바를 알지 못하고 가는 길이기도 합니다. 아, 믿음은 정말 모순이요 역설입니다. 해답이면서 물음입니다. 갈 바를 알면서 알지 못하는 이 모순과 역설의 변증법이 그리스도인이 가야 할 믿음의 길입니다.

6 같은 요인 다른 결과

> "우리 시대의 가장 슬픈 특징 중 하나는 오늘날
> 평범한 보통 사람은 아름다운 것과 영원한 것에
> 대한 반응과 관계되는 모든 것들로부터 완전히 차
> 단되어 있다는 사실이라고 생각된다. 소비를 목적
> 으로 하는 현대의 대중문화(의수, 의족, 의안의 문
> 명)는 영혼을 기형화시키며, 인간들이 자신의 존
> 재에 관한 근본 문제를 생각하는 것을 점점 더 차
> 단하고, 정신력을 소유하는 존재로서 자신을 인식
> 하는 것도 점점 가로막는다."   - 타르코프스키 -

1 맨 땅에 헤딩하듯 시작한 교회 개척

하나님을 알고 싶은 열망으로 신학의 문을 두드린 나는 정말 시간 가는 줄
모르고 재미나게 공부를 했습니다. 합동신학 대학원을 졸업할 때까지 7년
동안 지겨운 줄 모르고 읽고 싶은 책과 씨름하며 맘껏 공부를 했습니다. 그
리고 한 달 후인 1988년 2월 교회 개척 예배를 드렸습니다. 장소가 있어서도
아니고 사람이 있어서도 아니었습니다. 돈도 사람도 없는 빈털터리 신세였
지만 우리 3가족이 살던 전세방에서, 그것도 10평이 안 되는 반지하에서 대
학 선배요 C.C.C 선배인 정광식 형제 가정과 함께 첫 예배를 드렸습니다.

아무런 준비도 하지 않았었습니다. 교회 간판은 말할 것도 없고 강대상도
없었습니다. 그냥 손님 접대용 작은 찻상을 앞에 놓고 앉아서 설교했습니다.
성경을 펴놓으면 넓이가 딱 맞는 매우 작은 찻상이었지만 전혀 이상하지 않
았습니다. 예배 때 사용할 헌금 주머니도 없어서 궁리하다가 아들이 즐겨 쓰
던 모자가 생각나 주저하지 않고 4살짜리 아들 다운이의 모자를 헌금 주머

니로 사용했습니다.

첫 예배에 선포했던 설교 제목은 '인생의 사명, 교회의 사명' 이었습니다. 예수님께서 빌라도 법정에서 빌라도에게 하신 말씀 "당신이 말한 대로 나는 왕이오, 나는 진리를 증언하기 위하여 태어났으며, 진리를 증언하기 위하여 세상에 왔소"(요 18:37)라는 말씀을 붙잡았습니다. 오직 진리를 증언하기 위해 세상에 오신 예수님처럼 한길교회도 진리를 증언하기 위해 존재해야 할 것이며, 우리 개개인의 인생도 진리를 증언하는 것이 이 땅에 온 이유와 목표가 되어야 한다는 말씀으로 첫 출발을 했습니다.

앞에서도 말했지만 집안에 예수 믿는 사람이라곤 나에게 전도한 작은 형한 사람뿐이었습니다. 집안 대대로 예수 믿은 역사가 없는 신앙의 첫 세대였습니다. 거기다가 대학시절 C.C.C에서 신앙훈련을 받았기 때문에 교회적 배경이 약했습니다. 그러다 보니 재정적인 후원과 목회적인 지도를 해 줄 만한 인적 자원이 빈약했습니다. 사람도 없고 돈도 없이 맨 땅에 헤딩하듯 교회를 개척할 수밖에 없었습니다. 지금 생각해도 정말 초라함의 극치였습니다. 외적으로는 어느 것 하나 준비한 것이 없었으니, 말 그대로 대책 없는 개척이었습니다.

있다면 오직 하나, 하나님을 향한 순전한 사랑과 신뢰, 교회에 대한 뜨거운 애정과 한국교회를 새롭게 일으켜야 하겠다는 뜻이 전부였습니다. 뜻밖에 없었고, 뜻으로 시작한 목회였습니다. 물론 한길교회뿐 아닐 겁니다. 어느 교회, 어느 인생치고 뜻 없이 새로운 출발을 한 교회나 인생이 있겠습니까? 무릇 뜻이 없이는 새로운 도전, 새로운 출발을 할 수 없습니다.

역사와 인생을 바꾼 도전들을 살펴보십시오. 유형의 자산으로 시작한 도전이나 변화가 있었던가요? 없습니다. 오직 무형의 자산인 뜻으로만 도전할 수 있었고 변화에 나설 수 있었습니다. 그래서 뜻이 없는 민족, 뜻이 없는 공동체, 뜻이 없는 인생은 망하는 법입니다. 성경도 말했습니다. "집은 지혜로

지어지고 명철로 튼튼해진다. 지혜가 있는 사람은 힘이 센 사람보다 더 강하고, 지식이 있는 사람은 기운이 센 사람보다 더 강하다. 전략을 세운 다음에야 전쟁을 할 수 있고, 참모가 많아야 승리할 수 있다"(잠 24:3,5). 무슨 말씀입니까? 유형의 자산보다는 무형의 자산이 더 강하다는 말씀이지요.

2 왜 교회를 개척해야 했는가

유형의 자산이라고는 아무것도 없는 제로 상태에서 한길교회가 출발했습니다. 뜻밖에 없었고, 뜻으로 출발했습니다. 잘 난 것도 없고, 가진 것도 없고, 배경도 없으면서 이렇게 대책 없이 교회를 개척하겠다고 뛰어든 데는 크게 두 가지 뜻이 작용하고 있었습니다.

첫째, 지나 온 선교 100년의 먼지를 털어내야 한다는 교회에 대한 역사의식이었습니다. 당시의 한국교회는 1984년 선교 100주년을 지나면서 세계 교회 역사상 유래가 없는 경이로운 교회 성장에 감격하며 성장의 열매를 만끽하던 시절이었습니다. 세계 교회가 한국교회 성도들의 열정적인 새벽기도에 깜짝 놀라고, 집을 팔아 가면서 교회당을 건축하는 헌신에 또 한 번 놀라며 한국교회를 배우자는 움직임까지 일 정도로 한국교회의 위상이 힘을 떨치던 때였습니다.

그러나 산이 높으면 그림자도 길다고 했던가요. 교회의 위상이 하루가 다르게 커지자 그 이면에서는 성장의 그림자가 드리워지기 시작했습니다. 부패와 타락의 징후들이 곳곳에서 터져 나오기 시작한 것입니다. 교회마다, 교단마다 싸움과 분열이 끊이질 않았습니다. 그 당시 장로교만 해도 100개 교단에 이를 정도로 교회의 분열상은 차마 눈뜨고 볼 수 없는 지경이었습니다.

나는 성경과 신학에 눈을 떠가면서 알게 되었습니다. 교회 덩치가 커진 만

큰 신앙이 자리지는 않는다는 걸. 현실 교회가 외치는 복음이나 교회의 모습 속에서는 내가 성경에서 발견한 복음과 교회적 삶과는 상당한 거리가 있다는 걸. 이건 부정적으로 현실 교회를 판단해서가 아니었습니다. 철없는 젊은 신학도의 교만도 아니었습니다. 그냥 정직하게 있는 그대로의 현실을 볼 때 눈에 들어오는 한국교회의 모습은 실망 그 자체였습니다. 왜곡된 것들과 더러워진 것들이 곳곳에 자리를 잡고서 전통과 정통의 모습으로 행세하고 있는 게 보였습니다. 선교 100년 동안 알게 모르게 쌓인 먼지가 보였습니다.

한국교회를 생각하면 속에서 화가 나고 슬픔이 밀려올 정도로 교회의 현실은 이만 저만 이지러지고 왜곡된 것이 아니었습니다. 주님의 교회요, 주님의 백성이라고 하기에는 너무 부끄러운 것들이 많아 보였습니다. 주님이 생명처럼 사랑하는 것이 교회인데, 온 세상을 향해 자랑스럽게 내놓고 싶은 것이 교회인데, 정작 교회는 주님의 자존심을 짓밟고 주님을 욕보이고 있었습니다. 나는 이런 조국 교회의 현실을 보고 심히 슬퍼하실 주님의 심정을 생각하면서 조국 교회 안에 쌓인 먼지를 털어내야겠다는 뜻을 가슴에 새겼습니다.

둘째, 이지러진 교회 현실에서 '또 하나의 교회'가 아니라 '주님이 의도하신 교회'를 세워야 한다는 뜻이었습니다. 한국교회 안에 깊숙이 자리잡고 있는 신앙적 왜곡 현상을 갱신하고, 목회적 패러다임의 전환을 시도하기 위해서는 적어도 새로운 교회 개척이 필요하다고 생각했습니다. 기존 교회 안에서 변화를 시도한다는 것은 한계가 있다고 보았습니다. 그렇다고 '또 하나의 교회'를 세우는 것도 길이 아니라고 판단했습니다. 그것은 한국교회의 미래를 더욱 악화시키는 일이라고 보았기 때문에 새로운 교회를 개척하는 것이 최선의 길이라는 생각이 들었습니다.

'또 하나의 교회'가 아니라 '주님이 기대하셨던 교회다운 교회'를 세워가는 것만이 도도히 흐르는 한국교회의 물길을 바꿀 수 있는 길이라고 생각했습니다. 이것 외에는 목회의 이유를 찾을 수 없었습니다. 나는 이 일이 이 시대를 향한 주님의 뜻이라고 믿었습니다. 그리고 새로운 물길을 만드는 역사적인 대업에 징검다리 하나 놓는 심정으로 개척의 깃발을 들었습니다.

이것이 교회를 개척하던 당시에 품었던 주님의 마음이었습니다. 신앙적 역사적 사색이었으며 뜻이었습니다. 그리고 한길교회를 사임하는 날까지 이 역사적 신앙적 사색과 뜻을 붙들고 씨름했습니다. 도산 안창호 선생님께서 나라를 잃고 신음하던 불쌍한 동족들을 향하여 '내 집을 깨끗이 하고, 내 집 앞을 깨끗하게 하는 것이 곧 이 나라를 바로 세우는 일이다'고 말씀하신 것을 기억하면서, 내가 목회하는 하나의 교회를 반듯하게 세우는 것이 곧 조국 교회를 반듯하게 세우는 지름길이라고 믿고 하나의 교회를 세우는데 몸을 던졌습니다. 단지 하나의 교회가 아니라 하나의 교회 속에 역사적 의미를 담아 개척의 깃발을 올렸고 목회를 했습니다.

3 같은 요인, 다른 결과

지금 돌아보면 너무 순진하고 무모했다는 생각이 듭니다. 마치 맨몸으로 지리산을 옮겨보겠다고 달려든 꼴이었습니다. 허나, 그 당시의 나는 뜻 하나면 충분했습니다. 현실보다는 이상을 보았습니다. 계산하지 않은 자신감이 있었습니다. 하나님의 사랑과 지지를 신뢰하는 믿음이 있었습니다. 문제가 보이는 곳에 뛰어들고 싶은 열정이 있었습니다. 거기다가 지금도 극복하지 못하는 순진한 이상주의적 기질, 치밀하게 계산할 줄 모르는 어리석음과 무모함이 결국 맨 땅에 깃발을 꽂게 한 배경이요 에너지였다고 생각됩니다.

그렇습니다. 순진한 이상주의적 기질, 치밀하게 계산하지 않고 덤비는 어리석음과 무모함이 있었기에 대책 없이 개척을 할 수 있었습니다. 한국교회를 향해 감히 도전장을 내밀 수 있었습니다. 그런데 목회를 성공적으로 마무리하지 못하고 중간에 실패를 하고 말았습니다. 자세한 이야기야 차차 나오겠습니다만, 목회를 성공적으로 마무리하지 못한 배경을 살펴보면 놀라운 사실을 발견할 수 있습니다. 그건 개척의 원동력이었던 순진한 이상주의적 기질, 치밀하게 계산하지 않고 덤비는 어리석음과 무모함이 실패의 원인으로도 작용했다는 사실입니다.

순진한 이상주의적 기질, 치밀하게 계산하지 않고 덤비는 어리석음과 무모함이 새 일을 시작하는 데는 에너지가 됐습니다. 도전할 수 있는 용기를 주었습니다. 그러나 목회를 지혜롭게 이끌어 가는 데는 결코 도움이 되지 않았습니다. 오히려 약점으로 작용했습니다. 같은 요인이 상황에 따라 전혀 다른 작용을 한 겁니다. 같은 요인이라고 해서 언제나 같은 작용, 같은 결과만 가져다 주는 것은 아니었습니다.

나는 목회 중간에 실패한 이 일을 통해서 진실 하나를 발견했습니다. 어떤 일을 시작할 때 필요로 하는 자질과 능력이 있고, 일을 도모하는 중간 과정에서 요청되는 능력과 자질이 있으며, 일을 마무리할 때 필요한 능력과 자질이 각각 다르다는 것을.

4 성취와 삶

나는 치밀한 계산과 철저한 준비, 이상뿐 아니라 현실을 바라보는 냉정한 눈이 부족해서 하나님 나라를 닮은 교회를 세우는 일에 어느 정도는 성공했지만 결국에는 실패를 했습니다. 그러나 인생이란 그리 단순하지 않습니다. 실패의 원인이 능력과 자질의 문제만은 아니라는 것입니다. 인간은 우리가 상상하는 것보다 훨씬 복잡하고 다차원적이며 오묘한 존재라서 한 가지로 설명할 수 없는 복잡한 구조를 갖고 있습니다. 하여, 단순한 설명 뒤에는 많은 오해의 여지가 남습니다. 나는 이런 오해의 여지를 최대한 줄여보려 합니다. 그래서 성취와 삶에 대한 이야기를 좀 보태려고 합니다. 사실 이 문제는 내 인생에서 언제나 씨름해야 했던 가장 본질적인 고민거리였습니다.

거의 매 순간 성취와 삶의 기로에서 멈칫거리며 어느 길을 가야 할지 망설이지 않은 적이 없었습니다. 왜 그랬냐고요? 성취를 향해 달려가는 삶이 정말 삶을 잘 사는 것인지에 대해 의문을 떨칠 수 없었기 때문입니다. 삶은 단지 성취만은 아니거든요. 삶은 일이나 성취보다 훨씬 고상하고 신비하고 오묘하고 큽니다. 삶에서 일을 뺄 수는 없지만 삶은 일이나 성취보다 더 값진 것이니까요.

거기다가 내 신앙적 이성은 언제나 성취보다는 삶이 소중하다고 말합니다. 잠잠히 주님 앞에 있으면 삶처럼 아름답고 멋진 선물이 없어 보입니다. 삶을 잘 살고, 삶에 충실한 것보다 더 위대하고 아름답고 가치 있는 일이 없어 보입니다. 그래서 어떤 이유로도 삶을 빼앗기거나 저당잡고 싶지가 않습니다.

그러나 내 마음 속에는 또 하나의 갈망이 있습니다. 뜻한 바를 성취하고 싶은 갈망이 끈질기게 마음을 사로잡습니다. 그 갈망은 결코 사라지는 법이 없습니다. 잊혀질 만하면 고개를 디밀고 나와서 충동질합니다. 뜻한 바를 성취하라고. 성취를 통해 너 자신을 증명하고, 네가 뜻한 바를 증명하라고. 그런데 뜻한 바를 성취하려면 그 일에 미쳐야 하고, 그 일에 미치려면 삶(예술, 묵상, 자연, 독서, 산책, 우정, 여유, 만남, 눈뜸, 평안, 등등)에 대해서는 가난해져야 합니다. 정말 탁월해서 삶이 가난해지지 않으면서도 성취를 할 수 있다면 그게 최선이겠지요.

하지만 나는 그럴 만한 인격도 능력도 턱없이 부족한 사람입니다. 성취를 향해 눈을 부릅뜨기만 해도 삶이 왜곡되고 이지러지는 걸 피하기 어려웠습니다. 금세 욕심에 눈이 어두워지고, 거짓이 충동질하며, 성취를 위해 사람들을 부리려는 고약한 죄악들이 스멀스멀 기어 나왔습니다. 그러니 눈 딱

감고 성취를 향해 내달릴 수도 없고, 그렇다고 성취에 마음 빼앗기지 않고 삶에 정진할 만큼 영성의 고수가 되지도 못하고, 엉거주춤 고민하며 갈팡질팡해야 했습니다.

물론 위대한 성취는 아름다운 일입니다. 뜻하는 바를 성취하기 위해 최선을 다하는 것은 더 아름다운 일입니다. 그러나 그럼에도 불구하고 전도서의 말씀은 변치 않는 진실입니다. "사람이 세상에서 아무리 수고한들 무슨 보람이 있는가? 한 세대가 가고, 또 한 세대가 오지만 세상은 언제나 그대로다"(전도서 1:3-4).

로마의 철학자요 황제였던 마르쿠스 아우렐리우스도 말했습니다. "언제나 끊임없이 생각하고 다음 사실을 기억하라. 얼마나 많은 의사들이 고통 받는 환자 때문에 눈살을 찌푸리다가 죽어갔는가를. 거드름 피우며 남의 운명을 예언해 주던 수많은 점성가들, 죽음과 불멸에 대해 끝없이 논쟁을 벌이던 수많은 철학자들, 수많은 사람의 목숨을 단숨에 빼앗아간 장군들, 국민의 생사를 한 손에 쥐고 멋대로 권력을 휘두르며 마치 영생이라도 누릴 듯이 뽐내던 많은 폭군들, 그들은 지금 어디에 있는가? 모두 죽어 한줌의 티끌로 변해서 사라졌을 뿐이다. 또한 얼마나 많은 도시(헬리케, 폼페이, 헤르쿨라네움, 그 밖의 무수한 도시)가 어떻게 완전히 폐허로 변했는가를 생각하라"(명상록. 76).

언젠가 3권짜리 나폴레옹 전기를 읽다가 중간에 그만 둔 적이 있습니다. 나폴레옹의 삶을 읽다 보니 그가 이룬 정치적 업적은 상황에 따라 금세 뒤집혀진 반면, 그가 진정으로 한 일은 적군을 죽이고 그 과정에서 아군도 죽인 것이 전부더군요. 불세출의 영웅이라는 나폴레옹의 인생의 실상을 보니 사람 죽인 이야기에 불과했습니다(프랑스 인구의 1/6쯤 되는 50만 명이 생명을 잃었음). 나는 더 이상 읽고 싶지 않아 책을 덮어 버렸습니다. 그의 영웅적인 승리라고 하는 것이 사실은 민중을 동원한 권력 싸움 그 이상도 이하도 아니라는 사실을 확인하고 실망과 분노가 끓어올랐습니다. 영웅적인 성취의 허망함과 가벼움, 그리고 그 잔악상만 확인하고는 그 책을 던져 버렸습니다.

거의 대부분, 사람이 해 아래서 이룬 위대한 성취 뒤에는 인간의 욕망과 욕망의 잔해인 잔인함이 깔려 있습니다. 또 그 성취의 결과는 먼지보다 더 가볍습니다. 성취하는 과정이야 창조적일 수 있습니다. 도전하는 즐거움이 있을 수 있습니다. 그러나 성취의 결과는 바람에 날리는 겨와 같고, 순간 사라지는 입김과 같습니다.

우리 인생을 정직하게 살펴보세요. 우리가 사는 것이 이룬 것에 의해 살고 있나요? 전혀 아닙니다. 우리가 살 수 있는 것은 거의 대부분 우리가 받은 것 때문입니다. 우리가 이룬 것은 없어도 삽니다. TV, 냉장고, 자동차, 컴퓨터, 전화, 도시 등등, 이런 건 불편하긴 하지만 없어도 상관없습니다. 그러나 공기, 물, 산, 나무, 하늘, 땅, 가족, 이런 건 다 받은 것들인데, 이런 것 없이는 하루도 살 수 없습니다. 그렇습니다. 이룬 것보다는 받은 것이 훨씬 소중하고 절대적입니다.

사람이 이룬 성취는 대단해 보여도 바람에 나는 겨와 같을 뿐입니다. 2시간만 하늘이 뚫려 물 폭탄이 내려도 집, 도로, 도시가 무너지고 마비됩니다. 수 세대에 걸쳐 땀 흘려 이룬 것이라 해도 한 번의 지진을 견뎌내지 못합니다. 설사 이런 재해가 아니어도 금세 녹이 슬고 낡아지는 걸 피할 수 없습니다. 진실로 그렇습니다. 받은 것은 영원하나 이룬 것은 순간입니다. 우리가 이룬 것은 받은 것에 비하면 지극히 적습니다. 이것이 성취의 진실입니다.

그러기 때문에 성취의 가벼움을 아는 그리스도인은 이룬 것에 근거해 살지 않고 받은 것에 의해 산다는 것을 날마다 인정하고 고백해야 합니다. 이룬 것에 주목하지 않고 받은 것에 주목해야 합니다. 더욱이 목사는 삶으로써 성도들에게 이 진실을 증거해야 하는 자입니다. 목사는 먼저 받은 것에 충실한 삶, 받은 것의 가치에 주목하는 삶을 삶으로써 그리스도인의 삶이 어떠해야 할지를 말해야 하는 자입니다. 하나님께서 이스라엘 백성들을 애굽에서 이끌어 내실 때 광야에서 훈련시킨 것도 바로 이것이었습니다. 만나를 먹게 하시고, 안식일과 희년을 지키라 하신 것은 이룬 것에 근거해 살지 않고 받은 것에 근거해 사는 삶을 훈련시키기 위해서였습니다.

이렇게 성취의 진실을 알고 나자(처음에는 알지 못했지요. 인생의 산을 오르면서 점차 눈을 뜨게 된 겁니다) 성취를 향해 집중하기가 어려웠습니다. 주님과 역사 앞에서 뜻한 바가 옳으며, 뜻한 바를 꼭 이루어야 한다는 필요를 느끼고 있음에도 불구하고 성취의 허망함을 생각하고, 성취의 과정에서 성도들과 내 삶이 왜곡되고 으깨어질 것을 생각하면 불쑥 나섰다가도 망설여지곤 했습니다. 허나, 성도들은 목회자의 이런 내적 갈등과 망설임을 알 리가 없습니다. 차마 내놓고 다 설명할 수는 없는 것이기에 알지 못할 밖에요.

결국 이런 겁니다. 내가 목회 중간에 실패하게 된 데는 능력과 자질의 문제뿐 아니라 근본적으로는 세계관의 문제가 깔려 있었습니다. 성취를 향해 내달리지 못하도록 발목을 잡는 세계관이 눈에 보이지 않는 실패의 요인으로 작용한 것입니다. 그렇다면 여러분! 성취를 방해한 그 세계관에 문제가 있는 것일까요?

그럴 리는 없겠지요. 세계관은 옳았다고 봅니다. 그 세계관에 맞는 방식으로 뜻한 바를 성취하는 능력이 부족해서 그런 거지 세계관 자체가 문제는 아니라고 생각합니다. 그러고 보니 또다시 능력과 자질의 문제로 귀착되는군요. 참 재미있습니다. 그러나 맞습니다. 세계관은 제대로 붙잡았는데, 멋진 세계관을 붙잡은 나라는 사람이 세계관을 살아내기에는 부족했던 겁니다.

5 영웅이 아닌 인간의 길

사람이 하나의 세계관을 갖게 되기까지는 오랜 세월 여러 과정을 거치면서 조금씩 형성된다고 봅니다. 내가 성취보다는 삶에 집중하는 세계관을 갖게 된 것도 하루 아침의 일은 아니었습니다. 어쩌면 10대 후반에 길을 걷다가 '나는 변질되지 않은 최초의 인간이 되고 싶다'는 생각을 한 것이 그 시발점이 아니었을까 싶습니다.

　같은 맥락에서 또 한 번의 결정적인 경험이 있었습니다. 하나님을 만나서 한참 은혜의 감격에 빠져 살던 대학 시절이었습니다. 그때 나는 인간이 사는 세상에 관심을 갖고 세상사를 관찰하며 묵상하기를 즐겨했습니다. 하나님을 모를 때는 진실을 알고 싶은 욕구가 없었습니다. 관심도 없었습니다. 그래서 예수를 만나기 이전까지는 교과서 외에는 읽은 책이 없었습니다. 그런데 하나님을 만나고 삶의 비밀에 눈을 뜨자 모든 것이 알고 싶어졌습니다. 알고 나니 알고 싶은 욕구가 생겼습니다. 작은 일 하나도 무심하게 지나칠 수 없었습니다. 예민하게 느끼고 의미를 캐물으며 하루하루를 깨어 있는 감각으로 살게 되었습니다. 어린아이가 눈에 보이는 모든 것을 엄마에게 묻고 또 물으며 신기해하듯 나도 하나님 안에서 눈에 보이는 모든 것이 새롭고 신기했습니다.

　그 날도 캠퍼스에서 우리네 삶의 정황을 곰곰이 생각하고 있었습니다. 죄로 인해 왜곡되고 비뚤어진 세상, 날마다 전쟁과 살인과 분리와 고통이 그치지 않는 일그러진 20세기 후반의 지구촌을 보면서 나는 스스로에게 질문을 던졌습니다. '하나님께서 아름답게 창조하신 세상이 왜 이렇게 살기 힘든 고통의 현장으로 전락했는가?' 발견한 대답은 이거였습니다. 세상이 이렇게 된 것은 진실한 인간이 없기 때문이요, 인간의 사악함과 욕심 때문이라고.

　나는 또 물었습니다. 그렇다면 세상을 아름답게 만드는 길은 어디에 있는가? 나는 대답했습니다. 사람들이 진실한 인간이 되면 세상이 바뀔 것이라고. 지금 이 시대가 절실하게 필요로 하는 것도 열 사람의 위대한 영웅이 아니라 한 사람의 진실한 인간이라고. 그때부터 나는 스스로에게 외쳤습니다. "이 시대가 절실하게 요구하는 것은 열 사람의 위대한 영웅이 아니라 한 사람의 진실한 인간이다. 진실한 인간이 되자."

그때부터 내 가슴 속에 요동치는 열망은 하나님을 닮은 참 인간이 되고 싶다는 것이었습니다. 진실을 알고 싶은 지적 욕구와 함께 인간이 되고자 하는 갈망만이 20대와 30대 초반의 나를 사로잡은 전부였습니다. 성공한 사람이 부럽지 않았습니다. 어떤 부자도 눈에 들어오지 않았습니다. 정말 한없이 부러운 사람은 인간다운 인간이었습니다. 예수의 향기가 나고 하나님의 형상을 닮은 이름 없는 사람을 보면 그 사람이 그렇게 아름답고 부러울 수가 없었습니다.

아마 이런 경험이 세계관을 형성하는 기초가 되지 않았을까 싶습니다. 이런 기초 위에 논리적인 확신을 심어준 것은 책이었습니다. 에리히 프롬의 「소유냐 삶이냐」는 책입니다. 나는 이 한 권의 책을 통해서 소유 중심의 삶과 존재 중심의 삶의 차이를 확실하게 분별할 수 있게 되었습니다. 소유 중심의 삶이 얼마나 파괴적이요 죽임 지향적인지를 알게 되었습니다. 반대로 존재 중심의 삶을 향한 삶이야말로 하나님이 원하시는 삶의 방식임을 확신하게 되었습니다. 거기에 슈마허의 「작은 것이 아름답다」는 책이 한몫을 거들었습니다.

만일 인간이 되는 것에 가치를 둔 세계관, 삶 중심의 세계관이 없었더라면 아마도 인간이 되는 길을 가기 위해서 그렇게 많이 고민하지 않아도 되었을 것입니다. 내 타락한 의지가 승리자의 길을 선택하고 싶을 때 의지를 따를 수 없게 하는 어떤 힘에 짓눌리지 않아도 되었을 것입니다. 나 자신의 비인간적인 모습이 보일 때마다 그렇게 절망하지 않아도 되었을 것입니다. 훨씬 편한 마음으로 승리자의 길을 도모할 수 있었을 것입니다.

그러나 세계관이 내 발목을 붙잡았습니다. 비록 세계관을 품고 살아낼 능력이나 자질은 부족했지만 세계관의 영향을 받지 않고 살 수는 없었던가 봅니다. 본래 삶이란 것은 세계관의 반영 아니겠습니까. 그러기 때문에 믿음으로 세계관이 바뀌어야 삶이 바뀔 수 있습니다. 아무리 믿음이 좋아도 세계관이 변하지 않고서는 삶이 변하지 않습니다.

오늘 그리스도인들의 삶이 세상 사람들과 다르지 않은 것도 믿음이 없어서가 아닙니다. 세계관이 다르지 않기 때문입니다. 믿음으로 세계관이 변하지 않았기 때문에 믿음으로 세상의 가치관을 추구하는 것입니다. 믿음으로 세계관이 변하지 않은 그리스도인은 세상 사람들보다도 더 열심히 세상의 가치관을 추종하고 추구합니다. 무엇으로? 믿음으로. 믿음으로 더 큰 성공을, 믿음으로 더 많은 돈을, 믿음으로 더 오랜 장수를, 믿음으로 더 큰 승리의 길을 닦는 데 매진합니다. 그래서 오늘의 기독교를 보면 승리주의, 성공주의, 기복주의가 판을 치고 있습니다. 나는 오늘의 이런 기독교를 보면서 발견하는 진실이 있습니다. 세계관이 변화되지 않은 믿음은 매우 위험천만한 것이라는 진실을.

7 교회 안에 쌓인 먼지

"가장 어려운 영적 활동의 하나는 편견 없는 인
생을 사는 것입니다."
　　　　　　　　　　　　　　- 헨리 나웬 -

1 교회 이야기를 할 때 주의할 점

역사 속에 있는 교회는 언제나 이상적인 교회와는 거리가 있었습니다. 교회가 담아내야 할 하나님 나라에 크게 미치지 못했습니다. 이천 년 교회 역사 속의 어느 한 순간도 하나님 나라와 일치해 본 적이 없습니다. 교회는 언제나 과정 중에 있고 힘들여 성장하는 도중에 있었을 뿐이지 완성된 적이 없습니다. 주님이 오시는 그 날까지는 어쩔 수 없습니다. 결코 허물과 과오를 벗어 버릴 수 없습니다. 이것이 교회의 한계요 진실입니다.

교회뿐 아닙니다. 그리스도인 역시 흠 없이 온전한 사람은 한 사람도 없습니다. 그러기 때문에 우리가 교회를 비판할 때에는 이 진실을 외면해서는 안 됩니다. 이 진실을 외면한 채 교회를 비판하거나, 오류가 없는 성역으로 찬미만 하는 것으로는 교회의 진실을 말할 수 없습니다. 교회의 약함을 인정하고 끌어안는 애정이 없는 비판도, 무조건적인 방어도 결코 교회에 유익하지 않습니다. 변증자의 눈이나 비판자의 눈으로는 교회를 보듬고 치유할 수 없습니다.

교회의 죄악과 허물을 보듬어내고 치유하기 위해서는 아이의 정직한 눈과 어머니의 아픔의 눈을 통해 보아야 한다고 생각합니다. 하여, 교회와 신앙의 진실이 뭔지를 이야기하고 있는 나도 이 진실을 기억하고 스스로를 조심하면서 최대한 아이의 해맑은 정직함과 어머니의 속 깊은 아픔의 마음을 잃지 않고 교회와 신앙의 이야기를 풀어가도록 하겠습니다. 동시에 한스 큉의 말을 유념하려 합니다.

"그리스도교와 교회에 진지한 관심을 갖고 있는 사람이야말로 그리스도교의 어두운 왜곡을 당초부터 셈에 넣어야 한다. 본질과 형태, 항구적인 것과 변화하는 것의 상호관계와 마찬가지로 좋은 것과 나쁜 것, 유익한 것과 해로운 것, 본질과 왜곡은 서로 뒤얽혀 있으며, 인간의 계산에 의해 깨끗이 정산되지 않는다. 가장 본질적인 것도 변화하며, 나아가 왜곡될 수 있다. 가장 선한 것도 악에 떨어진다. 가장 거룩한 것을 가지고 죄를 범할 수도 있다"(그리스도교 본질과 역사. 40).

2 교회 안에 쌓인 먼지

내 목회의 일차적인 목표는 한국교회 안에 쌓인 먼지를 털어내는 것이었습니다. 내가 인식하지 못하는 문제에 대해서야 어쩔 수 없겠지만 내 눈에 보이는 왜곡된 신앙 인식이나 오도된 관행에 대해서만큼은 양보해서는 안된다는 생각, 문제를 알고도 목회적인 유익을 위해 반복하는 것은 스스로를 속이는 것이라는 생각이 있었습니다.

그렇다고 쌓인 먼지가 어떤 것들인지 현미경을 들이대고 일일이 다 살피는 것은 불가능한 일입니다. 그걸 다 말하려 하면 책 한 권으로도 부족할 것입니다. 또 하나하나 열거하는 것이 꼭 필요한 것도 아니고 유익한 것도 아닙니다. 우선은 큰 틀에서 한스 큉의 이야기를 듣는 것으로 시작해 봅시다. 그는 평생을 통해 세계 교회를 진지하게 들여다 본 사람으로서 이렇게 말합니다.

"오늘날 우리는 도대체 그리스도교라는 것을 아직도 신뢰할 수 있는가? 3천년기를 코앞에 둔 지금 그리스도교에 대해 절망하는 것이 마땅하지 않을까? 그리스도교는 적어도 본고장 유럽에서는 설득력과 신뢰성을 상실하지 않았는가? 우리네 기독교 나라들에서조차 그리스도교를 권력에 걸신들린 분별없는 관청교회, 권위주의와 교리 독재, 불안감 조장, 성 콤플렉스, 대화 거부, 생각이 다른 사람들에 대한 다반사의 인간 모욕적 취급 등과 결부시켜 생각하지 않는가? 스스로를 고쳐나갈 생각도 능력도 도무지 없는 교회의 그러한 모습 때문에, 그리스도교에 대한 예전의 다소나마 우호적이기도 했던 무관심이 곳곳에서 악의로, 아니 공공연한 적개심으로 변해 버리지 않았는가"(그리스도교 본질과 역사. 23).

나는 한스 큉의 이런 지적이 결코 과장이 아닌 오늘 세계 교회가 처한 공통된 현실이라고 생각합니다. 거기다가 한국교회는 독특하게 덧씌워진 우리만의 허물이 있습니다. 하여, 우리 안에 쌓인 먼지가 어떤 것들인지를 꼼꼼히 따져 봤습니다. 비판하기 위해서가 아니라 극복하기 위해서. 쌓인 먼지를 대충 정리해 보니 10가지 정도로 묶을 수 있었습니다. 그걸 창립 첫 돌을 맞을 때에 '창립 첫 돌의 다짐' 이란 제목으로 발표를 했습니다(1989.5.21 교회 주보).

첫째, 한길교회는 종교적 사제의 옷을 입고 역사의 현실과 유리된 기만적인 교회상을 거부한다.

둘째, 한길교회는 지나친 성장 정책으로 성도를 소외시키지 않는다.

셋째, 한길교회는 종교적 권위로 반민주적인 행위를 일삼는 구습을 타파

한다.

넷째, 한길교회는 반성서적이고 이기적인 개인주의를 고무하고 자극하
는 일체의 언동을 하지 않는다.

다섯째, 한길교회는 황금만능주의의 우상을 섬기지 않는다.

여섯째, 한길교회는 믿음이라는 이름하에 무리한 예산 집행을 하지 않는
다.

일곱째, 한길교회는 비전이라는 이름하에 야망을 추구하지 않는다.

여덟째, 한길교회는 하나님 앞에서 정직과 진실을 신조로 삼는다.

아홉째, 한길교회는 하나님과 성경의 절대적인 권위를 믿고 따른다.

열째, 한길교회는 참된 교회의 권위를 인정하며, 하나님 나라의 평화와
능력을 이 땅에 증거하는 일에 헌신한다.

앞에서 정리했던 10가지 내용을 여기서 하나하나 다 이야기할 수는 없습
니다. 앞으로 이야기하다 보면 결국 다 나오기는 하겠습니다만 여기서는 두
가지만 살짝 이야기하려고 합니다.

3 왜곡된 교회상

먼저 지적하고 싶은 것은 교회에 대한 이해의 문제입니다. 현대교회가 교
회로서의 정체성을 상실한 채 참 교회다운 능력과 기능이 마비된 교회로 전
락하게 된데 대하여 영국의 존 스토트(J. Stott)는 1987년 미국의 달라스 신학
교에서 행한 강연에서 이렇게 지적했습니다. "많은 교회들이 잘못된 교회상
(A false self-image)을 갖고 있기 때문에 병들어 있다." 존 스토트의 이 지적
은 매우 정확하고 핵심적인 지적이라고 생각합니다.

사람이 자신에 대해 왜곡된 자아상을 갖고 있으면 건강하고 창조적인 인

생을 살 수 없습니다. 교회 역시 왜곡된 교회상을 갖고 있으면 그 교회는 결코 건강하고 아름다운 교회, 하나님 나라를 닮아가는 공동체가 될 수 없습니다. 그런데 안타깝게도 대부분의 교회들은 교회상이 아예 없거나, 아니면 왜곡된 교회상을 갖고 있습니다. 특히 전도의 사명만으로 교회의 모든 것을 규정해 버리는 '전도 지상주의' 내지 '전도 환원주의'에 함몰되어 있습니다.

전도에 올인하는 한국교회를 보면 마치 사람이 어떤 존재인지, 내가 누구인지에 대해서는 생각하지 않은 채 일에 매달리며 열심히 돈 벌고 성공하기 위해 전심전력 질주하는 허접스런 현대인의 모습이 연상됩니다. 대부분의 목회자들과 성도들이 '교회란 무엇인가? 교회는 왜 존재하는가? 교회다운 교회의 참 모습은 어떤 것인가?' 하는 데 대해서는 생각하지 않은 채 열심히 전도하는 일에만 전심전력 질주하고 있으니까요.

이런 전도 환원주의가 한국교회에 수적 부흥이라는 열매를 가져다 준 건 사실입니다. 하지만 그에 못지않게 교회를 심각하게 왜곡시켜 온 것 또한 부정할 수 없는 진실입니다. 일례로 한국교회가 인격적인 대면과 묵상보다는 종교적인 일 중심 교회, 인격적인 성숙과 삶의 변화를 추구하기보다는 시끄럽게 말만 많은 교회, 마음의 향기가 우러나는 따뜻함보다는 지나치게 공격적이고 전투적인 교회로 사람들에게 각인되어 있고, 실제로도 그러한데, 그 원인은 전도 지상주의의 영향 때문이라고 생각합니다.

지금 한국교회 안에는 전도가 전도를 막는 이상한 일이 벌어지고 있습니다. 90년대 말부터 한국교회는 꾸준히 성장의 내리막길을 걷고 있습니다. 2005년 종교 인구 조사를 보아도 개신교 인구가 1995년 876만 336명에서 2005년 861만 6438명으로 14만 3898명(1.6%)이 감소했습니다. 이에 반해 가톨릭 인구는 1995년 295만 730명이던 것이 2005년에는 514만 6147명으로 219만 5417명(74.4%)이 증가하는 놀라운 증가율을 보였습니다. 전도의 열정을 볼 것 같으면 개신교와 가톨릭은 비교가 되지 않습니다. 그런데 전도에 열심이지 않은 가톨릭은 성장하고, 전도에 열심인 교회는 감소하는 기이한 현상이 벌어지고 있습니다.

왜 이런 일이 벌어지는 것일까요? 이 기이한 현상을 어떻게 해석해야 합니까? 내가 보기에는 '전도 피로증'이 누적된 결과라고 생각됩니다. 생각해 보세요. 지난 1970년대부터 90년대까지 얼마나 열심히 전도했습니까? 교회마다 앞다퉈가며 극성스럽게 전도했습니다. 홍보경쟁과 전도경쟁이 정말 치열했습니다. 그러다 보니 이 교회 저 교회, 이 사람 저 사람에게 겹치기로 전도받는 일이 다반사가 되었습니다. 나중에는 전도를 받는 것이 노이로제가 될 정도로 시달림을 받는 지경이 됐습니다.

그 결과 이제는 국민들이 '전도 피로증'에 시달리고 있으며, 교회를 기피하는 현상까지 나타난 것이라고 생각합니다. 실제로 종교에 대한 호감도 조사 결과를 보면 교회는 불교나 가톨릭에 비해 호감도가 현저히 낮게 나타나고 있습니다. 사람들이 교회보다는 절이나 성당을 찾겠다는 것입니다. 이게 다 '전도 피로증'이 작용한 결과가 아니겠습니까. 그야말로 전도 때문에 전도가 막히는 기가 막힌 현실을 한국교회는 지금 생생하게 경험하고 있습니다.

그렇다면 왜 전도 지상주의가 이처럼 교회에 만연한 것입니까? 그건, '예수 천당'이라는 협소한 구원관, 성장 이데올로기에 함몰된 시대정신의 영향, 목회적인 필요와 욕심, 주님의 지상명령을 따르고자 하는 믿음과 구령의 열정 등이 서로 상승 작용하면서 비롯된 결과라고 생각됩니다.

물론 전도는 교회가 해야 할 중요한 사역 중 하나입니다. 주님이 교회에 맡긴 위임 사항입니다. 그러나 교회가 곧 전도하는 기관만은 아닙니다. 교회 안에는 전도하는 것 외에도 담아내야 할 것들이 무수히 많습니다. 뿐만 아니라 전도는 교회의 자화상이 될 수 없습니다. 교회의 자화상은 언제나 하나님 나라여야 합니다. 다른 어떤 것도 그 자리를 차지하면 안 됩니다. 그것이 전도, 구제, 선교 등 아무리 아름답고 선한 것이라 할지라도 그런 것들이 교회의 자화상으로 자리를 잡게 되면 교회가 이지러지는 것을 피할 수 없습니다. 그런데 한국교회는 전도를 교회의 자화상으로 만들어 버렸습니다.

나는 이렇게 전도에 앞다투고, 소위 하나님의 일에 열심인 한국교회를 향해 키에르케고르가 그 당시 교회를 향해 던졌던 피투성이 외침을 들려주고 싶습니다. "만일 내가 의사이고 누군가 내게 '어떻게 할까요?' 하고 묻는다면 나는 이렇게 대답할 것이다. '첫째로 무슨 일을 하기 전에 갖추어야 할 무조건적인 조건은 침묵이다! 침묵하라! 하나님의 말씀이 들리지 않는다"(아브라함 요수아 헤셸, 진리를 향한 열정. 122에서 재인용).

교회는 하나님 나라를 보여주기 위해서 이 땅에 존재합니다. 교회는 하나님 나라를 닮은 이 땅의 모델하우스입니다. 천국의 지상 식민지입니다. 교회가 세상과 달라야 하는 것도 '하는 일'이 아닙니다.

'하는 일'이 아니라 '살아가는 방식'(Life Style)이 달라야 진정으로 다른 것입니다. 그런데 살아가는 방식이 세상과 다르기 위해서는 반드시 갖추어야 할 조건이 있습니다. 그것은 교회의 자화상이 하나님 나라여야만 한다는 것입니다.

만일 교회가 한 순간이라도 하나님 나라에서 눈을 뗀다면 언제, 어디서 교회가 왜곡될지는 아무도 예측할 수 없습니다. 어떤 일이든, 누구에 의해서든 교회는 기만당할 수 있습니다. 그 가능성은 거의 무한대로 열려 있습니다. 설사 그것이 전도라 할지라도 교회가 왜곡되는 것을 피할 재간이 없습니다. 전도에 생명 거는 교회의 진정성이야 훌륭한 것이지요. 마땅히 이해하고 존경합니다.

그러나 감히 장담하건대 전도에 생명 거는 교회는 결국 교회의 본질을 훼손하고야 말 것입니다. 처음 얼마 동안은 건강한 성장을 할 것입니다. 그러나 시간이 가면 반드시 교회의 본질을 훼손하고야 말 것입니다. 전도 외의 것에 대해서는 말할 필요도 없겠지요. 이런 불행을 예방하기 위해서는 교회의 자화상이 하나님 나라여야만 합니다. 한시도 하나님 나라에서 눈을 떼서는 안 됩니다. 이건 천만 번을 이야기해도 부족한 절대 진실입니다.

한길교회는 부족하지만 하나님 나라의 지상 식민지가 되기를 꿈꾸면서 하나님 나라의 생활방식을 교회생활 안에 담아보기 위해 다음과 같은 성도상과 교회상을 제시했습니다. 그리고 매주 주보에 넣어서 보고 생각하게 했습니다. 하나님 나라 백성다운 그리스도인, 하나님 나라다운 교회가 되어가고 있는지 우리 자신을 점검하는 거울로 삼았습니다.

한길교회가 추구하는 성도상
첫째, 편견 없는 열린 생각
둘째, 매일 묵상하는 생활
셋째, 신실한 약속생활
넷째, 숨은 봉사생활
다섯째, 단순하고 소박한 경제생활

한길교회가 추구하는 교회상
첫째, 나눔과 섬김이 있는 공동체 실현
둘째, 하나님과 사람을 뜨겁게 사랑하는 교회
셋째, 가정을 보호하고 세우는 교회
넷째, 교육적으로 이끌어 가는 교회
다섯째, 역사와 사회를 향하여 선교하는 교회
여섯째, 성령을 의지하며 전인 치유에 힘쓰는 교회
일곱째, 하나님의 절대 권위와 민주적인 절차를 중시하는 교회

4 종교성에 매몰된 목회

한국교회 안에 쌓인 먼지를 또 하나 든다면 종교성을 자극하고 이용하는 목회를 들 수 있습니다. 이 문제는 결코 단순한 문제가 아닙니다. 매우 복잡하고 다면적이며 민족성의 깊이에까지 닿는 문제입니다. 그러기 때문에 매우 조심스럽게 접근하지 않으면 많은 오해를 낳기 쉽습니다. 하지만 이 문제는 매우 심각한 교회의 신앙적 병폐이기 때문에 반드시 짚고 넘어가야 할 문제입니다. 그리하여 비전문가임에도 불구하고 소박하게 목회적 차원에서 접근해 보고자 합니다. 우선 그 당시 나의 문제의식이 어떠했는지를 살펴보겠습니다.

"한국교회의 병폐 중에 대표격이라고 생각되는 병폐는 종교적 심리를 부추기는 무당적인 교회로의 전락이 아닌가 한다. 몇 가지 예를 보자. 첫째, 기도원식 영적 현상이다. 목회자나 평신도를 막론하고 영력을 얻기 위해서 기도원에 올라가는데, 목회자가 기도원에 일주일 갔다 오면 성도들은 목회자가 훨씬 신령해졌을 것이라고 기대한다. 기도원만 갔다 오면 뭔가 한 건 해결된다고 생각한다. 이것이 과연 성경적인 영적 현상인가? 둘째, '기독교윤리실천운동'은 3년이 되도록 전국 회원이 2천 명밖에 안 되는데 은사 집회니 부흥회니 하는 곳에는 매주 전국 곳곳에서 수백 수천 명씩 모인다. 셋째, 불교나 무속 종교의 100일 기도식 40일 기도가 교회에서 유행하고 있다. 넷째, 매해 연초가 되면 문전성시를 이루는 신년축복 대성회가 성행하고 있다. 과연 이런 현상들을 어떻게 해석해야 하나? 이런 현상들이 정상적인 기독교의 모습일 수 있겠는가? 이런 현상은 바른 신앙에서 벗어난 자기 도취요 종교적인 심리적 기만일 뿐이라고 생각한다. 하나님이 우리를 부르신 것은 종교적인 자기 도취나 심리적인 열광에 빠지라고 부른 것이 아니다. 오직 어둠 속에 헤매던 왜곡된 삶으로부터 정상적인 삶을 살도록 부르셨다. 하나님과의 바른 관계 속에서 하나님의 창조 목적에 부합되는 삶을 살라고 부른 것이다.

그런데도 삶은 저버린 채 날마다 교회당에 모여 종교적인 열광만을 일삼고 그것으로 심리적인 자기 도취가 되어 은혜 받았다고 착각하고 있으니 한심스럽기 그지없다. 목회자들은 교회를 그런 식으로 이끌어서는 안 된다. 과감히 교회의 울타리를 벗어나 삶의 현장으로 성도들을 보내어 그 속에서 하나님의 이름으로 일하도록 해야 한다. 신자들이 교회 안에만 머무를 때 교회는 부패할 것이며 종교적인 자기 기만에 빠지고 말 것이다. 교회가 이 세상의 빛과 소금의 사명을 다하려면 적어도 종교적 심리를 부추기는 일만은 삼가야 한다"(1989.11.9 교회 주보).

이 글에서 나는 종교적인 열광주의와 심리적인 자기 도취가 신앙의 진정성도 아니요 은혜도 아니라는 사실을 지적했습니다. 또 삶의 현장으로 성도들을 보내야 한다며 일상의 신앙을 강조했습니다. 그러니까 종교적인 신앙생활에서 일상의 신앙생활로 전환해야 한다는 것을 말한 것이지요. 왜냐하면 그 동안의 한국교회가 종교적인 신앙생활, 교회 중심적인 신앙생활에 성도들을 가두었기 때문입니다.

흔히 인간의 마음 속에 본성처럼 박혀 있는 종교성을 부인하고서는 목회를 할 수 없다는 말들을 합니다. 그렇습니다. 인간은 종교적인 동물입니다. 종교성에 터하지 않고는 성령도 사람을 하나님께 인도할 수 없습니다. 사람이 하나님을 더듬어 알 수 있는 것도(롬 1:19), 영원을 사모하는 마음이 있는 것도(전 3:11) 종교성이 있기 때문입니다. 칼빈도 사람에게는 종교의 씨가 있어서 종교 없는 문화, 종교 없는 종족이 없다고 말했습니다. 때문에 인간에게서 종교성을 떼어낸다는 것은 처음부터 불가능한 일입니다.

하지만 이런 진실에도 불구하고 종교성을 자극하고 이용하는 목회와 성경적인 목회는 본질적인 차이가 있습니다. 성경적인 목회는 성령의 도움으로 사람의 종교성을 회복시켜 하나님과 소통하며 살게 하는 목회인 반면, 종교성을 이용하는 목회는 종교성의 만족을 추구하는 인간의 경향성을 간파하여 그 종교성을 적당히 자극함으로써 종교적 울타리 안에 가두는 목회입니다. 성경적인 목회는 사람을 살리고 삶을 살리는 목회인 반면, 종교적인 목회는 종교성을 만족시켜 주고 그 대가로 자기 배를 채우는 목회입니다. 성경적인 목회는 말씀과 성령 안에서 하나님과 대면하고 하나님의 뜻에 따라 사는데 초점이 있는 반면, 종교적인 목회는 종교적인 의식과 종교적인 행위를 통해 복과 영생을 얻고자 하는 인간의 욕망을 만족시켜 주는데 초점이 있습니다. 성경적인 신앙은 하나님의 뜻을 분별하고 순종하는데 목표가 있고, 종교적인 신앙은 하나님을 이용해 자기의 소원을 이루려는데 목표가 있습니다. 이처럼 종교적인 목회와 성경적인 목회, 종교적인 신앙과 성경적인 신앙은 그 본질이 다릅니다.

하지만 한국 사람은 유달리 종교성이 많은 민족인지라 종교성을 적당히 자극하고 만족시켜 주어야 목회하기가 편하고 사람들이 모이기 때문에 종교화의 유혹을 떨쳐내기란 무척 어렵습니다. 실제로 많은 목회자들이 종교적 사제의 길을 가는 것도 한국 그리스도인들이 종교성의 만족을 구하기 때문입니다. 또 교회가 종교화되면 될수록 외양이 거룩해지고 화려해지고 사람의 마음을 끄는 신비한 매력을 발산합니다. 그래서 한국교회뿐 아니라 세계 교회가 이천 년 역사 내내 종교화의 유혹으로부터 자유롭지 못했던 것입니다.

한국교회는 한국인의 심성 속에 면면히 흐르는 종교성에 세례를 주어야 합니다. 그래서 종교성에 함몰되지 않도록 종교적 욕망으로부터 구출해 내야 합니다. 기독교의 의식과 제도를 존중하면서도 의식과 제도 속에 갇히지 않도록 일깨워야 합니다. 조금만 방심해도 하나님을 조종하거나 이용하려 드는 이기적이고 종교적인 속성을 넘어설 수 있게 해야 합니다. 물론 이것이 지혜로운 일은 아닙니다. 이렇게 목회하면 사람들이 환영하지 않을 뿐 아니라 실망하고 교회를 떠날 수도 있습니다. 대부분의 성도들은 종교성의 울타리를 넘어서고 싶어 하지 않습니다. 종교적 울타리 안에서 신앙생활을 하는 것이 편하고 익숙합니다. 그러기 때문에 종교성을 넘어서는 목회를 하는 것은 결코 지혜로운 일이라고 할 수는 없습니다. 그러나 그것이 정직한 목회 아니겠습니까?

선한 목자이신 예수님을 보십시오. 예수님은 과감하게 사람들의 종교적 욕구를 거부했습니다. 종교적 울타리 안에서 기득권을 챙기고 있던 바리새인들이나 서기관들을 향해 적대적인 비판을 서슴지 않았습니다. 낡은 가죽부대로는 새 술을 담을 수 없다며 옛 종교의 질긴 가죽부대를 찢어 버렸습니다. 모세 율법을 종교적인 틀 안에서 해석하는 오래된 관습에 종지부를 찍었습니다. 어떤 당파에도 편입되지 않은 채 전혀 새로운 길을 갔습니다. 오늘 목회자들도 이 길을 가야 합니다. 만일 이 길이 아닌 다른 길, 사람들의 종교적 욕구에 편승하는 길을 간다면, 그것은 사람의 종교적 욕구라는 우상 앞에 굴복하는 것입니다. 목회적 성공이라는 우상 앞에 굴복하는 것입니다. 예수님이 무너뜨린 종교의 성을 다시 쌓는 것입니다.

하나님께서 이스라엘 백성을 애굽에서 가나안으로 이끌어 내시면서 이렇게 말씀했습니다. "너희가 요단강을 건너 가나안 땅에 들어가거든, 너희는 직접 그 땅 주민을 다 쫓아내어라. 새겨 만든 우상과 부어 만든 우상을 다 깨뜨려 버리고, 산당들도 다 헐어 버려라"(민 33:51-53). 하나님이 이처럼 가나안의 신과 종교를 다 깨뜨리고 헐어 버리라고 당부 또 당부하신 것은 인간이 얼마나 종교적 유혹에 약한지를 아셨기 때문일 것입니다. 한 순간이면 가나안 종교의 유혹 앞에 굴복할 가능성이 농후했기 때문에 아예 씨를 남기지 말라 하신 것 아니겠습니까? 십계명에서 우상을 만들지 말고 섬기지 말라(출 20:4-5)고 금하신 것도 종교화의 유혹 때문이었습니다.

오늘의 교회도 종교화의 유혹 앞에서 자유롭지 못합니다. 교회를 들여다 보면 우상들이 우글거립니다. 황금 우상, 명예 우상, 학벌 우상, 안전하다 안전하다 평안 우상, 큰 교회 우상, 스타 우상, 지도자 우상, 성공 우상, 등등 그 수를 헤아릴 수가 없습니다. 심지어 은혜 우상도 있습니다. 이상하지요? 은혜 우상이라니? 잘 생각해 보세요. 은혜도 우상이 될 수 있답니다.

정말 아픈 이야기지만 우리의 신앙생활이 혹여 하나님의 이름으로 종교 놀음을 하고 있는 것은 아닌지요. 눈 똑바로 뜨고 정직하게 살펴야겠습니다. 여러분! 우상의 본질이 무엇입니까? 거짓입니다. 거짓을 진실이라고 믿는 모든 것이 다 우상입니다. 특별히 종교화는 신앙의 본질을 거짓으로 덮어 본질을 보지 못하게 한다는 차원에서 가장 심각한 우상이라 하겠습니다. 본질을 모방(Copy)해서 본질을 숨기고 왜곡시키는 것이 종교화입니다.

스위스의 신학자 칼 바르트는 종교를 한 마디로 이렇게 잘라 말했습니다. "종교는 불신자들을 위한 것이다. 종교는 경건을 가지고 장사하는 사업이다"(볼프강 짐존, 가정교회. 257에서 재인용). 칼 바르트의 이 말이 교회가 아닌 다른 종교에만 해당되는 말이라면 좋겠지요? 그러나 우리의 현실은 그렇지 않습니다. 오히려 교회는 다른 종교 못지않게 열심히 경건을 가지고 장사하고 있습니다. 그래서 나는 목회하는 내내 종교화의 유혹과 싸우는 한판 싸움을 해야 했습니다. 먼지를 털어내 보겠다고 끈질기게 싸움을 해봤습니다. 그러나 끝내 승리할 수 없었습니다. 아마 주님 오시는 그날까지는 결코 승리의 날은 오지 않을 것입니다.

8 교회다운 교회란

> "신앙이 말씀의 토대를 벗어나면 그 신앙은 무너진다. 만일 신앙이 자체 안에 근거되어 있다고 스스로 생각한다면 신앙은 엄청난 거짓에 빠지게 된다. 믿는 자는 자신의 불신앙의 위협적인 힘 앞에서 늘 새롭게 듣고 새롭게 믿어야 한다."
>
> – 한스 요아힘 크라우스 –

1 교회가 되자

처음부터 '또 하나의 교회'가 아니라 '교회다운 교회'를 세워보자고, 하나님 나라의 지상 식민지다운 교회를 세워보자고 꿈꾸며 개척을 시작한 만큼 가장 중요하게 살펴야 할 것은 '교회란 무엇인가?'와 '어떻게 해야 교회의 교회 됨을 이룰 수 있는 것인가?' 하는 문제였습니다. 하여, 처음부터 교회란 무엇인지, 교회가 되는 일이 왜 중요한지를 쉬지 않고 말했습니다.

"한길교회는 소박한 꿈이 하나 있다. 그것은 교회가 되는 일이다. 우리는 그 동안 위대한 교회 부흥 시대를 살아오면서 하루에도 수십 개 교회가 세워지는 것을 보아왔다. 날마다 늘어가는 십자가를 보면서 우리들은 무의식중에 교회가 세워지는 일은 쉬운 일이라고 생각하게 되었다. 교인 몇 명과 건물이 있으면 교회가 선 것이라고 인식하게 되었다. 그래서 교회를 개척하는 데 필요한 몇 가지 외형적인 조건(예배당 건물, 예배 도구, 부대시설, 교회 조직, 교인 등)을 갖추는 데에는 관심이 있지만, 일단 그런 것들이 갖춰지면 더 이상 교회가 되는 일에는 관심이 없는 것 같다. 이제는 준비할 것 다 했고 갖출 것 다 갖추었으니 교회를 채우기만 하면 된다고 생각한다. 그래서 전도, 심방, 구역 모임, 기도회, 성도 관리 등 교회 관리와 행정에 온 힘을 기울이는 한편, 어떤 경우에는 선교에 눈을 돌리기도 한다. 교회가 개척 단계를 벗어나면 그때는 교회를 키우는 일과 선교하는 일에만 매달리는 것을 보게 되는데, 이것이 바로 한국교회의 심각한 문제라고 생각한다.

  '교회란 참으로 어떠해야 하는가? 교회란 어떤 공동체인가? 하는 질문은 던지지 않는다. 현대 교회는 일하지 않고 게으른 것이 문제가 아니라 잘못된 열심이 문제요, 교회의 본질과 자아상이 왜곡돼 있는 것이 문제다. 이처럼 교회상이 일그러진 시대에 참다운 교회의 모습을 회복하고 교회다운 교회가 되고자 하는 노력은 캄캄한 밤하늘의 새벽별과도 같고 어두운 항로를 밝히는 등대와도 같다 하겠다. 물론 '교회가 된다'는 것은 결코 작은 일이 아니며 쉬운 일도 아니다. 이 땅에서는 영원히 성취할 수 없는 끝없는 도전이다. 그러나 한길교회는 교회가 되는 일보다 더 급하고 소중한 일이란 있을 수 없다고 믿으며 교회가 되는 일을 포기하는 죄를 범하지 않으려 한다. 한길교회는 하나님 나라의 지상 식민지다운 교회가 되고자 한다"(1988.10.23. 교회 주보).

  설교, 강의, 글을 통해서 이런 이야기를 계속 해나갔습니다. 모든 성도들의 뇌리 속에 지워지지 않는 상징이 되도록 말하고 또 말했습니다. 말뿐 아닙니다. 정직하게 고백하건대 한길교회가 쉬지 않고 도전한 것은 이 글에서 밝힌 대로 하나님 나라의 삶을 교회 안에서 연습하고 익히는 것이었습니다. 소통하는 사회, 하나님 나라의 지상 식민지를 건설하는 것이었습니다. 그것이 교회를 세우는 일이라고 믿었습니다. 교회당을 아름답게 꾸미는 것, 조직을 잘 해서 성도들의 신앙 역량을 최대한 끌어내는 것, 전도 특공대를 만들어서 영혼 구원의 열정을 불태울 수 있도록 만드는 것, 선교 중심적인 교회로 만드는 것, 이런 것들이 다 교회를 세우는데 필요한 일입니다. 그러나 눈에 보이는 이런 것들보다는 눈에 보이지 않는 것들, 즉 삶의 목표와 가치, 생활방식, 이웃과 하나님의 피조세계를 대하는 태도에 있어서 근본적인 전환이 일어나도록 하는 것이 교회를 세우는 근본이라고 생각하고 그 일에 집중했습니다.

2 교회다운 교회란

그럼 교회다운 교회란 구체적으로 어떤 교회일까요? 하나님 나라를 닮은 교회가 되기 위해서는 어떤 모습들이 필요할까요?

1) 소통하는 사회

교회다운 교회란 매우 단순합니다. 하나님을 사랑하고, 형제를 사랑하며, 만물을 사랑하는 사랑의 공동체가 바로 교회다운 교회입니다. 다른 말로 표현한다면 하나님을 향한 진정어린 경배, 서로를 향한 인격적인 교제, 만물에 대한 친절한 돌봄이라고 할 수 있습니다. 또 달리 표현한다면 '소통하는 사회' 라고 하겠습니다. '소통' 은 생명의 본질입니다. 모든 생명은 예외 없이 소통합니다. 만일 소통이 단절되거나 막히면 그 순간 생명은 소멸됩니다. 하나님이나 사람이나 만물이 똑같습니다. 소통이 막히면 생명은 질식합니다. 생명이 질식하는 사회는 하나님 나라가 될 수 없습니다.

교회는 예수 그리스도를 통해 살아난 생명이 활동하는 사회입니다. 본래 하나님과의 소통이 막혀 죽었던 자들이 예수 그리스도를 통해 소통이 열리고, 새로운 생명을 받아 함께 모여 살아가는 사회가 교회입니다. 그러기 때문에 죽은 자들이 걸어다니는 세상에서 교회는 생명을 보여주어야 하고, 생명을 증거해야 할 교회는 무엇보다도 소통하는 사회여야 합니다. 생각, 느낌, 아픔, 고민, 재물, 기쁨, 행복, 무거운 짐, 기도, 이런 것들이 막힘없이 유통되는 사회여야 합니다. 최초의 교회가 바로 유무상통하는 새로운 사회였습니다(행 2:44-47). 예수님께서는 이렇게 소통하는 사회인 하나님 나라를 세우기 위해 당신 몸으로 중간에 막힌 담을 허시고 만물을 그리스도 안에서 통일되게 하셨습니다(엡 1:10, 2:14).

그런데 당시의 한국교회는 핵분열을 거듭하는 분열의 상처로 얼룩져 있었습니다. 다른 사람들은 어떠했는지 모르겠으나 나에게 한국교회의 분열은 씻을 수 없는 부끄러움이요 수치였습니다. 남북 분단의 상처도 부족해서 동서 분단의 상처까지 겪고 있는 한국사회 앞에서 그리스도의 이름을 부르는 교회마저 사분오열되고 있으니, 그런 교회가 세상을 향해 무슨 말을 할 수 있겠습니까? 세상보다 더 분열의 골을 깊게 파고 있는 교회가 어떻게 구원을 말하고 하나님 나라를 말할 수 있겠습니까? 교인들도 마찬가지였습니다. 교회 안에서도 툭하면 목사파 장로파로 나뉘어 싸우는 일이 허다했습니다. 조금만 섭섭한 일이 있어도 교회를 떠나고, 교인들끼리 서로 등 돌리고 비난하는 일이 다반사였습니다.

물론 다양한 사람이 모이면 생각과 기질의 차이가 있고, 갈등이 빚어지는 건 자연스런 일입니다. 결코 비난할 일이 아닙니다. 그런데 한국교회는 갈등을 지혜롭게 조정하고 용납할 줄을 모릅니다. 차이를 극복할 줄 모릅니다. 나와 다르면 쉽게 정죄하고 비난하는데 익숙합니다. 등을 돌려 버립니다. 소통의 문을 닫아 버립니다. 그 결과 교회는 '분열하는 집단'이라는 꼬리표가 붙게 되었습니다. 이처럼 교회라는 이름은 가졌지만 너무나도 교회답지 못한 분열의 현실을 보면서 나는 굳게굳게 다짐했습니다. '적어도 내가 목회하는 교회에서만큼은 서로 싸우고 파당을 짓고 분열하는 짓은 절대 없도록 하자. 차이와 갈등은 있을 수 있지만 분열은 없어야 한다. 적어도 이 고질병만큼은 극복하자.' 이 다짐은 맹세까지는 아니었지만 내 목회가 넘어야 할 최소한의 목표가 되었습니다. 그리고 소통을 방해하는 것은 무엇이든 교회의 적이라고 생각하고 단호하게 몰아내려 했습니다. 소통은 하나님 나라와 교회의 본질이기 때문입니다.

2) 인격적인 삶, 인격적인 교제

소통의 연장선에서 교회가 하나님 나라의 삶을 반영하는 것이 되려면 무엇보다도 인격적이어야 한다고 생각했습니다. 하나님이 인격적인 분이시고, 사람을 인격적인 존재로 만드셨기 때문에 하나님은 우리의 모든 삶이 인격적이기를 원하실 뿐만 아니라, 하나님이 교회를 통해 세상에 보여 주고자 하시는 것도 인격적인 삶이라고 확신했습니다. 교회가 세상과 구별되는 지점도 바로 여기라고 생각했습니다. 이것은 교회적 삶의 본질에 속한 것이라고 생각했습니다. 그랬기 때문에 온 맘과 뜻을 다해 이렇게 말했습니다.

"교회 역사를 보면 교회는 종종 하나님의 백성들의 삶을 종교적으로 왜곡시키는 잘못을 범해 왔습니다. 오도된 이원론과 환상적 종말론을 무기삼아 성도들의 삶을 짓누르기도 했습니다. 그러나 하나님께서는 우리를 십자가의 은혜로 부르실 때 또 하나의 왜곡된 종교적 삶으로 부르신 것이 아닙니다. 우리네 깨어진 삶을 치유하여 온전한 삶이 함께 어우러지는 곳으로 교회를 정하셨습니다. 그러므로 교회는 성령의 역사와 은총으로 회복된 자들의 인격적 삶이 개발되고 표현되는 삶의 공동체여야 합니다. 교회 공동체에서 우리는 해맑은 웃음과 진솔한 행복을 맛볼 수 있어야 합니다. 완전하진 않을지라도 세상에서는 결코 경험할 수 없는 차원의 삶이 있어야 합니다.

하나님을 떠난 이 세상의 삶의 특징이 무엇입니까? 한 마디로 비인격적이라는 것입니다. 관계의 단절입니다. 사람들은 비인격적인 삶의 구조 속에서 소외되고 신음하며 왜곡된 삶을 살고 있습니다. 비인격적인 이익 집단들의 갈등과 반목이 끊이지 않습니다. 그러나 교회는 달라야 합니다. 구원받은 무리의 삶은 부패한 세상의 특징인 비인격적인 구조를 극복하는 삶이어야 합니다. 교회는 어떤 희생을 치르더라도 비인격적인 삶의 구조를 넘어서야 합니다. 이건 교회의 사활이 걸린 중차대한 문제입니다. 왜냐하면 깨어진 관계의 인격적인 회복이야말로 구원의 실재이기 때문입니다.

만일 교회에서마저 비인격적인 삶의 구조가 판을 친다면 어떻게 교회와 세상이 다를 수 있겠으며 교회가 무엇을 자랑할 수 있겠습니까? 그리고 교회가 세상과 구별되지 못하고서는 천국을 증언하는 사명을 감당할 수가 없습니다.

교회가 천국을 증언하지 못한다면 그건 교회가 아닙니다. 하나의 종교 집단에 불과한 것입니다. 교회의 생명은 거룩한 종교적 형식이나 건축 양식에 있지 않습니다. 교회의 생명력은 성령 안에서 회복된 인격적 삶에 있습니다. 예수님과 제자들의 삶이 그랬고, 초대교회의 삶이 그랬습니다. 미래에 완성될 천국에서의 삶도 인격적인 것입니다. 마찬가지로 교회에서의 삶도 인격적이어야 합니다. 만약 교회에서 하는 모든 행사나 사역이 아무리 종교적으로 거룩하고 훌륭하다 해도 인격적이지 못하다면, 그것은 교회다운 행사나 사역일 수 없습니다.

한길교회는 인격적인 교회, 회복된 인격적 삶이 어우러지는 교회가 되어야 합니다. 바로 여기에 21세기를 맞는 한길교회의 사명이 있습니다. 물론 이 일이 쉬운 일은 아닙니다. 인격적 삶이란 사랑과 나눔의 삶이기 때문입니다. 내가 먼저 사랑하고 형제와 나누지 않고서는 인격적인 공동체가 될 수 없겠기 때문입니다. 그러나 이 일이 어려울지라도 우리는 해야 합니다. 이것이 교회의 생명이기 때문입니다"(1992.7.19. 교회 신문).

나는 한길교회를 통해서 하나님 나라의 삶을 부분적이지만 실현해보고 싶었습니다. 하나님이 베푸신 구원의 삶을 교회라는 공동체 안에서 실제로 경험해 보고 싶었습니다. 하나님이 베푸신 구원이 추상적인 것이 아니라면, 미래에 속한 것만이 아니라면 당연히 교회 안에서 경험할 수 있고 경험되어야 하는 것 아니겠습니까. 더욱이 교회가 구원을 말하기 위해서는 완전하진 않을지라도 구원을 경험할 수 있는 현장이 되어야 하지 않겠습니까. 하나님께서는 교회를 하나님이 베푸신 구원의 현장으로 의도하셨기 때문에 교회는 구원을 경험하는 현장이 되어야 합니다. 하나님의 구원을 담아내야 합니다.

그런데 교회가 담아내야 할 하나님의 구원은 궁극적으로는 하나님 나라요 현실적으로는 소통하는 사회입니다. 바로 이것이 내가 교회에 기대했던 유일한 꿈이었습니다. 아니, 하나님과 예수님이 교회에 걸었던 유일한 꿈이었다고 믿었습니다. 만일 이 꿈이 아니라면 과연 교회가 존재해야 할 이유가 있는 것인지 나는 모르겠습니다. 나는 예수님 안에서 이 꿈 하나를 발견했습니다. 이 꿈 때문에 교회를 세우려 했고 목회를 했습니다. 이 꿈 때문에 교회 안에 쌓인 먼지를 털어내려 했습니다.

앞에서도 거듭거듭 말했습니다만 교회의 교회 됨을 회복하는 것은 내가 교회를 개척한 이유요 목표였으며 한길교회의 존재 이유였습니다. 이 목표는 교회가 순종해야 할 전도나 선교의 명령보다 더 황급히 챙겨야 할 시대적 과제였습니다. 왜냐하면 교회의 부패를 청산하지 않는 부흥은 진정한 부흥이 아니기 때문입니다. 생각해 보세요. 왜곡되고 이지러진 현재의 교회가 그 모습 그대로인 채로 부흥한다면 그 부흥이 어떤 결과를 가져다주겠습니까? 그 때의 부흥은 축복이 아니라 재앙이 될 것입니다. 그 때 교회는 더 깊은 회복 불능의 지경으로 떨어지게 될 것입니다. 이건 불을 보듯 명명백백한 사실입니다. 그러기 때문에 나는 부흥의 겉모습이 아니라 개혁이 곧 부흥이요 교회 됨을 일구어 내는 것이 곧 교회 부흥을 일구어 내는 길이라는 확신, 교회가 교회 됨을 회복하기만 하면 진정한 부흥은 바늘에 실 가듯 따라온다는 확신을 갖고 교회의 교회 됨을 회복하는 목회에 모든 것을 걸기로 뜻을 정한 것입니다.

그래서 교회에 대한 학습을 많이 했습니다. 설교, 강의, 주보의 글을 통해 귀가 따갑도록 교회가 무엇이며 교회는 어떠해야 하는지를 이야기했습니다. 그리고 교회의 모든 프로그램은 교회가 무엇인지를 이해하고 하나님 나라의 삶을 익히고 경험할 수 있도록 계획했습니다. 주일 밥상공동체, 일박수련회, 여름수련회, 교회당 청소, 구역 모임, 이 모든 게 '소통'과 '인격성'이라는 교회 됨의 본질을 학습하고 경험하는 장이 되게 했습니다. '남선교회' '여전도회'도 '남신도회' '여신도회'로 바꿔 부름으로써 일 중심의 모임이 아니라 인격적인 소통 중심의 모임임을 강조했습니다.

3) 행사보다는 삶

한길교회는 종교적인 신앙생활에서 일상의 신앙으로 방향 전환을 시도했습니다. 일상의 신앙이란 일상이 신앙생활의 현장이 되어야 하며, 일상에서 하나님과 교통하고, 일상에서 성령의 열매를 맺고, 일상에서 맺어진 사람들에게 개인 전도와 양육을 하며, 일상에서 하나님 나라의 기쁨과 행복을 누리는 신앙생활을 말합니다. 이렇게 일상의 신앙을 강조하다 보니 조직으로 성도들을 움직이거나 교회를 위해 성도들을 동원하는 게 옳지 않아 보였습니다. 성도들을 교회 안에 묶는 것이 하나님 앞에서 정직한 목회가 아니라는 생각이 들었습니다.

그리하여 자연스럽게 성도들의 개인적인 일상을 존중하고 축복하는 목회로 나아가게 되었습니다. 교회 운영도 프로그램(Event)을 통해 하기보다는 교회적 일상을 중시했습니다. 나는 본래 프로그램을 진행하고 기획하는 데는 능력도 부족하고 은사가 없기 때문이기도 했지만 프로그램으로 돌아가는 목회는 내가 생각하는 교회의 참 모습을 실현할 수 없다는 생각 때문이었습니다.

요즘은 이벤트 시대입니다. 백화점뿐 아니라 학교, 기업, 정부, 심지어 가정까지도 이벤트를 자주 합니다. 젊은이들의 연애도 점점 이벤트화해 가고 있습니다. 이벤트가 시장에서 점차 생활 속으로 파고들고 있습니다. 이런 일련의 흐름에는 분명 긍정적인 면이 있습니다. 이벤트는 생활의 양념과 같아서 자칫 무미건조하기 쉬운 생활 속에 이벤트라는 양념을 첨가하면 생활이 훨씬 밝아지고 활기가 넘칩니다.

하지만 그런 유익에도 불구하고 여전히 변치 않는 진실은 삶(Life)은 행사(Event)가 아니라는 것입니다. 이벤트는 삶의 한 부분일 뿐 삶은 아닙니다. 삶(Life)은 생활(Life)입니다. 힘들고 귀찮더라도 날마다 쌓이는 먼지와 싸워야 하고 당면하게 되는 자잘한 일들과 대면해야 합니다. 싫은 일도 해야 하고 더러운 것도 만져야 하는 것이 생활입니다. 가정을 들여다 보세요. 일상적이고 반복적인 작은 일들의 연속입니다. 아무리 해도 특별히 눈에 띄는 것도 없고 끝없이 반복해야 하는 것이 가정생활입니다. 주부들이 힘들어하고 짜증스러워하는 것도 작은 일들을 끝없이 반복해야 하기 때문입니다. 그래서 때로 이벤트를 원하기도 합니다. 하지만 프로그램이나 이벤트로 가정이 돌아가는 것은 아니지요. 이벤트는 생활의 양념으로 필요하긴 해도 이벤트는 이벤트일 뿐 생활은 아닙니다.

신앙생활도 이벤트(Event)가 아니라 생활(Life)이어야 합니다. 일상 속에 신앙이 녹아들어야 하고, 신앙이 일상생활로 연결되어야 합니다. 그렇게 하려면 성도들을 교회 울타리 밖으로 해방시켜야 합니다. 어항의 물고기를 연못에 방생하듯이, 또 교회에서 충성하는 사람이 아니라 가정과 직장과 세상에서 하나님의 방식으로 근사하게 살 수 있는 사람으로 양육해야 합니다. 이런 목회는 성도들을 다양한 프로그램이나 행사에 참여시키고 봉사하게 하는 목회보다 훨씬 어렵고 결과도 더딥니다. 어쩌면 교회가 무너지지 않을까 하는 의구심이 들 수도 있습니다. 그래도 그 길을 가는 것이 진짜 목회라고 믿습니다. 프로그램과 행사 중심의 목회는 커다란 맹점이 하나 있습니다. 열심히 교회 프로그램에 참여하는 것이 곧 신앙생활을 열심히 하는 것이라고 착각하게 만든다는 것입니다.

정리하면 이렇습니다. 교회다운 교회란 소통이 활발한 교회입니다. 특별히 소통이 인격적일 때 가장 교회답다고 할 수 있겠지요. 그리고 성도들이 하나님 나라의 구원을 교회 안과 밖에서 일상으로 살아갈 때 진정 교회다운 교회, 하나님 나라를 닮은 교회라고 할 수 있을 것입니다. 나는 지상의 모든 교회가 이런 교회를 꿈꾸기를 희망합니다. 설사 꿈대로 되지 못한다 할지라도 꿈꾸는 것만으로도 나는 허리가 휘도록 춤을 추겠습니다. 진짜 살맛이 날 것 같습니다. 결국 교회의 교회 됨은 교회 안에 있는 사람 됨의 문제로 귀착됩니다. 사람이 사람 되면 교회는 교회 되거든요. 그러므로 교회가 교회 되기 위해서는 사람을 사람 되게 해야 합니다. 교회는 사람을 사람 되게 하는 하나님의 일터가 되어야 합니다.

3 돈에 대한 이야기

나는 목회 첫 날부터 돈에 대해선 분명하게 선을 그었습니다. 교회 헌금에는 일절 손대지 않겠다는 원칙을 세운 것입니다. 적어도 돈 때문에 비굴해지거나, 돈 가지고 어깨에 힘주는 짓만큼은 하지 말자는 생각을 분명히 했습니다. 하여, 첫 예배를 드린 날부터 정광식 형제에게 헌금 관리를 부탁했습니다. 나는 교회 헌금에 일절 손대지 않겠으니 형제님이 오늘부터 헌금을 관리해 달라고 말입니다. 그리고 돈에 대해서는 교회가 일점의 의혹도 없이 투명해야 하니 출납 장부를 마련해 기록하고 한 달에 한 번씩 전 성도에게 재정을 보고하자고 했습니다. 그때 했던 이 한 마디는 16년 동안 어김없이 지켜졌습니다. 한 번도 내 손으로 헌금을 계산한 적이 없고, 세례를 받지 않은 자나 교회에 처음 나온 자를 가리지 않고 예배에 출석하는 자 모두에게 정기적으로 재정 보고를 했습니다.

사례비에 대해서도 그냥 말없이 지나칠 수도 있었지만 분명하게 하는 것이 좋겠다는 생각에 이야기했습니다. 사례비는 받지 않겠으나 목회 연구비는 월 2만원씩 주는 것이 좋겠다고 했습니다. 목회자가 쉬지 않고 연구하는 것이 중요한데 비록 적은 금액이지만 목회 연구비를 받아야 연구하는 일에 게으르지 않겠다 싶어 제안을 했습니다. 그래서 개척 첫 달부터 목회 연구비를 받기 시작해 사임하는 날까지 한 달도 빼지 않고 연구비를 받았습니다. 그 덕분에 부담 없이 책을 구입해 벗 삼아 읽을 수 있었고, 삶의 지평을 넓힐 수 있었습니다. 그러니 전세방 시절 교회의 지출이라는 게 월 2만원이면 족했습니다. 그렇게 3개월을 지내고 보니 이런저런 손길들을 통해 적잖은 헌금이 모아졌습니다. 이렇게 모아진 헌금에다가 우리 가족이 살던 전세금 780만 원을 합해 교회당을 얻을 수 있었습니다.

개척 첫 해 결산을 해보니 949만 4천6백 원이었습니다. 그런데 새해 예산은 대폭 삭감된 634만 원으로 결정이 됐습니다. 배경이 있었지요. 나는 공동의회를 앞두고 예결산 위원들에게 수입 예산은 세우지 말고 지출 예산만 세워보라고 의견을 제시했습니다. 왜냐하면 수입 예산에 맞춰 지출을 결정하는 것보다는 꼭 필요한 지출에 대해서만 예산을 잡는 것이 믿음의 정신에도 부합되고, 수입 예산을 세운다는 것 자체가 자연스럽지 않다고 판단했기 때문입니다. 그래서 꼭 필요한 지출 예산만 잡은 결과 634만 원으로 축소가 된 것입니다. 그 후로 수입 예산 없이 지출 예산만 세우는 것은 한길교회의 전통이 되었습니다.

이번에는 전세금에 얽힌 이야기입니다. 나는 한국교회를 보면서 목회자의 재산이 교회에 투입되는 것에 대해 부정적인 생각을 갖고 있었습니다. 지금도 그렇지만 그 때에도 교회의 분쟁이나 돈과 관련된 추문들이 대부분 목회자의 재산으로 교회를 세운 경우가 많았기 때문입니다. 목회자가 자기 재산을 투입해 교회를 세우게 되면 자기도 모르는 사이에 교회를 사유화하는 경향이 나타납니다. 이로 말미암아 파생되는 문제는 한둘이 아니지요. 처음에는 순수한 믿음으로 헌금한다고 했지만 나중에 교회를 사임하거나 문제가 발생할 때는 목회자가 투입한 돈이 문제가 되어서 이러지도 저러지도 못하고 싸움에 휘말리는 것이 현실이었습니다. 또 문제가 있음에도 불구하고 목사가 사생결단하고 교회를 떠나지 않으려 하는 것도 이 교회는 내 재산으로 세운 교회라는 주인 의식이 있기 때문입니다. 그래서 나는 목사의 개인 돈과 교회의 재산은 분명히 구분해야 한다는 소신을 갖고 있었습니다. 정광식 형제에게도 그런 문제를 이야기하면서 우리 전세금 780만 원은 헌금이 아니라 교회에 빌려주는 것으로 정리를 했습니다.

  그런데 나중에 이 사실을 알게 된 한 자매가 심각하게 이의를 제기했습니다. 자기 아버지가 장로인데 장로인 아버지도 교회를 개척할 때 재산을 털어 헌금했다고 하면서, 목회자가 어떻게 교회를 개척하는데 자기 돈을 헌금하지 않고 빌려줄 수 있느냐는 거였습니다. 목회자가 교회를 세울 때는 전 재산을 털어 헌금하는 것이 당연하며 목회자가 사유 재산을 가지면 안 된다는 거였습니다. 자매의 생각이 워낙 확고해서 어떤 설명이나 대화도 불가능하다는 생각에 그냥 듣고 말았습니다. 허나 무시하고 지나칠 수도 없는 문제였습니다. 한 자매가 실족해 넘어질 수도 있는 문제였으니까요.

  아내와 함께 기도를 했습니다. 그러나 쉽게 정리되지 않았습니다. 원칙을 지켜야 하는 것인지, 지체가 실족하지 않도록 덕을 세워야 하는 것인지 고민스러웠습니다. 결국 원칙보다는 덕을 세우는 것이 주님이 기뻐하실 거라는 생각에 그 편을 택하기로 했습니다. 곧바로 예배 시간에 봉헌했지요. 크지 않은 돈이었지만 결혼하고 5년 동안 아끼고 절약해서 모은 전부였습니다. 그런데 헌금을 하고서도 하나님께는 못내 죄송스럽고 부끄러웠습니다. 기쁜 마음으로 하기는 했지만 타의로 헌금했다는 게 개운치 않았습니다. 마음 한 쪽에선 내가 가진 원칙이 옳다는 생각도 여전했고요.

9 생존 본능과 확장 본능

"창조는 부조리와 허무를 배제시키지 않았다. 어디서나 우리는 어둠을 만나게 되고, 언제나 부조리의 심연이 우리보다 한 발 앞에 있다. 우리가 걸어 갈 길은 언제나 여럿이 있고, 우리는 자유하도록 강요받았으며(우리는 우리의 의지에 반하여 자유하다) 그 이유와 까닭을 모르면서도 우리는 우리의 길을 선택하는 배짱을 부려야 한다."

– 아브라함 요수아 헤셸 –

1 전세방 예배 시절

한길교회는 물적 토대가 전혀 없이 출발했습니다. 소도 비빌 언덕이 있어야 비빈다는데 한길교회는 비빌 언덕조차 없었습니다. 7명이 비켜 앉기도 비좁은 방에서 초라하기 그지없는 예배를 드렸으니까요. 그땐 정말 돈 없고, 사람 없고, 공간도 없었지만 그런 것 때문에는 별로 고민하지 않았습니다. 한국교회의 선교 2세기를 짊어지고 갈 새로운 교회 운동의 이정표를 세우겠다는 열정이 불타고 있었고, 하나님 나라를 담아낼 꿈이 있었기에 마음은 부요했고 용기가 넘쳤습니다.

주일 아침이면 집안을 깨끗이 청소하고 예배 시간을 기다리는 것이 즐겁고 행복했습니다. 버스를 두 번이나 갈아타면서 먼 길을 달려오는 형제 자매를 맞이할 때는 반가움과 미안함이 교차했습니다. 1달쯤 후부터는 바로 옆집으로 이사 온 성도님이 예배에 참석하기 시작했고, 청년 시절 나에게 말씀을 배웠던 자매가 결혼하고 우리 집 가까이에 둥지를 튼 인연으로 합류하게 되었습니다. 또 아내가 근무하던 학교의 동료 교사가 초신자로 나오기 시작해 기쁨은 두 배로 컸습니다.

이렇게 몇 안 되는 사람이었지만 지하의 작은 방을 찾아 예배하러 오는 발걸음을 맞이하고 있노라면 정말 기적 같았습니다. 기적이 아니고서야 어찌 그 누추한 곳에 올 수 있겠습니까. 기적처럼 찾아오는 그들과 함께 예배를 드리고 나면 아내가 정성껏 준비한 칼국수로 점심을 먹고 차와 담소를 나누며 잠시 쉽니다. 그러고는 곧바로 둘러 앉아 성경공부를 했습니다.

프란시스 브라이쉬(Francis Breish)가 쓴 「하나님의 나라와 예수 그리스도」라는 책을 가지고 공부를 했습니다. 이 책은 성경 전체의 흐름을 하나님 나라의 관점으로 해석하는 책으로 당시 신학생들에게 꽤 인기 있는 책이었습니다. 성도들이 읽기에 조금은 어려울 수 있지만 이 책으로 공부를 하기 시작한 것은 성경에 대한 새로운 안목과 성경이 말하는 바가 하나님 나라라는 사실을 일깨우기 위해서였습니다. 이렇게 주일 아침예배와 오후 성경공부를 마치고 나면 작은 행복감에 영혼과 마음이 뿌듯했습니다.

2 첫 번째 만난 철없는 고통

하지만 행복하기만 한 것은 아니었습니다. 이 시절 목회 초년생으로서 처음 맞는 어려움이 있었습니다. 그것은 목회자의 자존심이었습니다.

"교회다운 교회를 세워야 한다는 역사적 소명의식 하나로 출발은 했으나, 그것만을 붙잡고 현실교회가 걸어가기에는 많은 어려움이 있었다. 특히 어려웠던 것은 목회자의 자존심이었다. 내 마음은 교회에 대한 사랑으로 뜨겁게 불타올랐고, 역사적 의의와 정당성을 좇아 일하고 있다는 자부심이 있었으나, 어느 누구도 나의 뜨거움과 진실을 알아주지 않았다. 모든 사람들이 또 하나의 교회를 세우고 교인 모으기에 급급한 목회자라고 보는 듯한 시선과 냉대를 견디기 힘들었다. 교회 개척 후 4-5개월 동안은 이것이 가장 큰 시련이었다"(창립3주년 기념 회보집).

지금 와서 이 글을 보니 좀 겸연쩍은 웃음이 나옵니다. 사람들이 나의 진심을 알아주리라고 기대했다는 것이 얼마나 순진무구한 철부지 생각인지를 알고 고소를 금치 못하겠습니다. 진심이란 것이 그렇게 쉽게 받아들여지는 것이 아니지 않습니까. 말 한 마디로 진심을 전할 수 있는 것이 아니지 않습니까. 인생을 좀 살고 보니 세상에 진심처럼 전하기 어려운 것이 없다는 것을 깨닫습니다. 진심은 결코 말이 아니라 오랜 세월을 묵묵히 행함으로써만 전할 수 있고 얻을 수 있는 것이라는 걸 그때는 몰랐던 것 같습니다. 그러나 이제는 알겠습니다. 진심을 쉽게 얻으려 하는 것이야말로 진심을 갖고 있지 않은 것이라는 역설적 진실을.

그리고 보면 인생 속에서 겪는 많은 상처와 아픔, 실망감들은 누군가가 나에게 주는 것이라기보다는 내가 모르기 때문에, 잘못된 기대를 하는 것 때문에 겪는 경우가 많지 않은가 생각됩니다. 개척 초기에 실망하고 좌절감을 느낀 것도 사람들이 쉽게 내 진심을 알아줄 것이라는 잘못된 기대 때문에 자초한 철없는 고통이었습니다.

3 예배당 공간을 찾아서

나는 어느 정도까지는 집에서 예배를 계속하려고 했습니다. 집에서 예배하는 것에 대해 아무런 불편이나 문제를 느끼지 못했고, 돈도 없어서 다른 생각을 할 수가 없었습니다. 그러나 참여하는 사람의 생각은 어떤지 궁금해서 형제에게 물어보았습니다. 이렇게 작은 방에서 예배해 보니 어떠냐고 그랬더니, 자기는 괜찮은데 아내는 영 예배드린 것 같지도 않고 예배 같지가 않다는 거였습니다. 그 말을 안 들었으면 상관이 없었겠지만 일단 듣고 나니 고민이 됐습니다. 듣는 것과 안 듣는 것은 그렇게 달랐습니다. 어떻게 해야 좋을지 기도했습니다. 생각지 못한 생각이 떠올랐습니다. 집 전세금을 빼서 사무실을 얻고 그 안에 생활할 공간을 마련하면 되겠다 싶었습니다. 형제도 찬성을 했습니다.

곧바로 교회당을 찾아 수원 시내 부동산을 뒤지기 시작했습니다. 그런데 이게 보통 고역이 아니었습니다. 부동산에 들어가서 30평 정도의 사무실이 있느냐고 물으면 꼭 어떤 용도로 쓰려고 하느냐고 되물었는데, 차마 교회하려고 한다는 말이 떨어지지 않는 것이었습니다. 교회하는 것이 마치 슈퍼 차려 돈 벌려고 하는 것 같은 느낌이 들어 스스로 창피하기도 하고 구차스럽기도 했습니다. 어느 부동산에서는 '교회'라는 말도 못 꺼내고 도망치듯 돌아나온 적이 한두 번이 아니었습니다. 또 어느 때는 얼굴이 화끈거리는 걸 참아가면서 어렵게 교회하려고 한다고 하면 교회는 시끄러워서 주인이 주지 않는다는 말을 들어야 했습니다. 그럴 때면 얼마나 창피한지 어디 쥐구멍에라도 들어가고 싶은 마음뿐이었습니다. 그렇게 교회당을 찾으러 다니면서 나는 교회가 기피 대상이 되어 버린 또 하나의 아픈 현실을 목도해야 했습니다.

4 교회는 왜 기피 대상이 되었는가

교회가 사람들로부터 환영받지 못하는 아픈 현실을 목도하면서, 나는 이 현실을 어떻게 해석해야 하는지 고민하지 않을 수 없었습니다. 교회는 스스로 생각하기를, 사람을 사랑하고 사람을 구원하기 위해 이런 일 저런 일 가리지 않고 열심히 한다고 하고 있습니다. 실제로 교회는 다른 여타 종교에 비해서 선한 일들을 많이 하고 있습니다. 한국종교사회윤리연구소가 1998-2001년까지 종교별 헌혈 현황을 비교한 자료에 의하면 개신교가 전체의 81.8%를 차지하고 있습니다. 가톨릭 10.5%, 원불교 0.5%, 불교 0.9%에 비하면 개신교의 헌혈 비율이 압도적으로 높습니다. 골수 기증의 경우에도 2000-2002년 6월까지의 기록을 보면 역시 개신교의 비율이 38%나 됩니다. 그에 비해 가톨릭은 7.8%, 불교는 8.8%에 불과합니다. 장기 기증자 현황을 봐도 개신교가 65.4%로 가장 많습니다. 사회복지 시설의 경우에도 개신교가 288개로 가톨릭의 41개, 타종교의 16개보다 훨씬 많은 숫자를 보여줍니다. 요즘 우리 사회의 양극화의 심화로 인해 노숙자가 속출하고 있는데 노숙자 지원 센터 비율 역시 개신교가 37%로 가장 높습니다. 불교계가 운영하는 비율은 6.7%, 가톨릭은 5.5%를 담당하고 있습니다. 이처럼 교회는 다른 여타 종교와는 비교가 안 될 정도로 어려운 이웃을 섬기고 있습니다. 선한 일에 열심을 다하고 있습니다.

그런데 정작 사람들은 교회를 그렇게 생각하고 있지 않습니다. 교회에 대해 우호적이지 않은 정도를 넘어 적대적이기까지 하다는 느낌을 강하게 받습니다. 분명히 세상 속에서 나름대로 선한 일을 감당하고 있고, 한국 사회 속에서 어떤 단체나 종교보다 사회적인 공헌도가 높음에도 불구하고 교회에 대해 우호적인 반응보다는 비난의 소리가 더 많이 들리는 것은 무엇 때문일까요?

여러 가지 원인들을 찾아볼 수 있을 것입니다. 소위 성공한 그리스도인들(특히 사회 지도층에 속한 정치인이나 고위 공직자들)의 잦은 비리 연루라든지, 타락한 성직자들의 추태, 인터넷 공간에서 안티 기독교인들의 극렬한 활동, 개교회 중심주의에서 비롯된 교회 간의 전도 경쟁과 성장 경쟁이 불러 온 비정상적인 과열 등등 많은 이유를 말할 수 있을 것입니다. 그러나 이런 원인들은 눈에 보이는 현상적인 이유에 불과합니다. 정말 중요한 원인은 역설적이게도 눈에 보이지 않는 데 있습니다. 매우 사소해 보이는 데 있습니다. 그게 무엇일까요? 내가 보기에 그것은 교회가 선한 일을 하지 않아서가 아니라 일하는 방식에 문제가 있어서 그런 거라고 생각합니다. 다시 말하면 사람들에게 교회적 방식을 일방적으로 주장하고 강요하는 교회적 태도 때문에 교회가 제대로 평가받지 못하는 것이라고 생각합니다.

실제로 교회가 일하는 방식을 한 번 살펴보십시오. 사랑을 말하면서 사랑을 실천하지만 일방적으로 주장하고 강요하는 방식으로 행하는 경우가 많습니다. 한국교회는 지나치게 공격적인 영성을 갖고 있어서 사랑까지도 겸손한 태도가 아닌 공격적인 태도로 합니다. 그냥 하나님의 말씀대로 사랑을 실천하면 좋을 텐데 하나님이 주신 축복을 꼭 증거해야 한다는 강박관념이 하도 강하다 보니 은근히 축복받은 것을 과시하게 됩니다. 그리고 그리스도인만이 절대 진리를 가졌다는 지나친 확신이 상대방에게는 알게 모르게 강요하는 모습으로 읽히게 됩니다. 그러니 그런 태도 속에서 어떻게 사랑을 읽을 수 있겠습니까. 모든 그리스도인이 알고 있듯이 사랑은 오래참고 친절하며 교만하지 않습니다. 무례히 행치 않습니다. 뽐내지도 않습니다. 성을 내지 않고 모든 것을 덮어줍니다(고전 13:4-7).

그런데 그리스도인의 행동을 보면 이와는 거리가 멉니다. 자기를 주장합니다. 주변 사람은 아랑곳 하지 않고 큰 소리로 기도하고 찬양하는 무례를 범합니다. 다른 종교를 비방합니다. 축복받은 것을 자랑하며 예수 믿지 않는 자들은 다 저주받은 자들이라고 정죄합니다. 그러면서도 또 전도하겠다고 열심히 찾아갑니다. 정말 겸손하게 상식을 지키면서 교회 밖에 있는 사람들을 높이는 마음으로 다가가야 하는데 반대로 행하고 있습니다. 그러니 사람들이 교회의 말을 듣지 않을 뿐 아니라 오히려 기피하고 비방하는 것 아니겠습니까.

물론 저들의 평가가 교회에 대한 정당한 평가라고 할 수는 없습니다. 교회를 제대로 볼 수 있는 신앙의 눈을 갖고 있지 않기 때문에 저들의 평가를 액면 그대로 다 인정하고 받아들여야 할 필요는 없습니다. 그러나 저들의 평가를 외면하는 것도 올바른 태도는 아닙니다. 키에르케고르는 기독교 메시지가 진정 무엇인지에 대해 깊이 고민한 사람입니다. 뿐만 아니라 메시지를 전달하는 방식도 중요하다는 것을 깊이 인식했던 사람입니다. 그는 이런 근본적인 문제를 해결하기 위해 무진 애를 쓰는 가운데, 직접적인 전달 방식이 상대방에게 방어적인 태도를 갖게 하며 비효과적이라는 것을 알고 간접적인 전달 방식으로 표현하는 글쓰기를 했습니다.

오늘 한국교회도 하나님의 메시지를 전달할 때 키에르케고르와 같은 자세가 필요하다고 생각합니다. 그러기 위해서는 목회자와 신학자, 그리스도인들 모두가 먼저 진지함과 겸손함을 잃지 않아야 합니다. 왜냐하면 하나님의 모든 훈계와 가르침, 하나님이 베푸신 구원은 오직 겸손의 모습으로만 표현될 수 있기 때문입니다. 하나님 나라는 세상의 빛이요 희망이지만 세상 속에 모습을 드러내는 것은 언제나 겸손의 방식으로만 가능합니다. 겸손의 방식이 아니면 하나님 나라는 그 모습을 드러낼 수 없습니다. 그러기 때문에 교회가 진실로 하나님 나라를 증거하기 원한다면 세상 앞에서 한없이 겸손해야 합니다. 그런데 한국교회는 그 동안 세상의 빛이요 소금이라고 강변하면서 주장하려는 자세로 일관해 왔습니다. 세상을 가르치고 이끌려고만 해왔습니다.

이런 태도는 예수님이 보여주신 섬김의 리더십과는 거리가 있는 태도입니다. 주님은 한없이 자신을 낮추셨습니다. 하나님 앞에서 뿐 아니라 사람 앞에서도 자신을 낮추셨습니다(빌 2:6-8). 사도 바울도 우리에게 바로 이 마음, 그리스도 예수의 마음을 품으라고 부탁했습니다(빌 2:5). 한국교회는 진실로 오만과 힘의 리더십을 내려놓고 예수님의 섬김의 리더십을 배워야 합니다.

특히 목회자들이 교회 성장을 위한 리더십을 회개하고 세상을 섬기는 종의 리더십으로 전환해야 합니다. 거의 대부분의 목회자들이 주님의 지상명령을 이유로 교회 발전과 교회 성장에 골몰하는 것을 정당화하고 있습니다. 성도들을 교회 성장을 위한 사역자로 키우는 지혜와 방법론을 익히는데 전심하고 있습니다. 교회의 영역을 넓히는데 도움이 되는 리더십 개발에 초점을 맞추고 있습니다.

하지만 이런 목회적 태도로는 교회에 대한 사회적 기피 현상을 넘어설 수 없습니다. 교회가 진실로 백성들의 친구가 되기 위해서는 겸손해야 합니다. 하나님 나라의 사랑을 증거하기 위해서는 겸손해야 합니다. 하나님 나라가 세상 속에 모습을 드러내는 것은 언제나 겸손의 방식으로만 가능하기 때문에, 낮아짐의 방식이 아니면 하나님 나라는 그 모습을 드러낼 수 없기 때문에, 교회가 하나님 나라를 증거하기 원한다면 세상 앞에서 한없이 낮아져야 합니다. 더 이상 주장하는 자세를 고집해서는 안 됩니다.

5 생존 본능과 확장 본능과의 싸움

그렇게 수모 아닌 수모를 겪으면서 한 달여를 돌아다닌 끝에 교회당을 찾았습니다. 교회가 있던 장소였는데 전세금 1000만원에 월세 10만원이었습니다. 교회당 안에 우리가 살 방 한 칸과 부엌, 서재로 쓸 방을 만들기 위한 칸막이 공사를 한 다음 이사를 하고 교회 간판도 내걸었습니다. 드디어 한길 교회가 세상에 모습을 드러낸 것입니다. 이렇게 교회가 세상 앞에 얼굴을 내밀고 나자 이제부터 진짜 목회가 시작된다는 실감이 나면서 약간의 두려움 같은 게 밀려왔습니다. '교회' 라는 이름에 부끄럽지 않아야 한다는 강한 책임감에 마음이 무거워지기도 했습니다. 뿐만 아니라 교회가 정식으로 세상 앞에 얼굴을 내밀자마자 나도 모르는 사이에 어디서 나왔는지 생존 본능이 충동질하는 것이었습니다.

"4-5개월 후 교회가 교회당 건물을 얻고 조금 자리를 잡게 되자 이제는 현실에 뿌리 내리기 위한 현실성 확보가 커다란 과제로 다가오는 것이었다. 일단 교회가 공적인 모습을 띠게 되자 뭔가 교회의 형식과 모양을 갖추어야 된다는 부담감이 다가왔고, 교회 자체의 최소한의 생존 본능이 강하게 나를 사로잡는 것이었다"(창립3주년 기념 회보집).

교회가 세상에 얼굴을 내밀자마자 생존 본능이 강하게 나를 사로잡고 있었다는 나의 고백을 듣자니 프랑스의 한 사회학자가 '모든 조직의 숨겨진 첫 번째 목표는 자체의 생존과 확장이지, 명목상 표방하는 사명을 완수하는 것이 아니다'고 말한 것이 생각납니다(존 테일러 개토, 바보만들기. 113). 조금은 냉소적인 진단입니다만 섬뜩한 느낌이 들 만큼 정곡을 찌르는 정직한 판단이라고 생각됩니다. 나도 처음 교회 개척을 생각할 때는 교회에 쌓인 먼지를 털어내고, 주님의 디자인을 따라 새로운 교회를 세우자는 사명감만이 내 마음을 사로잡고 있었습니다. 그것이 전부였습니다.

하지만 교회가 공적으로 얼굴을 내밀자 곧바로 생존 본능과 확장 본능이 고개를 디밀고 나오는 것을 어찌할 수 없었습니다. 사명감이 약해졌다거나 사라졌다는 이야기가 아닙니다. 어떻게든지 살아남아야 한다는 생존 본능과 성장해야 한다는 확장 본능이 교회 개척의 역사적 신앙적 근본 사색이나 사명감 못지않게 강하더라는 이야기입니다. 창립 첫 돌을 맞았을 때의 고백에서도 같은 마음을 엿볼 수 있습니다.

"한길교회가 세상에 첫 모습을 드러낸 지 한 돌이 되었다. 참 기적 같기만 하고 꿈 같기만 하다. 생각해 보라. 어디 이 땅이 신생아(개척교회를 뜻함)가

살기에 좋은 땅인가? 신생아가 살아가기에는 공기도 오염되어 있고, 교회 탄생 자체가 축하해야 할 일이라기보다는 부담스럽고 '또 하나의 교회가 섰구나' 하는 푸념 아닌 푸념으로 냉대받는 천덕꾸러기 세상이 아닌가. 천덕꾸러기로 구박당하면서도 용케 삼백 예순 날을 질식하지 않은 채 잘도 자라났으니 창립 첫 돌을 맞는 감회가 실로 크지 않을 수 없다"(1989.5.21 교회 주보).

삼백 예순 날을 죽지 않고 살아 있음에 감사하는 마음에서 강한 생존 본능을 읽을 수 있습니다. 하지만 누구인들 생존 본능으로부터 자유할 수 있겠습니까? 과연 어느 누가 생존 본능을 정죄할 수 있겠습니까? 생존 본능이 없는 생명이 있을 수나 있겠습니까? 생존 본능은 숨겨야 할 만큼 부끄러운 것도, 포장해야 할 만큼 죄악된 것도 아닙니다. 생존 본능은 생명의 생명에 대한 열정이고 생명에 대한 애착으로써 지극히 정상적인 생명의 현상입니다. 그러므로 정말 문제가 되는 것은 생존 본능이 아니라고 생각합니다. 하나님의 뜻이라는 이름으로 생존 본능과 확장 본능을 교묘하게 포장하는 게 진짜 문제라고 생각합니다. '사명' 이라고 하면서 생존 본능과 확장 본능을 정당화하고, 끝도 없이 확장을 추구하는 교회의 행태가 정말 두렵고 무서운 일이라고 생각합니다.

무슨 일이든 썩어가는 걸 방지하려면 정직하고 투명하게 현실을 대면해야 합니다. 그렇게 하지 않으면 언제나 거짓이 진실을 가장하고 활보하는 법입니다. 교회도 예외가 아닙니다. 교회가 부패하지 않으려 하면 교회가 하는 일을 정직하고 투명하게 대면해야 합니다. 그리고 인정할 것은 인정해야 합니다. 그래야 거짓이 활보하는 것을 막을 수 있습니다.

내가 지금 여러분에게 고백하는 것도 고상한 거짓이 교회 안에 활보하는 것을 막아보기 위해서입니다. 실제로 목회 현장에 서 보니 생존 본능이 발동하는 것을 어찌할 수 없더라고요. 교회를 사임하는 그 날까지 내 안에서 벌어졌던 가장 힘든 싸움 중 하나는 바로 생존 본능과 확장 본능과의 싸움이었습니다. 다른 사람은 모르겠습니다. 그러나 나의 경우는 목회자로서 싸워야 할 가장 치열한 싸움이 생존 본능과 확장 본능에 휘둘리지 않는 것이었고, 포장하지 않는 것이었습니다. 비전과 야망을 섞지 않는 것이었습니다. 승리했다는 이야기가 아닙니다. 쉽지 않았기 때문에 치열하게 싸웠다는 말씀을 드리는 것입니다.

10 제로 포인트에서 강점 살리기

> "하나님은 결코 '주고받는' 장치를 작동하지 않
> 으신다. '만일 … 한다면'을 암시하는 것은 결코
> 선물이 아니다. 심지어 감사를 요구하는 것도 선
> 물이 아니다. 하나님이 기다리는 감사는 완전히
> 동일하게 무상의 것이다. 하나님은 의무없이 표현
> 되는 마음의 자유로운 기쁨일 경우에만 그 감사를
> 즐거워하신다. 선물은 도덕, 구속, 상호성을 만들
> 어 내지 않는다. 따라서 여기에는 '업적에 의한
> 구원'이란 없다."
> – 자크 엘룰 –

1 백지에서 그려가자

1988년 5월, 서울 올림픽 준비로 온 나라가 떠들썩할 때, 한길교회는 처음
으로 세상에 깃발을 올렸습니다. 아무도 주목하지 않는 수원 권선동의 한쪽
구석에 자리잡은 작고 초라한 몰골이었지만, 한국교회의 선교 2세기를 책임
지겠다는 야무진 책임 의식과 역사의식만큼은 어느 큰 교회 못지않았다고
생각합니다. 약간의 두려움도 있었습니다. 하지만 당당했습니다. 이 세상의
어느 누구도, 어느 교회도 부럽지 않았습니다. 오직 내가 가야 할 길, 한국교
회에 쌓인 먼지를 털어내고, 선교 2세기의 이정표를 세울 수 있는 그 길을
간다면 하나님 앞에서 충분하다고 생각했습니다. 누구를 흉내내고 싶은 마
음도, 성공한 목회 프로그램을 따라갈 마음도 없었습니다. 모든 것을 백지
에서 출발하고 싶었습니다.

이건 교만해서가 아닙니다. 나는 교만할 만큼 나를 모르지 않았습니다. 교
만은 하나님을 알지 못하고, 자기를 알지 못하는 자에게서 나오는 무지의

산물이지 하나님을 알고 하나님의 형상대로 만들어진 존재로 자신을 인식하는 자는 결코 교만할 수 없습니다. 내 사전에 교만은 있을 수 없는 절대 인식입니다. 그러기 때문에 그 동안 한국교회가 걸어 온 아름다운 전통을 애써 부인하거나 거부할 마음은 추호도 없었습니다.

아름다운 전통은 열심히 배우고 훈련해서 몸에 익히고 발전시켜 나가려 했습니다. 그러나 무조건적인 추종이란 있을 수 없는 것이었습니다. 기존의 목회를 배우고 싶은 마음 또한 별로 없었습니다. 한국교회에 쌓인 먼지를 털어 보겠다고 나선 자로서 비록 어리석고 힘든 방법이긴 하지만, 그래도 현장에서 직접 경험하고 배워가면서 하나하나 그려나가는 편을 택하고 싶었습니다.

2 개척교회에 대한 부담 덜기

'개척교회' 하면 제일 먼저 부담으로 다가오는 것이 헌금과 봉사에 대한 것입니다. 가정이건 회사건 어떤 조직이건 살림살이라는 것은 규모가 크나 작으나 있어야 할 것은 다 있어야 돌아가는 것입니다. 교회도 예외가 아닙니다. 교회가 크건 작건 교회 살림살이를 하려면 돈도 필요하고 일손도 필요한데 사람도 돈도 부족한 것이 개척교회입니다. 그러다 보니 몇 안 되는 사람들이 이것저것 닥치는 대로 봉사해야 하고 재정적인 부담을 떠안아야 하는 것이 현실입니다.

나는 이런 상황을 반전시켜 보기로 했습니다. 개척교회에 대한 기존의 부담은 최소화하고, 개척교회가 누릴 수 있는 가족적이고 편안한 만남과 돌봄은 최대화하자는 것이었습니다. 이것은 개척교회가 살기 위한 전략이기도 했지만 봉사나 헌금이라는 부차적인 것들 때문에 사람을 혹사시키거나 잃어서는 안 된다는 생각 때문이었습니다. 목회의 본질은 사람을 치유하고,

구원에 참여케 하며, 하나님의 사람으로 살게 하는데 목적이 있는 것 아닙니까. 사람이 목회의 목표요 대상이지 교회를 굴러가게 하는 것이 목회일 수는 없지 않습니까. 그러기 때문에 사람을 치유하고 살리는데 걸림돌이 되는 것은 최대한 제거하는 것이 옳다고 생각했습니다.

그래서 생각한 것이 교회의 모든 조직이나 운영을 교회 규모에 맞게 해나가자는 것이었습니다. 그러니까 옷에다가 몸을 맞출 것이 아니라 몸에다가 옷을 맞추자는 것이었습니다. 10명일 때는 10명에 맞게, 50명일 때는 50명에 맞게, 200명일 때는 200명에 맞게 그때그때 옷을 맞춰 입어야 활동하기에 편할 뿐 아니라 효율적일 거라고 생각했습니다.

그래서 처음에는 성가대, 주일학교, 학생부, 여전도회는 조직하지 않았습니다. 서리 집사도 세우지 않았습니다. 모두가 형제 자매로 함께 동고동락하는 것으로 족했습니다. 그러다가 주일학교와 여신도회는 2년차에, 남신도회와 청년회는 3년차에, 성가대는 5년차에, 학생부는 무려 6년차부터 시작되었습니다. 어떤 조직도 당연히 있어야 하기 때문에 조직한 것은 없습니다. 우리에게 필요하다고 판단될 때, 할 수 있는 여건이 된다고 판단될 때 조직했습니다. 당연히 개척 초기부터 조직에 휘둘리거나 일에 허덕거리는 일은 없었습니다.

재정적인 것도 마찬가지였습니다. 믿음이라는 이름으로 무리한 재정 집행을 하는 한국교회의 관행을 곱지 않게 보았기에 아예 쐐기를 박아둘 양으로 '창립 첫 돌의 다짐'에 선포해 버렸습니다. "한길교회는 믿음이라는 이름하에 무리한 예산 집행을 하지 않는다." 이것은 한국교회에 쌓인 먼지를 털어내는 작업의 일환이기도 했고, 믿음이라는 이름으로 모든 행위를 정당화해 버리는 몰상식을 극복하기 위한 것이기도 했습니다. 그래서 헌금의 종류를 최소화했습니다.

십일조, 감사헌금, 주일헌금만 했습니다. 2년차부터는 공동의회의 결정에 따라 구제헌금을 추가했습니다. 물론 교회 전세금 인상이나 이전 문제가 발생할 때, 대지를 구입할 때는 의논을 거쳐 특별헌금을 했지만 헌금 항목을 남발하는 짓은 하지 않았습니다. 헌금에 대한 설교 역시 거의 하지 않았습니다. 신앙의 본질을 가르치고 교회가 뭔지를 제대로 깨달으면 헌금은 절로 하게 되는 것이라고 믿었기에 헌금에 대해 따로 설교할 이유가 없다고 생각했습니다. 실제로 때가 되니 성도들이 자원하여 헌금을 했습니다.

이렇게 해오는 어간에 어느 자매로부터 반가운 말을 들었습니다. 지금까지 작은 교회를 섬길 때마다 재정에 대한 부담이나 봉사에 대한 부담이 많아 힘들었는데 한길교회에 와서 재정이나 봉사에 대한 부담 없이도 개척교회를 섬길 수 있다는 것을 처음 알았다는 이야기였습니다. 그렇다고 그 자매가 편하게 신앙생활을 하려는 사람은 아니었습니다. 정말 열심히 성도들을 돌아보고 헌금도 최선을 다해서 하는 헌신된 자매였습니다. 모든 성도들이 따르고 좋아할 만큼 베풀기를 좋아했던 자매였습니다. 그런 자매에게서 이런 말을 들으니 목회 정신을 이해받은 것 같아서 기뻤습니다.

3 식탁 교제

나는 작은 교회만의 강점을 최대한 살려나가는 것이 좋겠다고 생각하고, 작은 교회의 강점인 가족적인 분위기, 편안한 만남, 따뜻한 돌봄을 실현하기 위해 주일 점심 식사를 함께했습니다. 지금은 대부분의 교회가 점심을 먹고 있지만 그 때만 해도 큰 교회, 작은 교회 가릴 것 없이 봉사하는 사람들 외에는 점심 식사를 하지 않는 때였습니다. 하지만 식사를 함께하는 것만으로도 가족적인 따스함을 느낄 수 있고 정을 나눌 수 있다고 믿고 최대한 모든 성도들이 예배 후 점심 식사를 하도록 유도했습니다.

신학적으로도 식탁 교제는 예수님의 밥상공동체를 이어받는 모형이기도 합니다. 큰 교회는 하고 싶어도 하지 못하는 것이 이 축복입니다. 나는 교회 규모가 작을 때 이 특권을 맘껏 누리고 싶었습니다. 그런데 다행스럽게도(?) 큰 교회가 되지 못해서 꾸준히 식탁교제를 할 수 있었습니다. 처음에는 성도들이 돌아가며 준비했습니다. 음식 준비에 들어가는 경제적 부담도 떠안으면서 말이지요. 그러다가 경제적인 부담까지 지는 것이 너무 힘들다는 의견이 있어 나중에는 교회가 최소한의 경비를 지원하고 준비하는 것은 성도들이 돌아가면서 했습니다. 식사 후 설거지는 남자들이 다 했습니다. 자매들은 식사만 끝나면 삼삼오오 모여서 차를 마시며 이야기꽃을 피우는 재미에 푹 빠져 지냈습니다.

이처럼 성도들이 예배를 드리고 함께 식사를 하는 걸 보고 있으면 그렇게 아름답고 행복할 수가 없었습니다. 지상에서 이처럼 행복하고 아름다운 장면이 또 있을까요? 천국의 삶이란 게 거창한데 있는 게 아니라 하나님 안에서 서로 얼굴을 맞대고 웃고 얘기하며 작은 식탁을 나누는 모습 속에 하나님 나라의 표정이 담겨 있다고 믿습니다.

4 일박수련회

작은 교회의 강점을 최대화하는 두 번째 전략은 '일박수련회'였습니다. 이건 단지 개척교회의 강점을 살리자는 차원이라기보다는 교회의 본질을 회복하기 위한 것이었습니다. 교회는 하나님 나라의 모형이요, 하나님 나라는 생명의 공동체요, 생명의 공동체는 소통하는 사회입니다. 예수님께서는 눈에 보이시지 않는 하나님의 성육신이셨듯이, 교회는 보이지 않는 하나님 나라의 성육신이어야 합니다. 그러기 때문에 교회는 최대한 하나님 나라를 경험하는 일에 최선을 다해야 합니다.

비록 부분적일 수밖에 없는 한계가 있지만, 교회 안에서 하나님 나라를 맞보며 구체화해 나가는 것은 교회생활의 본질이어야 한다는 생각에 선택한 것이 바로 '일박수련회'였습니다. 서로를 깊이 알기 위해서 하룻밤을 같이 지내면서 서로의 삶을 들여다 보는 시간을 갖는 것입니다. 비록 같은 교회에서 신앙생활을 하고는 있지만 만남의 시간이 짧았기 때문에 서로의 삶이나 인격적인 이해가 부족했습니다. 하여, 서로의 인생 이야기(Life Story)를 듣고 기도하는 것이 전부인 일박수련회를 개발한 것입니다.

개척 2년차, 20여 명이 조금 넘게 출석하던 때 처음 '일박수련회'를 했는데 그때의 경험을 잊을 수가 없습니다. 일박수련회라고 해봐야 별 형식이 없었습니다. 그저 빙 둘러 앉아 한 사람씩 돌아가면서 어린시절의 이야기, 부부가 만난 이야기, 지금의 가정생활 이야기를 하는 거였습니다. 때로는 질문도 하고, 기도도 하면서 이야기 마당을 연 것입니다. 다행히 서로에 대해 처음 듣는 이야기였던지라 이야기를 하는 사람이나 듣는 사람 모두 깊은 관심과 애정을 갖고 참여하면서 점차 분위기가 몰입되었습니다. 한 사람도 졸거나 잠자리로 도망치는 일이 없었습니다. 일주일의 피곤이 몰려오는 토요일 밤이었지만 다들 피곤함도 잊은 채 서로의 삶을 듣고 기도하기를 거듭했습니다.

이처럼 이야기를 하고 듣는 가운데 묘하게도 피차 깊은 위로와 감동, 치유를 경험하는 은혜가 임하는 것을 목도할 수 있었습니다. 이뿐 아니라 서로를 깊이 알게 된 데서 오는 깊은 평안이 모두를 감싸고 있었습니다. 시계를 보니 어느덧 새벽 3시가 훌쩍 넘어 있었습니다. 그래도 잠자리로 흩어지는 걸 주저하는 모습들이 역력했습니다. 하지만 주일 예배를 위해 토막잠을 청해야 했습니다. 자고 일어난 얼굴들을 보니 서로를 바라보는 눈빛이 달랐습니다. 이전과는 분명히 다른 차원의 만남으로 승화된 것을 기뻐하고 있었습니다. 정말 누구도 예상하지 못했던 주님의 큰 축복이었습니다. 그리고 그때 '일박수련회'에 참여했던 사람들이 한길교회를 세워가는 핵심 멤버가 되어 헌신과 봉사를 많이 했습니다. 그 후 '일박수련회'는 한길교회의 주요 프로그램으로 자리를 잡게 되었지요. 지금도 나에게는 가장 아름다운 추억으로 남아 있습니다.

5 한길가족 수련회

일박수련회와 함께 또 하나의 중요한 공동체 프로그램으로는 '한길가족 여름수련회'가 있었습니다. 일박수련회가 대화 중심으로 진행되었기 때문에 아쉬운 게 있었습니다. 그것은 좀더 오랜 시간을 함께 같은 공간에서 생활하는 경험을 하지 못한다는 것이요, 몸을 부닥치며 몸으로 섞이는 경험을 하기 어렵다는 거였습니다. 그래서 기획된 것이 '한길가족 여름수련회'였습니다. 여름수련회도 2년차부터 시작했습니다. 보통 2박 3일이나 3박 4일 일정으로 진행을 했는데 공동체에 관한 강의와 조별 나눔, 몸을 움직이는 공동체 프로그램이 주된 내용이었습니다. 그야말로 은혜와 재미, 생활과 몸 풀기가 있는 공동체 생활의 맛보기였던 셈입니다.

그 후 '여름수련회'는 격년제로 정착되었고, '일박수련회'는 남신도회, 여신도회, 청년회가 필요에 따라 개별적으로 모이게 되었습니다. 특히 자매들이 일박수련회로 모일 때에는 형제들이 아이들을 돌보도록 압력을 가해 관습법으로 자리를 잡게 만들었습니다. 아이들 때문에 편안하고 깊이 있는 만남이 어려운 점을 배려한 조치였습니다. 이렇게 해서 여신도회 일박수련회는 자매들에게는 해방의 날이요 형제들에게는 고난의 날이 되어 버렸습니다.

이 모든 일들은(형제들의 점심 설거지, 여신도회 일박수련회 때 남편들이 아이 돌보기, 일박수련회, 가족수련회, 주일 식사, 구역 모임, 교회당 청소, 등등) 하나님 나라의 생활 방식이요, 구원의 삶을 몸으로 배우고 익히기 위한 의도를 갖고 행한 일들이었습니다. 이렇게 하는 가운데 한길교회는 하나님 나라 생활 방식을 연습해 갈 수 있었습니다.

이렇게 그때그때 하나하나 기도하면서 머리를 짜내고, 필요에 따라 의견을 교환하면서 하얀 종이에 그림을 그려나가듯 목회를 해나갔습니다. 작은 교회의 강점을 최대한 살려나가면서 작은 교회의 축복을 맘껏 누릴 수 있도록 말입니다. 언젠가 설교 시간에 이런 말을 한 기억이 납니다. 8명이 모여 예배하던 때였습니다. '나는 지금 8명이 함께 예배하는 것이 너무 즐겁고 행복합니다. 8명이 예배하는 이 맛을 지금이 아니면 언제 맛볼 수 있겠습니까? 나중에는 이 맛을 보고 싶어도 볼 수 없을 때가 올 것입니다. 나는 지금 이때를 최대한 즐기고 싶습니다' 라고 말이지요.

6 목회자의 강점 살리기

교회뿐 아니라 목회자의 강점을 최대한 살리는 목회를 하는 것이 자연스럽고 지혜로운 일이라고 생각했습니다. 하나님이 나에게 주신 은사와 재능을 개발해 목회하는 것이 남의 것을 베끼는 것보다 훨씬 하나님의 섭리와 하나님의 방법에 맞는 것이라고 생각했습니다. 그래서 하나님이 나에게 주신 은사라고 믿었던 가르치는 일과 설교에 목회 역량을 집중하기로 마음먹었습니다.

특히 주일 설교와 오후 강의를 준비하는 일에 목회의 70%를 투자하기로 뜻을 정하고 설교 준비에 최선을 다했습니다. 그 때는 지금처럼 컴퓨터가 일반화되지 않은 때라서 직접 손으로 써야 했습니다. 얼마 후에는 전동타자기를 구입해 좀 편해졌지만, 두세 번씩 내용을 수정해 가면서 설교를 작성하는 것이 쉬운 일은 아니었습니다. 그러나 회피하지 않고 주일 설교와 강의 준비에 에너지를 집중했습니다.

다행히 설교에 대한 반응이 좋았습니다. 일반 목사님들의 설교와는 사뭇 내용이 다르고 신선하다는 반응들이었습니다. 설교가 좋아서 교회 등록을 결정했다는 이야기를 듣기도 했습니다. 교회가 워낙 외진 곳에 있다 보니 찾는 이들이 많지 않았지만 한 번 예배에 참여한 사람은 거의 100% 등록을 했습니다. 이복우 형제(지금은 송파제일교회 교육 목사로 사역중)의 고백을 들어보겠습니다.

"한길교회의 예배는 언제나 신선하고 충격적이었다. 목사님은 설교 말씀을 준비하는데 최선을 다하셨고, 단어 하나하나를 빼놓지 않고 모두 원고로 작성하여 심장을 드리는 설교를 했다. 이 설교에는 성경적 사상이 담겨 있었고, 기독교적 세계관이 녹아 있었다. 시대를 읽어내는 냉철한 통찰력과 대안을 제시하는 풍성한 혜안이 있었다. 성도들은 말씀을 통해서 더 깊은 진리의 지식에 이르게 되었고 뻔한 메시지에 식상한 성도들이 하나 둘 교회를 찾아오기 시작했다. 성도들은 예배를 통해 잃어 버린 천국의 기쁨을 회복하기 시작했고 아름다운 공동체를 이루어 갈 수 있었다."

나는 여러 성도들의 평가와 반응에 격려를 받았습니다. 더욱 분발할 수 있는 힘을 얻었습니다. 설교는 강해설교와 주제설교를 번갈아가며 했습니다. 강해설교는 성경에 대한 바른 이해, 성경을 보는 방법에 강조점을 두었습니다. 특히 목회 내내 강조한 것이지만 성경을 읽을 때 제발 '질문하고' '생각하라' 는 것이 나의 주문이었습니다. 질문 없이 무조건 읽고 아멘만 한다고 믿음 좋은 것이 아니라고, 질문 없이 성경을 읽는 것으로는 신앙이 성장하는데 한계가 있다고 기회 있을 때마다 말하고 또 말했습니다.

1970년대에 스위스에서 라브리 공동체를 했던 프란시스 쉐퍼는 젊은이들에게 그들이 서로 만나게 되는 '정직한 질문' 에 '정직한 대답' 을 추구하는 것이 기독교 신앙이라고 강조하며 그 일을 했습니다. 맞습니다. 정직한 질문이 있어야 사람은 발전합니다. 또 정직한 대답을 추구하는 것이 참된 신앙의 태도입니다.

이제는 한국교회도 정직한 질문에 정직한 대답을 찾는 신앙적 태도를 배워야 합니다. 목사들이 그 일에 앞장 서야 합니다. 성도를 무지의 구렁텅이에 내버려놓고 혼자 아는 듯 떠벌리는 우민 목회가 목회하기는 쉬울지 몰라도, 그건 백성들의 눈을 가리고 독재하는 우민 통치나 다를 바가 없습니다. 그러기 때문에 목회자의 설교가 기독교의 초보만 맴도는 것이어서는 안 됩니다. 성도의 눈을 열어 하나님과 세상의 진실을 투명하게 보게 해 줄 때 설교는 설교 고유의 기능을 다하는 것이라고 믿습니다.

나는 목회를 시작하는 시작점에서 크게 3가지 주요한 방향을 잡았습니다.

첫째, 아무 그림이 없는 백지 위에 하나하나 그려 나가자.

둘째, 개척교회의 단점은 최소화하고 장점은 최대화하자.

셋째, 목회자의 강점을 살려나가자.

이 세 가지 목회적 지침은 매우 적절하고도 유효했다고 생각됩니다. 또 하나님이 주신 지혜였다고 생각합니다. 세 가지 목회적 지침은 쓸데없는 일에 힘을 낭비하지 않게 해주었습니다. 상황을 넓게 바라볼 수 있는 여유를 갖게 해주었습니다. 지금 이때의 행복과 분위기를 최대한 감사하고 즐기려는 태도를 잃지 않게 해주었습니다. 그 결과 교회는 작았지만 성도들이 전체적으로 밝고 긍정적일 수 있었습니다. 이일, 저일 겹치기로 할 필요가 없었기 때문에 일에 눌려 지치지도 않았습니다. 오히려 큰 교회보다 일이 적어서 맘껏 작은 교회의 축복을 누릴 수 있었다고 생각합니다.

11 교회를 보는 시선

> "그리스도교에 진지한 관심을 갖고 있는 사람은 그리스도교의 어두운 왜곡을 당초부터 셈에 넣어야 한다. … 가장 본질적인 것도 변화하며, 나아가 왜곡될 수 있다. 가장 선한 것도 악에 떨어진다. 가장 거룩한 것을 가지고 죄를 범할 수도 있다."
> – 한스 큉 –

지금 한국교회 성도들은 교회를 바라보는 눈이 상당히 왜곡되어 있습니다. 세계 20대 대형교회(mega church) 중 6개가 한국에 있다는 사실이 바로 그 증거입니다. 대형교회가 많다는 것은 결코 자랑할 일이 아닙니다. 대부분 자랑스럽게 생각합니다만 이건 자랑할 일이 아니라 부끄러워해야 할 일입니다. 왜 그렇게 생각하느냐고요? 차근차근 따져봅시다.

1 업적이냐 존재 양식이냐

현대사회는 사회의 모든 현상을 통계와 수치로 나타내며 평가하는 것이 거의 일반화되어 있습니다. 주택은 평수로, 기업은 판매 실적으로, 학교는 시험 점수로, 영화나 연극은 관중 동원수로, 정치는 국민 지지율로 평가합니다. 심지어 윤리나 도덕까지도 통계화되어 가고 있는 실정입니다. 물론 통계나 수치는 객관적인 평가를 한눈에 볼 수 있게 하는 가장 보편적인 방법이며 효과적인 수단인 것은 사실입니다. 현대사회는 사회의 단위나 조직이 과거에 비해 월등히 복잡하고 거대해서 객관적인 평가를 위해서는 전문적인 조사와 통계를 통한 비교가 요구됩니다.

그러나 그럼에도 불구하고 사람이 사는 사회는 수치로 표현할 수 없는 영역이 너무도 많이 있다는 것을 부정해서는 안 됩니다. 통계적인 수치가 모든 것의 평가 기준이 될 수는 없습니다. 그런데 안타깝게도 현대사회는 이미 통계적 수치 이외의 다른 평가는 인정하지 않는 불구가 되어 가고 있습니다. 통계의 제왕 앞에 만인이 무릎을 꿇고 있습니다. 문학과 예술까지도 상업화의 물결에 휩쓸려 고유한 예술적 가치에 의해 평가되기보다는 상업적 성공 여부로 평가되는 지경에 이르고 있습니다.

이처럼 모든 것을 수치와 통계에 근거하여 평가하는 것이 일반화된 사회 속에서 교회라고 예외는 아닌 것 같습니다. 어쩌면 교회가 그 극치를 달리고 있지 않나 하는 생각까지 듭니다. 몇 명 모이는가, 몇 부 예배를 드리는가, 연간 예산은 얼마인가, 성경공부는 얼마나 하고 있는가, 선교사는 몇 명이나 보내는가, 구제비는 경상비의 얼마를 차지하는가, 연간 교회 행사는 몇 회나 있는가, 연간 교회 성장률은 얼마였는가, 이처럼 수치와 양이 교회의 주요 관심사로 거론됩니다.

교회를 평가하는 데 있어서도 일반적으로 선교적인 실적(업적)을 우선시하는 경향을 보입니다. 기독교윤리실천운동 본부에서 건강한 교회 사례를 수집하여 발표한 것을 보면 대부분 선교와 구제에 재정의 얼마를 사용했는가 하는 것으로 교회 건강도를 평가하고 있습니다. 물론 앞에서 지적한 것처럼 통계적 수치가 필요 없다거나 선교적인 실적을 중심으로 평가하는 것을 부정할 생각은 없습니다. 교회도 사회적인 존재이기에 수량적 통계에 의한 비교 평가가 가능하며 또 필요합니다. 그것이 근거없는 평가는 아닐 거라는 사실을 인정합니다. 그러나 교회는 선교단체나 구제기관이 아니라 하나님 나라 백성들의 삶의 공동체이기 때문에 세상의 다른 단체나 기관을 평가하는 기준과는 달라야 한다고 봅니다.

교회에 보낸 사도들의 편지를 보십시오. 교회가 어떤 일을 해야 하는지에 대한 내용보다는 어떤 태도로 살아야 하는지를 더 열심히 말하고 있습니다. "그리스도 안에 무슨 권면이나 사랑에 무슨 위로나 성령의 무슨 교제나 긍휼이나 자비가 있거든, 마음을 같이 하여 같은 사랑을 가지고, 뜻을 합하여 한 마음을 품어, 아무 일에든지 다툼이나 허영으로 하지 말고, 오직 겸손한 마음으로 각각 자기보다 남을 낫게 여기고"(빌 2:1~3).

이 말씀은 분명히 권면이나 교제나 위로의 아름다운 행위를 하라고 말하고 있습니다. 그러나 바울이 더욱 강조하고 있는 것은 단순히 그런 행위에 있지 않고 사랑으로 한 마음을 품어 겸손한 태도로 해야 한다는 '태도'에 있습니다. 고린도전서 11장과 13장을 보면 성찬을 떼는 거룩한 일조차도 그 행위가 중요치 않으며 사랑의 태도가 없는 행위는 아무런 가치가 없다고 말하고 있습니다.

예수님의 산상수훈을 보십시오. 그리스도인의 종교적 실적이나 선교적인 업적을 칭찬하고 있습니까? 그림자도 찾아볼 수 없습니다. 오직 천국 시민의 내적인 태도에 초점이 맞춰져 있고, 바로 그것이 천국 시민의 삶임을 말씀하고 있을 뿐입니다. 요한복음 13장의 새 계명은 그런 면에서 우리에게 매우 중요한 암시를 주고 있습니다. "새 계명을 너희에게 주노니 서로 사랑하라. 내가 너희를 사랑한 것 같이 너희도 서로 사랑하라. 너희가 서로 사랑하면 이로써 모든 사람이 너희가 내 제자인 줄 알리라"(요 13:34,35). 새 계명은 분명히 우리가 서로 사랑할 때 모든 사람에게 복음이 전파되며 선교적인 열매가 있을 것이라고 말씀하고 있습니다.

그렇습니다. 교회는 실적에 의해서 말하는 것이 아니라 태도에 의하여 말해야 하는 유일한 기관입니다. 일의 결과보다는 일하는 사람의 태도에 초점을 맞춰야 하는 독특한 기관입니다. 그러기 때문에 교회를 평가할 때도 업적

(Doing, Having)에 의해서만 평가되어서는 안 됩니다. 존재 양식(Being)에 의한 평가가 병행되어야 합니다. 본래 교회적 삶이라는 것은 통계로 나타나는 면보다는 통계로 나타낼 수 없는 면이 더 본질적이고 중요하기 때문입니다.

2 은혜의 수단인가 예수사회인가

해외선교회(OMF)의 일본 선교사와 국제 총재를 역임하고 지금은 캐나다에 있는 리젠트(Regent)대학에서 선교학과 교회론을 가르치고 있는 마이클 그리피스는 오늘날의 교회를 "그리스도의 신부가 아닌 잿더미 속에서 누더기를 걸치고 있는 꼴불견의 신데렐라처럼 보인다"고 흥미로우면서도 통찰력 있는 진단을 했습니다. 또 "많은 그리스도인들이 말로는 교회에 대해 성경이 묘사하고 있는 다양한 표현들('신부' '몸' '건물')을 들먹인다. 그러나 그들의 경험 속에서는 이러한 개념들이 결코 이론의 차원을 벗어나 보지 못했으며 그들이 알고 있는 교회의 참 모습은 이와 다르다는 사실 때문에 계속 실망과 환멸을 느끼고 있다"(기억상실증에 걸린 교회. 9)고 했습니다. 나는 그리피스의 이런 비평이 설득력 있는 진실이라고 생각합니다.

사실 오늘의 교회는 점점 종교적인 대형 마트가 되어 가고 있습니다. 잘 아는 것처럼 대형 마트는 물건이 필요할 때 가서 필요한 것만 구입하고 돌아오면 되는 곳입니다. 많은 사람들이 북적대기는 하나 고립된 개개인이 바쁘게 움직일 뿐입니다. 거래는 활발하나 만남은 없습니다.

오늘날 교회의 풍경도 이와 흡사합니다. 많은 사람들이 교회에 나와 북적대고 웅성거리긴 합니다. 그러나 그들의 관심사는 대부분 개인적으로 은혜 받고, 개인적으로 문제를 해결 받는 일에 집중되어 있습니다. 그들의 관심사는 예배에 참여하는데 만족하거나, 좀 나으면 자기에게 필요한 영적 갈증을 채워가는 것이 중요할 뿐, 옆에 있는 형제에겐 관심이 없습니다. 서로를 알려고도 하지 않을 뿐더러 안다는 것이 때로는 거북살스럽게 생각되어 피차 적당한 선에서 거리를 유지하려 합니다.

오늘날 그리스도인에게 있어서 교회란 오직 나의 영적인 필요를 채우기 위한 종교적 마트가 되어 가고 있습니다. 그래서 교회를 선택할 때도 교회를 세우는 지체로서의 책임을 수반하는 선택을 하기보다는 양질의 종교적 상품을 공급받아 나의 영적인 욕구를 어느 정도 만족시킬 수 있나 없나 하는 것으로 저울질합니다. 고품격 종교 거래가 가능한 곳을 찾아갑니다. 바로 여기에 오늘 교회의 심각한 위기가 있습니다.

그리스도인들이 교회를 은혜의 수단으로 취급하고 있다는 것, 교회도 종교적 상품을 팔면서 고객 만족을 추구하고 있는 것, 이것이 오늘날 교회의 위기입니다. 물론 은혜를 사모하는 그리스도인이 좋은 꼴을 찾아가는 것을 꼭 나쁘다고 할 수는 없습니다. 오히려 칭찬하고 격려할 만한 일이기도 합니다. 그러나 근본적인 문제는 교회에 대한 우리의 사고방식에 있습니다.

교회는 단순히 은혜의 수단만은 아닙니다. 교회는 예수사회입니다. 세상의 원리나 가치관이 통용되는 세상 속에서 하나님 나라의 질서를 따라 사는 새로운 사회를 이루도록 구별해 놓은 대안사회입니다. 하나님께서 아브람을 부르실 때 정든 고향과 정든 사람들을 떠나도록 한 것도 그로 하여금 갈대아 우르의 우상, 가치관, 질서를 버리고 새로운 가치관, 즉 하나님이 다스리시는 질서에 따라 살도록 하기 위함이었습니다. 아브람으로 하여금 큰 민족을 이루게 한 것도 하나님의 뜻이 구체적으로 가시화되어 나타나는 새로운 백성, 새로운 사회를 건설하기 위함이었습니다.

그러면 교회가 새로운 예수사회를 이루기 위해서 뭘 어떻게 해야 하겠습니까? 성도 한 사람 한 사람이 그리스도의 장성한 분량에까지 자라야 합니다. 그리고 자라기 위해서는 온몸이 각 마디를 통하여 도움을 입음으로 연락하고 상합해야 합니다. 성도는 예수 안에서 함께 지어져 가는 것이 성경의 원리입니다(엡 2:22, 4:16). 예수 안에서 홀로서기란 있을 수 없습니다. 어떤 교회가 아무리 설교가 좋고, 성경을 잘 가르치고, 기도가 뜨겁고, 다채롭고도 흥미로운 프로그램이 있다 해도, 성도들 간에 사랑의 연결고리가 없다면 훌륭한 종교 마켓은 될 수 있을지 몰라도 예수사회를 이룰 수는 없습니다.

교회가 예수사회가 되기 위해서는 예수 안에서 피가 통하고 각 지체마다 신경이 연결되어 있어야 합니다. 성도 한 사람 한 사람이 교회에 대한 자신의 책임을 인정하고 교회 속에 깊이 연루되어야 진정한 예수사회를 이룰 수 있습니다.

그런데 성도들이 영적 소비자로 만족해 버린다면 어떻게 예수사회를 이룰 수 있겠습니까? 진정 우리가 고백하는 대로 교회가 그리스도의 몸이 되려 하면 우선 큰 교회로 몰리는 영적 소비자 현상을 극복해야 합니다. 교회를 은혜의 수단으로 보는 차원을 넘어서야 합니다.

3 독립적인가 의존적인가

교회가 교회 되기 위해서 필요한 것이 있습니다. 첫째, 교회의 머리이신 주님께 복종해야 합니다. 한스 큉은 말합니다. "교회가 만일 주님이신 그리스도보다는 교회 자신의 이론과 편견에, 형식과 법규에 사로잡혀 있다면, 당면 문제에 대처할 수가 없고 문제 해결의 계기를 얻을 수도 없다. 주님의 포로가 된 교회만이 인류가 요구하고 열망하는 바를 꾸준히 충족시키려는 자세를 갖춘 참으로 자유로운 교회다"(교회란 무엇인가. 21).

그렇습니다. 교회가 주님을 외면하고 주인 노릇을 하면 교회는 부패의 길을 걸을 수밖에 없게 됩니다. 교회가 주님의 권위를 찬탈할 때 교회 안에 주님의 질서는 깨어지고 인간의 부패한 지배욕만이 거룩을 가장한 채 자리잡게 됩니다. 교회 역사를 보면 실제로 그런 일이 많았습니다. 초대교회 시절 핍박받던 교회가 자리를 잡아가고 힘이 생기자 황제 위에 군림하며 권력 휘두르기를 즐겨했지 않습니까. 교회의 권위에 굴복하지 않는 자들을 핍박했지 않습니까. 오늘의 교회도 경제적인 자생력을 확보하면서 점차 주님을 의지할 필요를 느끼지 못하고 있습니다. 주님의 자리가 점차 교회 밖으로 밀려나고 있습니다.

둘째, 교회는 성경 말씀의 지배를 받아야 합니다. 성경 말씀은 교회가 자기의 길을 가기 위한 보조 수단이 아닙니다. 성경 말씀은 교회의 주장을 증명하기 위한 증빙 자료가 아닙니다.

성경 말씀은 교회의 신학을 위한 들러리가 아닙니다. 교회가 할 수 있는 일이란 오직 말씀을 듣는 것입니다. 한스 큉은 "교회는 그리스도와 그분의 계시에 대하여 순종해야 할 위치에 있다. 어느 한 순간이라도, 아무리 교회의 역사가 발전한다 하더라도, 교회가 이 순종의 위치를 떠나 지배의 위치에서 그리스도와 그분의 말씀을 좌우할 수는 없다. 교회는 자주 실로 기이한 우회 수단으로 그리스도와 그분의 말씀을 억지로 자기 소유로 삼으려 했지만 그런 때는 의례 조난을 당했다"(교회란 무엇인가. 156)고 경고했습니다. 사도 요한은 일곱 교회에 보낸 주님의 계시에서 "귀 있는 자는 성령이 교회들에게 하시는 말씀을 들을지어다"(계 2,3장)라고 반복해서 말하고 있습니다.

그렇습니다. 교회가 그리스도와 말씀으로부터 독립을 선언하는 것은 더 이상 교회 되기를 포기하겠다는 선언과 같은 것입니다. 교회가 독립을 선언하는 날 교회는 장례식을 치르게 될 것입니다. 교회는 독립적일 때가 아니라 의존적일 때 진정한 독립을 할 수 있다는 것은 영원히 변치 않는 역설적 진실입니다.

4 교회 성장의 한계선을 긋는 꿈

지금까지 교회를 바라보는 시선에 있어서 놓치지 말아야 할 세 가지를 말했습니다. 성도들의 경우엔 교회를 은혜의 수단으로 보는 영적 소비자 현상을, 목회자들의 경우엔 목회적 필요에 따라 하나님의 말씀을 이용하는 비의존성을, 그리고 시대적인 조류인 통계적 수치로 교회를 평가하고 판단하는 위험성을 각각 지적했습니다. 그러면 왜 한국에 유독 대형교회가 많은 것일까요? 그건 성도들이 교회를 은혜의 수단으로 보기 때문입니다. 성도들이 교회 안에서 영적 소비자로 전락하고 있기 때문입니다. 그러기 때문에 대형교회가 많다는 것은 성도들의 교회관이 백화점을 찾는 고객의 눈으로 바뀌고 있다는 증거이고, 그건 매우 위험한 교회관이 아닐 수 없다는 것이 내 판단입니다.

그렇다면 성도들의 교회관이 이처럼 위험한 지경에까지 온 현 상황에서 우리는 어떻게 해야 하겠습니까? 과연 타개책은 없는 것입니까? 한국에 대형교회가 많은 것은 하나님께서 그 교회를 사용하시려고 허락하신 것이라고 믿고 하나님 앞에서 잠잠히 있어야만 하는 것입니까? 그것이 순수한 신앙적인 태도의 전부일까요? 그럴 수도 있겠지요. 하지만 그렇게 믿는 것이 거짓 가르침의 결과는 아닐까요? 아무튼 나는 여기서 한 가지 꿈같은 제안을 하고 싶습니다. 교회의 성도 숫자를 제한하는 "교회 성장의 한계선"을 정하자는 것입니다.

이 시대가 워낙 스타를 추종하는 세대이고 좋은 백화점에서 원스톱 구매(one stop shopping)를 즐기는데 익숙한 세대이다 보니 성도들 역시 잘 꾸며진 큰 교회에서 최신 영적 상품을 구미에 맞게 구매하고 싶고, 기왕이면 유명한 목회자와 함께 신앙생활을 하고 싶어 하는 것은 이해가 됩니다. 그런 마음이 그리스도인의 최선의 마음은 아니지만 인간의 보편적인 이기성에 비추어 볼 때 막는다고 막아지는 것은 아닐 것입니다. 그렇다고 성도들의 이 기적 본성을 그대로 보고만 있을 수는 없지 않겠습니까. 하여 제안합니다. 대형교회 목사님들을 포함해 한국교회 전체가 정말 교회를 사랑하고 하나님 나라를 증언해야 한다는 진정성을 갖고 함께 기도하며 겸손한 마음으로 큰 결단을 하면 좋겠습니다. 한 교회가 아니라 한국교회 전체를 살려내고 이 민족을 살려내기 위해서 정말 위대한 결단을 하면 좋겠습니다. 교회 스스로 가 몇 명 이상 모이는 것을 제한하는 "교회 성장의 한계선"을 정하는 것입니다. 내 생각으로는 상한선이 1,000명이면 좋겠지만 1,500명으로 정하더라도 한국교회는 혁명적으로 변화할 수 있을 것이라고 확신합니다. 성인병에 걸려 신음하고 있는 교회의 비만 체질이 완전히 바뀔 수 있을 것입니다. 뿐만 아니라 영양실조에 걸려 허덕이고 있는 수많은 허약 체질의 교회들은 생기를 되찾게 될 것입니다.

이런 제안이 터무니없는 것이라고 핀잔을 하실 분이 계실 것입니다. 하나님이 뜻이 계셔서 큰일을 도모하시려고 대형교회를 허락하시고 축복하신 것을 왜 사람의 잣대로 규정하느냐고, 그건 인간적인 생각이라고 나무라실 분도 계실 줄 압니다. 그러나 설사 대형교회가 선 것이 하나님의 축복이라 할지라도 한국교회 전체의 체질을 강화하기 위해서 작은 교회와 나누면 하나님이 화내실까요? 스스로 성장의 한계선을 정하여 만병의 원인인 비만을 치료하는 것이 하나님의 선하신 뜻에 어긋나는 것일까요? 하나님의 특별하신 뜻을 사람의 생각으로 일반화해 버리는 죄가 되는 것일까요?

생각해 보세요. 바로 옆에 작은 교회가 숨죽이며 있는데, 언제 큰 교회에 성도를 빼앗길지 몰라 전전긍긍하고 있는데, 큰 교회는 스스로 하나님의 축복이라고 감사하고 기뻐하며 하나님께 영광 돌린다는 게 정상적인 교회의 모습이겠습니까? 떡 하나도 나눠먹는 것이 형제의 도리이거늘, 대기업이 중소기업을 삼키는 것보다 한술 더 뜨는 교회를 향해 무슨 말을 해야 하겠습까? 모든 걸 하나님의 축복이라는 말 한 마디로 정당화해 버리는 교회의 무감각과 몰염치는 어찌해야 할까요?

나는 5만 명 모이는 1개의 교회보다 500명 모이는 100개 교회로 흩어져 있는 것이 훨씬 아름답고 다양하며 건강한 하나님 나라의 모습을 보여 줄 수 있다고 믿습니다. 생각해 보세요. 잘 아는 것처럼 지금 한국교회의 양극화 현상은 그 꼭지점에 다다른 느낌입니다. 1년에 3,000개 교회가 문을 닫고 있다지 않습니까. 반면 큰 교회는 교인들의 수평 이동으로 점점 더 커지고 있고요. 이처럼 소리 없이 숲은 죽어 가는데 큰 나무들은 듬성듬성 남아서 위용을 자랑한들 언제까지 가겠습니까? 이내 곧 숲 전체가 황폐화되는 날이 닥칠 것입니다. 그런 날이 오기 전에 숲을 살리는 정책으로 전환해야 합니다. 하여, 나는 한국교회라는 숲을 살리기 위해 감히 '교회 성장의 한계선'을 정하자는 꿈같은 제안을 하는 것입니다.

교회의 일만 악은 교회가 커지고 체제가 갖춰지는 데서 비롯된다고 생각합니다. 진실로 일만 악의 뿌리는 거대화의 욕망입니다. 하여, 이 시대의 교회는 거대화의 욕망과 싸워야 합니다. 큰 교회 우상과 싸워야 합니다. 이 싸움이야말로 교회가 싸워야 할 진정한 영적 전쟁이라고 믿습니다. 물론 스스로 자기 몸집을 줄인다는 것이 결코 쉬운 일은 아닙니다. 십자가의 정신이 아니면 불가능한 일입니다. 그러나 그것이 불가능한 일이기에 더더욱 교회가 그 일을 해야 합니다.

그리고 정말 한국교회가 이 꿈같은 제안을 실행하게 된다면 교회가 세상과 다르다는 것을 보여줄 수 있는 최고로 멋진 일이 되지 않겠습니까? 이런 일이야말로 진정한 복음의 능력이요 기적이 아니겠습니까? 여러분! 십자가의 도를 알고 있는 교회에 이런 기적을 기대하는 것이 과연 무리일까요? 인간만을 생각하면 그럴 겁니다. 인간 안에 숨쉬고 있는 거대화의 욕망을 어떤 수로 막겠습니까? 절대 불가능한 일일 겁니다. 허나, 십자가의 도를 아는 교회이기에, 모든 교회가 그리스도의 한 몸인 것을 고백하는 교회이기에 감히 바랄 수 없는 것을 바라는 것입니다.

12 이원론 몰아내기

"성공에는 많은 보상과 때로는 명성이 뒤따릅니다. 그러나 열매는 독특합니다. 어린아이는 상처받기 쉬운 연약함 속에서 잉태된 열매이고, 공동체는 서로의 상처를 나누는 가운데 태어난 열매이며, 친밀함은 서로 다른 사람의 상처를 어루만짐을 통하여 자란 열매입니다. 우리에게 참된 기쁨을 주는 것은 성공적인 삶이 아니라 열매 맺는 삶임을 서로 서로에게 상기시켜 주십시오."
– 헨리 나웬 –

1 민족의 피 속에 흐르는 종교성

한국교회가 유례를 찾기 어려울 정도로 경이적인 성장을 하게 된 것은 세계 선교의 사명을 맡기시기 위한 하나님의 특별하신 은총이 낳은 아름다운 열매입니다. 동시에 우리 민족의 타고난 열심과 종교성이 함께 작용한 결과라는 것도 부인할 수 없는 진실입니다. 보세요. 우리 국민은 6.25전쟁으로 전 국토와 산업이 초토화된 폐허 위에서 불과 50년 만에 세계 10대 경제 강국이라는 경제 신화를 일구어냈습니다.

극성스러울 정도의 열심, 밤낮을 가리지 않고 일하는 불도저 같은 성실함, 타고난 명석함과 포기하지 않는 지구력, 타의 추종을 불허하는 교육열이 한강의 기적을 일구어낸 우리 민족의 자산입니다. 인터넷과 핸드폰을 사용하는 인구의 수직 상승도 세계 최고입니다. 뭐든지 했다 하면 가장 열심히 가장 빨리 성취해내는 민족입니다. 이런 우리 민족 고유의 특성에다 유별난 종교성까지를 하나님이 아우르셔서 경이적인 교회 성장의 축복을 허락하셨다고 믿습니다.

　새벽기도부터 밤기도까지, 소나무 뿌리를 뽑고야마는 기도의 승부 근성에서 잘 나타나듯 한국 교인의 열심은 가히 상상을 뛰어넘습니다. 지금은 상황이 좀 달라진 듯 보입니다만 80년대만 해도 어느 정도 신앙생활을 한다 하면 일주일에 3-4일은 교회에 나가 예배하고, 전도하고, 봉사하는 것이 보편적인 것이었습니다. 얼마나 많은 시간을 교회에서 보내느냐에 따라 신앙생활을 잘하고 못하고의 평가 기준이 되어 있었습니다. 목사님들도 하나같이 세상에서 시간 보내지 말고 할 수 있으면 교회 나와서 교회 중심으로 살라고 강조했습니다.

　이런 것이 전적으로 잘못되었다고 말할 수는 없습니다. 실제로 교회에서 많은 시간을 보내면 신앙적으로 도움이 되는 건 사실입니다. 그러나 이런 신앙생활이 꼭 건강한 것이라고 말할 수는 없습니다. 왜냐하면 세상은 그리스도인에게 해가 되고 원수 마귀가 활동하는 무대이니 교회 중심으로 사는 것이 신앙생활을 제대로 하는 것이라는 생각 속에는 세상과 교회의 분리, 거룩함과 속됨의 분리라는 이원론적 사상이 자리를 잡고 있기 때문입니다.

　한국교회 안에는 이원론이 생각보다 깊이, 그리고 매우 폭넓게 뿌리를 내리고 있습니다. 1980년대 대학생선교단체의 주류를 이루었던 C.C.C의 경우 이런 말이 유행할 정도였습니다. '그리스도인에게 직업은 부업이고 하나님의 일이 본업이다.' 젊은 지성인들이 모였다는 대학생 선교단체가 이 정도였으니 교회는 어느 정도였겠습니까. 이원론과 한국인 특유의 종교성은 80년대 한국교회가 넘어야 할 숙제였습니다.

2 이원론을 타파하기 위한 대책

　이렇게 건강한 신앙적 삶을 방해하는 이원론을 타파하기 위해서는 우선

교회생활에 대한 가치관을 바로 잡아야 했습니다. 많은 경우 믿음 좋은 사람들은 교회에서 많은 시간을 보내지 않으면 신앙에서 멀어진 것 아닌가, 신앙생활을 잘못하는 것 아닌가 하는 '불안증'을 느낍니다. 성도들 대부분이 이원론에 깊이 빠져 있는데다가 교회 중심적으로 살라는 이야기를 하도 많이 들었기 때문에 이 '불안증'은 생각보다 꽤 심각하고 질긴 특성을 갖고 있습니다.

여간해서는 이 '불안증'에서 해방되기 어렵습니다. 그러나 이 '불안증'으로부터 해방되지 않고서는 이원론을 극복할 방법이 없다고 생각합니다. 하여, 성도들을 이 '불안증'으로부터 해방시키기 위해서는 교육과 함께 직접 경험하게 해야 한다고 생각했습니다.

첫째로 교육입니다. 교회에서 시간을 많이 보내는 것이 신앙생활을 잘 하는 것이 아니며, 하나님께서도 교회에서 보내는 시간의 양을 보고 판단하지 않는다는 것을 계속 가르치고 환기시켰습니다. 진짜 신앙생활은 일상에서 예수님의 방식대로 생활하는 것이라는 것, 교회 안에서도 기도나 전도뿐 아니라 서로를 대하는 태도, 서로를 바라보는 마음, 휴지 한 장이라도 아끼는 것, 그런 것이 진짜 중요한 신앙생활이라고 강조했습니다. 신앙생활이 곧 교회생활은 아니라는 것, 교회생활을 포함해서 일상의 모든 생활 영역이 신앙생활이 되어야 한다는 패러다임의 전환을 위해 끊임없이 교육했습니다.

둘째로 경험입니다. 머리로 아는 것만으로는 부족합니다. 교회생활이 신앙생활의 전부가 아니라는 것을 경험하게 해야 했습니다. 그래서 선택한 전략이 모임의 횟수는 줄이고 내용은 충실을 기하는 것이었습니다. 교회에서 보내는 시간을 양보다는 질로 승화시키자는 것이었지요. 하여, 성도들이 일상생활에서 신앙적인 방식으로 살 수 있도록 시간을 돌려주자는 원칙을 세우고, 일단 기존의 모임에서 줄일 수 있는 것을 최대한 줄였습니다.

우선 금요기도회를 폐지하고 수요기도 예배와 통합했습니다. 그리고 법정 공휴일에는 교회 행사를 잡지 않았습니다. 최소한 공휴일만은 성도에게 돌려주어 가족과 친구도 만나고, 문화적인 여가도 즐길 수 있도록 배려하는 것이 성도에 대한 인간적인 도리라고 생각했습니다. 실제로 '한길가족 여름 수련회'를 광복절을 끼고 하는 것 외에는 16년 동안 공휴일에 교회 행사를 한 기억이 없습니다.

그러면 이렇게 한 것이 잘한 짓이냐 하고 물으실 분이 계실지 모르겠습니다. 그렇게 인간적인 배려를 하다가는 결국 세상에 성도를 빼앗기는 날이 올 것이라고 주장하실 분이 계실지 모르겠습니다. 허나 지금 말하고자 하는 요지는 공휴일에 교회 행사를 하는 것이 잘한 짓이냐 잘못한 짓이냐는 게 아닙니다.

단지 이원론을 극복하기 위해서는 말로만이 아니라 실제로 교회가 일상 생활을 신앙 안에서 인정하는 선택을 해야만 했다는 말씀을 드리는 것입니다. 공휴일까지 교회에서 보내는 걸 하나님께 헌신하는 것이라고 치장하며 이원론을 극대화하는 짓은 하지 않는 것이 좋겠다는 것입니다.

3 신앙 환원주의와 신앙이 좋은 것

우리는 '신앙 환원주의'와 '신앙이 좋은 것'을 구별할 줄 알아야 합니다. 이 둘은 비슷한 것 같지만 사실은 전혀 다르기 때문입니다. 신앙 환원주의는 일상의 모든 일을 자기 신앙의 틀 안에 가두는 것인 반면, 신앙이 좋은 것은 일상의 모든 일을 신앙적인 방식과 태도로 살아가는 것을 뜻합니다. 신앙 환원주의는 폐쇄적이지만 신앙이 좋으면 열린 마음을 갖습니다. 신앙 환원주의자는 신앙만 있는데 반해 신앙이 좋은 사람은 신앙으로 만사를 이해하고 진실을 보며 일상을 살아갑니다. 신앙 환원주의자는 신앙에 집중하지만 신앙이 좋은 사람은 신앙으로 사는 일에 집중합니다.

이렇게 전혀 다른 것임에도 불구하고 한국교회는 신앙 환원주의와 신앙이 좋은 것을 같은 것으로 보고 있습니다. 그래서 신앙 환원주의에 빠져 있는 자들을 가리켜 신앙이 좋은 것이라고 칭찬하고 격려하는 짓들을 하고 있습니다. 한국교회가 이렇게 하고 있는 것은 이원론의 틀 속에 있기 때문입니다. 교회가 이원론의 틀 속에 있는 한 신앙 환원주의자들이 나올 수밖에 없고 대접받을 수밖에 없습니다.

정말 신앙이 좋은 사람을 키우려면 이원론의 틀을 깨고 나와야 합니다. 그런데 이원론의 틀이 깨어지지 않고 있습니다. 교회 역사 속에서 끈질기게 생명력을 유지하고 있습니다. 왜 그럴까요? 목회자가 목회하기에는 이원론의 틀에 안주하는 것보다 더 편리하고 유리한 틀이 없기 때문입니다. 목회자와 교회의 이익을 위해서는 이원론보다 더 좋은 틀이 없기 때문에 비성경적인 걸 알면서도 깨지 않고 그 틀을 이용하고 있는 것입니다. 그것도 신앙이라는 이름으로. 하나님의 영광이라는 이름으로.

하지만 하나님의 세계에는 하늘과 땅의 분리도, 거룩과 세속의 분리도, 교회와 세상의 분리도 존재하지 않습니다. 구별은 있지만 분리는 없습니다. 하나님의 일과 세상의 일이 따로 존재하지 않습니다. 예를 들어 기업을 경영하는 사람이 하나님의 방식으로 회사를 경영한다면 그 사람은 하나님의 일을 하는 것입니다. 반면에 어느 목사님이 목회를 세상적인 방식으로 한다면 그것은 세상의 일을 하는 것이지 하나님의 일을 하는 게 아닙니다.

언제나 중요한 것은 일하는 방식과 가치관과 태도에 있는 것이지 일 자체로 거룩과 속됨이 구별되는 것은 아닙니다. 진실이 이러한데 공휴일에까지 교회 일을 하라고 강조하고 그걸 하나님께 헌신하는 것이라고 치장한다면 어떻게 되겠습니까? 물론 필요하면 공휴일에도 교회 일을 할 수 있습니다. 아니, 해야 합니다. 그러나 그걸 하나님께 헌신하는 것이라고 사탕발림하는 것은 그만두어야 하지 않겠습니까.

4 주일 회복하기

안식일이 어떤 날입니까? 단지 노동을 쉬는 날이 아닙니다. 하나님께서 6일 동안 만물을 창조하신 후에 안식하셨으니 안식일은 하나님의 창조 사실을 기념하고 감사하는 날입니다. 내 존재의 근본이 내게 있지 않고 하나님께 있다는 것을 기억하는 날입니다. 내가 먹고 사는 것이 노동의 결과 때문이 아니라 하나님이 공급하시는 은혜로 산다는 사실을 기억시키기 위한 기억장치입니다.

주일은 어떤 날입니까? 예수님의 부활을 기념하는 날입니다. 부활 생명을 선취하는 날입니다. 약속된 하나님 나라의 삶을 미리 맛보는 날입니다. 주님의 이름으로 봉사하는 날이 아니라 주님의 부활 생명에 참여하는 날입니다. 뿐만 아니라 구약의 안식일의 뜻과 내용이 가감 없이 승계된 날입니다. 그러므로 주일은 예수님의 부활과 하나님의 창조 후 안식이라는 구속사적 내용이 통합된 날로 기억하고 지내야 합니다. 단지 노동을 쉬는 날이거나, 하나님의 일을 하기 위한 날이 되어서는 안 됩니다. 그건 주일과 안식일을 제정하신 하나님의 뜻을 심각하게 훼손하는 것이며, 주일을 성도를 위한 날이 아니라 교회를 위한 날로 왜곡시키는 것입니다.

주일은 하나님의 구원 역사에서 가장 중요한 구원의 상징이요 기억장치입니다. 하나님이 베풀어 주신 삶의 선물들을 음미하며 맛보고, 경쟁과 욕망에 붙잡혀 신음하던 영혼과 몸이 쉼을 얻고 회복되도록 계획된 날이 주일입니다. 그러기 때문에 주일은 허물어져서도 안 되지만 왜곡되어서도 안 됩니다. 교회는 구원 역사의 최고 상징인 주일을 그 고유한 의미와 내용을 담는 날이 되도록 만들어야 할 책임이 있습니다.

나는 주일의 축복을 살려내기 위해 주일 밤 프로그램을 오후로 당겼습니다. 3시 안에는 교회 프로그램을 마치려 노력했습니다. 그래야 가족들이 함께 쉬기도 하고, 밤 예배에 좇기지 않으면서 오붓하게 한 상에 앉아 저녁을 먹을 수도 있고, 또 허락이 되면 문화적인 생활을 할 수도 있지 않겠습니까. 성도들끼리 편안하게 교제할 수도 있고요. 나는 하나님께서 주일에 당신 백성들이 일이 아니라 생명을, 경쟁이 아니라 교제를, 염려가 아니라 평안을, 성공이 아니라 삶을, 쾌락이 아니라 축제를 즐기는 걸 보시면 함박웃음을 지으실 것이라고 믿습니다.

이렇게 풍성한 구원의 내용을 주일에 담기 위해서는 최소한의 형식이 있어야 합니다. 하나님께서도 안식일의 내용을 담기 위해 그 날을 쉬라 하셨습니다. 아무 일이든지 하면 돌로 쳐 죽이라고(민 15:35) 하면서까지 형식을 고집하셨습니다. 왜냐하면 내용을 담기 위해서는 형식이 필요했기 때문입니다. 형식이 파괴되면 내용을 보존할 수 없기 때문에 내용을 보존하기 위해서 절대적인 형식을 제정하시고 지키라 하신 것입니다. 그러므로 어떤 경우에도 형식을 파괴할 수는 없습니다. 때로 내용 없는 형식, 내용을 왜곡시키거나 억압하는 형식이 무거운 짐이 되기도 하지만 그럼에도 불구하고 형식을 파괴해서는 안 됩니다.

그러나 형식이 꼭 필요함에도 불구하고 주일은 '성도를 위한 날'이지 '교회를 위한 날'이 되어서는 안 됩니다. 또 삶이 주님의 선물이라는 것, 주님이 인생의 중심이라는 사실을 기억하는 날이지 주님을 위한 날은 아닙니다. 어디까지나 '주님의 날'이지 '주님을 위한 날'이 아닙니다. '주님의 날'과 '주님을 위한 날'은 비슷한 것 같지만 전혀 다르기 때문입니다. 더욱이 주님께서는 당신이 안식일의 주인이라는 말씀과 함께, 사람이 안식일을 위하여 있지 않고 안식일이 사람을 위하여 있는 것이라고 말씀하셨습니다(막 2:26-27). 한국교회는 사람이 주일을 위해 있지 않도록, 더더욱 교회를 위한 날이 되지 않도록 스스로를 경계해야 하겠습니다. 그래야 주일은 주님을 위한 날, 평일은 나를 위한 날이라는 이원론에 빠지지 않을 수 있습니다.

5 한국교회가 시정해야 할 시급한 과제 세 가지

한국교회가 주님의 교회로서 책임을 다하기 위해서는 절실하게 전환해야 할 것 세 가지가 있다고 생각합니다.

첫째, 한국교회는 겸손의 덕을 회복해서 섬김의 리더십을 발휘해야 합니다. 지금 국민들 속에는 교회에 대해 심리적인 거부를 넘어 적대적인 사람들이 걱정스러운 정도를 넘어 위험스러울 만큼 많아지고 있습니다. 특히 인터넷에서는 안티 기독교인들이 사건마다 쫓아다니면서 교회 비판의 봇물을 쏟아내고 있습니다. 더더욱 심각한 것은 그리스도인들마저도 교회에 대한 신뢰를 거두어들이고 있다는 사실입니다. 이러한 때에 목회자는 말할 것도 없고 그리스도인 전체가 정말 정신을 차리고 성장의 미몽에서 깨어나야 하겠습니다. 굵어진 허리를 동여매야 하겠습니다. 교만의 언덕에서 내려와야 하겠습니다. 말이나 겉치레가 아니라 온몸과 맘으로 국민들에게 다가가 그들의 발을 씻겨야 하겠습니다. 겸손과 섬김의 리더쉽이 아니면 교회로부터 등돌린 이 백성의 차가워진 가슴을 열 수가 없습니다.

둘째, 심하게 이지러지고 왜곡된 부분적 구원론에서 온전한 구원론으로, 내세 중심적 구원론에서 내세와 현세를 통합하는 구원론으로 재정립해야 합니다(자세한 이야기는 2장에서 이야기함). 왜곡된 구원론은 왜곡된 신앙생활을 낳습니다. 또 왜곡된 신앙생활은 그리스도인의 영혼과 삶을 신음하게 하고 있습니다.

지금 한국교회에서 들려오는 모든 소리는 구원론이 온전치 못한 것 때문에 터져 나오는 그리스도인들의 신음소리입니다. 그들의 영혼이 신음하는 것은 말할 것도 없고 신앙생활 역시 하나님의 구원에 참여하는 기쁨이 되지 못하고 심히 지쳐 있습니다. 왜곡된 신앙생활로 인해 지쳐 있습니다. 목회자들은 그리스도인들의 저 신음소리를 들어야 합니다. 저들의 신음소리를 들고 구원론을 다시 배워서 가르쳐야 합니다. 지금 한국교회 안에 광범위하게 퍼져 있는 부분적이고 왜곡된 구원론을 구원하지 않고서는 한국교회가 거듭날 수 없기 때문입니다.

셋째, 비성경적인 이원론을 극복해서 신앙 환원주의자들을 신앙이 좋은 자들로 변화시켜야 합니다. 더 이상 성도들을 이원론의 틀 안에 묶어 두어서는 안 됩니다. 교회의 성을 쌓기 위해 종교성을 이용하거나 이원론을 방조해서는 안 됩니다. 이건 종교적인 사기입니다. 교회가 교회되기 위해서는 반드시 이원론과 종교성을 극복해야 합니다.

물론 어느 것 하나도 쉬운 일이 아닙니다. 말은 쉽지만 그 길을 선택한다는 것은 거의 불가능에 가까울 만큼 어렵습니다. 왜냐하면 꽤 심각한 목회적 손실을 감수해야만 하기 때문입니다. 그러나 그건 단견입니다. 한 번 더 깊이 생각하면 그 손실은 일시적인 손실에 그칠 것이라는 걸 알 수 있습니다. 일례로 부실 기업을 생각해 봅시다. 부실 기업을 정리하면 거품이 빠져나가면서 경제가 휘청합니다. 하지만 시간이 지나면 점차 기업 체질이 건강해지고 경제 구조가 투명해지면서 경제가 살아납니다.

교회도 그렇습니다. 부실 신앙을 정리하고 나면 일시적인 손실이 따릅니다. 거품이 빠져 나갑니다. 하지만 시간이 가면 점차 교회의 체질이 건강해질 것이고, 교회 체질이 건강해지면 성장 잠재력이 살아날 것이고, 결국 교회는 성장하게 될 것입니다. 관건은 거품이 빠져나가는 것을 참고 견뎌낼 수 있느냐 하는 거겠지요. 거품이 빠져나가는 것을 긍정적인 눈으로 보고 견딜 수 있는 영적인 실력만 있다면 눈앞만 보는 단견을 넘어서서 이 길을 갈 수 있을 것입니다. 이 길이 당장은 더디어 보이고 손해인 것 같지만 더디 가는 길이 가장 빠른 지름길이라는 사실을 기억하면 좋겠습니다.

13 민주적인 교회 정치와 신앙의 균형 잡기

"쇠락과 아름다움, 어둠과 빛, 죽음과 삶은 상
반되는 것이 아니다. 이것들은 '숨겨진 온전함'의
역설 속에 함께 존재한다. … 하지만 역설의 복잡
함보다 이것 아니면 저것이라는 손쉬운 사고방식
을 선호하는 문화에서 상반되는 둘을 동시에 간직
하기란 쉽지 않다."   － 파커 팔머 －

1 하나님께 굴복하는 것과 민주적인 정치의 조화

교회는 주님의 주재권을 인정하고 그분의 절대 통치를 받아들이겠다고
고백하는 자들이 모인 곳입니다. 성경 말씀에 순종하는 것을 최고의 덕목으
로 알고 순종하기 위해 애쓰는 곳입니다. 이처럼 하나님의 절대 통치와 절대
순종을 강조하는 교회의 본성상 그 안에는 피하기 어려운 위험성이 내재되
어 있다고 할 수 있습니다.

하나는 민주적인 의사 결정 과정을 하나님을 배격하는 인본주의로 오해
하는 위험성이요, 또 하나는 사람이 휘두르는 종교적인 절대 통치를 하나님
의 이름으로 정당화하기 쉬운 위험성입니다. 실제로 한국교회 안에는 그런
위험성이 잠재해 있습니다. 영국의 시인인 앨프레드 로드 테니슨이 "진실을
가장한 거짓은 가장 사악한 거짓이다"고 말한 대로, 한국교회 안에는 하나
님의 절대 통치를 빙자해 사람의 절대 통치를 정당화하는 사악한 죄악이 적
잖았습니다. 그 결과 가장 비민주적이고 개혁이 필요한 대표적인 집단으로

교회가 지목되곤 했습니다.

교회는 하나님의 절대 권위에 순복하는 것과 함께 민주적인 절차를 중시하는 균형을 잃지 않아야 합니다. 민주적인 의사소통이 막힘없이 이루어져야 합니다. 그럴 때 교회의 건강성을 잃지 않을 수 있습니다. 비민주적인 교회 정치로는 교회의 교회 됨을 이룰 수 없을 뿐 아니라, 성도의 인격적인 성숙을 이끌어낼 수 없습니다. 하여, 한길교회는 교회상을 제정할 때 이렇게 규정했습니다.

첫째, 나눔과 섬김이 있는 공동체 실현.
둘째, 하나님과 사람을 뜨겁게 사랑하는 교회.
셋째, 가정을 보호하고 세우는 교회.
넷째, 교육적으로 이끌어 가는 교회.
다섯째, 역사와 사회를 향하여 선교하는 교회.
여섯째, 성령을 의지하며 전인 치유에 힘쓰는 교회.
일곱째, 하나님의 절대 권위와 민주적인 절차를 중시하는 교회.

여기서 밝힌 대로 하나님의 절대 권위를 존중함과 동시에 민주적인 절차도 중시하는 원칙을 세웠습니다. 그리고 민주적인 절차를 중시하는 교회가 되기 위해서 작은 몸짓들을 했습니다. 모든 일에 성도들과 함께 의논하기를 즐겼습니다. 가급적 목회자 의존적인 신앙에서 벗어나 자율적이고 독립적인 신앙생활을 할 수 있도록 한 발 물러서기를 주저하지 않았습니다. 일이 있을 때마다 찾아가는 걸 삼갔습니다. 예배에 출석하지 않았다고 곧바로 심방하지 않았습니다. 스스로 생각하고 신앙을 추스를 수 있도록 기다렸습니다. 교회 주보를 통해 목회자의 생각과 정보를 가감 없이 공유했습니다. 목회자만의 전유물은 가급적 없애려고 했습니다. 목회자뿐 아니라 성도들도 주보에 맘껏 글을 쓰도록 활짝 열어 놓았습니다.

한길교회의 생활과 목회에 대한 생각을 격의 없이 나누기 위해 '세례교인 대토론회'를 두 번 했습니다. '평신도 신앙 강좌'를 열어 성도들이 직접 자기들이 부닥치는 문제에 대해 공부도 하고, 서로 돌아가면서 주제를 정해 강의도 하고, 강의 후에는 함께 토론도 하는 기회를 가졌습니다. 전문가가 아니기 때문에 강의 내용이 탁월하다고 할 수는 없었지만 매우 실제적인 문제들(주일성수, 직장생활에서 부닥치는 어려움, 하는 일과 신앙의 조화 등등)을 다뤘기 때문에 피차 공감하는 부분이 많았다고 생각됩니다. 딱 한 번이었지만 '평신도 설교대회'를 하기도 했습니다. 이 모두가 건강한 교회 문화를 정착시키고 성도들의 민주주의 역량을 발전시키기 위한 방편이었습니다. 한 번은 노회에서 벌어지는 일을 보고 느낀 소회를 주보에 쓴 적이 있습니다.

"사람이 모인 곳에 의견 차이가 나는 것은 매우 정상적인 일이라 하겠다. 서로의 얼굴이 다르고 기질이 다르듯 같은 신앙고백 안에서도 생각이 다를 수 있다. 서로의 생각이 다른 것은 정죄할 것이 아니다. 그런데 목사들의 경우 의견 대립이 생기면 합리적으로 조정하기가 힘든 것을 본다. 제각각 자기 생각이 하나님의 뜻에 합한 생각이라는 대단한 믿음과 확신이 있기 때문에 서로 양보하며 조정할 수 있는 여지가 없는 것이다. 서로의 의견 교환을 통해 최선을 선택하는 것은 비신앙적이고 인간적인 것으로 치부하기 때문에 절대적인 하나님의 뜻을 내세우며 결코 물러서지 않는다. 신앙심이 좋다는 사람일수록 대화의 기술이 부족하고 상대방의 의견을 존중할 줄 모르는 무례를 범하는 것도 같은 뿌리에서 나온 것이며, 하나님의 말씀을 사수할 막중한 사명감으로 불타는 목사들일수록 그 막중한 사명감으로 자기 고집을 내세우는 것을 볼 때면 가슴이 아프다. - 중략 -

마음이 너무 착잡하고 가눌 길 없어 회의 도중 혼자 밖으로 나갔다. 교회 앞에 흐르는 강가로 나가 어둠 속에 홀로 서서 아픈 가슴 매만지며 이 생각 저 생각 사색의 신음을 하다가 마음 속에 화살처럼 날아든 의문이 있었다. '과연 주님을 섬기고 있는가?' 하는 의문이었다. 무엇 때문에 2일씩이나 노회로 모이는가? 누구를 위해서 하나님의 뜻이라며 열변을 토하는가? 누구를 위해서 성도들을 훈련시키는가? 누구를 위해서 목사들이 그렇게도 바쁜가? 누구를 위해서인가? 무엇을 위해서인가? 우리가 하는 일들이 과연 주님을 섬기고 있는 것인가? 거부할 수 없는 의문들이 꼬리에 꼬리를 물었다.

- 중략 -

주님의 교회로서 주의 뜻을 따르고 복음을 전파하는 교회가 되어야 함을 알면서도, 돌아서서 뛰다 보면 어느 샌지 자신도 모르게 교회 경쟁에서 살아남고 승리하는 것이 주님의 뜻을 따르는 것보다 더 시급한 과제가 되어 버리고, 교회 영역을 확대하는 것만이 지상명령으로 살아 움직인다. …가만히 생각해 보면 전혀 차이가 없는 것은 아니지만, 세상 기업가의 고민이나 목회자의 고민이나 차이가 없고, 기업가의 관심이나 목회자의 관심이나 큰 차이가 없는 것을 본다. 이제 한국교회는 사업을 잘하는 사람이 목회도 잘한다는 등식을 공공연하게 말할 정도로 교회 비즈니스 시대가 되었다. 이런 시대에 목사들이 초연하게 주님만을 섬긴다는 것이 얼마나 힘들 일인지를 생각한다. 그러나 동시에 힘들기 때문에 더더욱 '과연 주님을 섬기고 있는가?' 라고 준엄하게 묻지 않을 수 없는 것이다. 의문은 거기서 끝나지 않았다. 더욱 중요한 물음이 나를 긴장케 했다.

'병선아, 너는 어떠냐? 과연 주님을 섬기고 있느냐?' 순간 담벼락 무너지듯 내 마음 무너지는 소리를 들었다. 앞이 캄캄하고 할 말이 없었다. 너무나도 절망스럽고 부끄러워 '내가 목사가 되지 말았어야 주님을 섬길 수 있었던 건 아닐까?' 하는 무서운 생각이 스쳐 지나갔다. 복음을 위해서 모든 것을 포기하고 주님을 따른다는 목사가 오히려 주님을 섬기기가 힘들다는 이 역설 아닌 역설을 온몸으로 깨닫는 순간이었다"(1993.10.31 교회 주보).

이런 글을 주보에 쓰는 것은 성도들의 신앙에 유익하지 않을 수도 있습니다. 모든 진실을 아는 것만이 꼭 유익한 것은 아니라는 것도 압니다. 그러나 진실을 덮는 것보다는 공유하는 것이 교회 전체를 위해서는 유익한 일이라고 믿습니다. 어느 사회든 정보의 공유 없이는 민주적인 사회, 성숙한 사회를 이룰 수 없기 때문에.

2 신앙의 균형과 조화 세우기

신앙은 하나님을 향해 눈을 뜨는 순간의 번쩍임입니다. 하나님을 통해 세상과 삶의 모든 것을 바라보는 눈 열림입니다. 신앙은 부분적인 앎을 지양하고 전체를 보게 합니다. 그러기 때문에 신앙으로 전체를 보는 자는 부분에 매이지 않습니다. 전체를 보는 자는 극단에 빠지지 않습니다. 전체를 보는 자는 앞뒤, 좌우, 상하를 함께 보기 때문에 균형과 조화를 잃지 않습니다.

그런데 한국교회는 신앙을 말하고 가르치기는 열심히 하는데 전체를 보지 못하는 묘한 구석이 있습니다. 신앙이 좋다고 하는 이들일수록 이상하게도 더 편협하고 아집이 있습니다. 자기가 경험한 신앙 체험만이 최고요, 자기가 깨달은 진리만이 하나님의 진리라고 강변합니다. 또 극단으로 치닫는 목회자와 교회가 부흥을 합니다.

왜 만유의 주인이신 하나님을 안다는 자들이 요 모양 요 꼴이 되는 것인지 정말 이해하기가 어렵습니다. 도대체 신앙이 어떤 묘술을 부리기에 멀쩡한 사람이 신앙을 가지면 편협과 아집의 대명사가 되는 건지 참으로 알다가도 모를 일입니다. 내가 만난 하나님은 나를 부분적인 앎에서 해방시켜 주셨습니다. 예수님과 함께 걸어 온 길은 끊임없이 부분적인 앎에서 해방되어 온 길이었습니다. 물론 아직도 전체를 보지 못합니다. 그래서 지금도 전체를 보기 위해 눈떠 가는 작업을 하고 있는 중입니다.

피상적인 앎과 단순한 사고는 현대인의 질병입니다. 정신과 의사요 작가인 스코트 펙(M.Scott Peck)은 "한 개인으로서 또는 사회의 한 구성원으로서 우리가 직면하는 심각한 딜레마 중의 하나는 너무나 단순하게 사고한다는 것, 또는 아예 사고하지 않는다는 사실이다. 그것은 단순히 우리가 갖고 있는 수많은 문제들 중의 하나가 아니라 우리가 시급히 풀어야 할 문제이다"(그리고 저 너머에. 15)라고 말했습니다. 옳습니다. 인생은 결코 쉬운 것도 단순한 것도 아닙니다. 끝없이 복잡다단한 것이 인생입니다. 더구나 신앙의 눈으로 인생을 본다는 것은 한 차원 더 복잡한 시스템으로 세상을 보는 작업입니다.

그런데 신앙인들만큼 단순한 사람이 없습니다. 교회의 설교만큼 단순함의 극치를 달리는 게 없습니다. 삶의 깊이를 보고, 하나님의 세계를 시공간 전체에서 보아야 할 교회가 코앞에 닥친 일과 성공을 쫓느라 개인주의적인 부분적 관심사 이상을 보지 못하고 있습니다. 목회자들은 일(목회)에 코를 박고 사느라 조용히 머물러 묵상할 시간이 없습니다. 정신적으로 육체적으로 분주하고 산란합니다.

교회 성장이라는 토끼를 잡는데 도움이 되지 않는 고요와 존재(Being)에는 관심이 없고, 토끼 잡는 방법과 기술을 익히고, 토끼가 잘 다니는 길목을 익히느라 정신이 없습니다. 또 그렇게 바삐 뛰어다니는 것이 하나님께 충성하는 것이라고 믿고들 있습니다. 그러다 보니 사고의 깊이가 없고, 영적 통찰력이 흐려지고, 삶의 깊이를 추구하는 진지함이 사라지고, 결국은 피상성과 단순함이라는 천박함으로 치닫고 있습니다.

사실 목사는 속도에 휘말리고 무한 경쟁에서 살아남아야 하는 현대인의 싸움과 같은 싸움을 해서는 안 됩니다. 목사는 시대를 극복하고 시대를 구원으로 안내하기 위해서 시대와 불화해야 하는 사람입니다. 철저하게 자기 시대를 살되 자기 시대를 거슬러 살아야 하는 사람입니다. 세상과의 싸움에서 승리하는 자가 아니라 자기와의 싸움에서 승리하는 자가 되어야 합니다.

그러기 위해서 목사는 삶의 초점을 행함(Doing)보다는 존재(Being)에, 화려함보다는 소박함에, 큰 것보다는 작은 것에, 정보보다는 지혜에, 넓이보다는 깊이에, 양보다는 질에, 분주함보다는 고요함에, 방법보다는 본질에 초점을 맞춰야 한다고 생각합니다. 그래야 목사가 먼저 피상적인 이해의 벽을 깨고 신앙적 인식의 깊이를 천착할 수 있을 것이고, 그럴 때 성도들을 부분적인 앎에서 해방시키는 하나님의 종이 될 수 있을 것이며, 우매와 편견으로 채색된 눈을 씻어 진실을 보게 할 수 있을 것이기 때문입니다. 소경이 소경을 인도하면 둘 다 구덩이에 빠질 수밖에 없는 것이니까요(눅 6:39).

나는 본디 극단주의를 혐오합니다. 아무리 좋은 것도 극단은 거부합니다. 보통 극단적인 생각이나 행동을 하는 사람은 자기 아집을 절제하지 못하거나, 자기가 아는 것밖에 모르는 사람이거나, 자기를 상대화할 줄 모르는 사람일 경우가 많습니다. 또는 자기 의의 함정에 빠져서 허우적거리는 사람일 수도 있습니다. 하여, 극단주의자들은 예수님이 가신 화목의 길, 제자도의 표지인 사랑의 길을 가기 어렵습니다.

물론 예수님의 삶 속에서도 일견 극단적인 말과 행동 같아 보이는 면면들이 있습니다. 기존의 종교 세력이나 정치 세력과는 전혀 타협하지 않는 길을 가신 것이라든지, 유대인들의 종교적 허울을 신랄하게 비판한 것을 보면 매우 극단적인 모습처럼 보입니다. 그러나 예수님은 극단이 아니라 그저 진리의 길을 정직하게 가신 것뿐입니다. 철저하게 하나님 나라의 길을 가신 것뿐입니다. 예수님은 자기 의의 함정에 빠진 적이 없고, 자기 안에 갇히신 적도 없으십니다. 단 한 번도 교조적인 언사를 하신 적이 없으십니다. 예수님이야말로 진리 안에서 참으로 자유하신 분이셨습니다. 그분은 하나님 아버지 외에는 모든 것으로부터 자유하셨기에 자기 길을 올곧게 흔들림 없이 가실 수 있었습니다.

그런데 교회는 예수님처럼 진리로 자유하기보다는 오히려 교조적인 자기 확신에 갇혀 있다고 생각됩니다. 교회와 그리스도인의 언행을 보면 알 수 있습니다. 교회는 타종교나 교회 밖의 사람들을 대할 때 상대방의 입장을 배려하거나 끌어안으려는 노력이 부족합니다. 상대방의 말을 아예 들으려 하지 않습니다. 모든 걸 미리 판단하고 시작합니다. 언제나 가르치려고만 하고 교회가 하는 말을 들으라고만 합니다. 이런 게 다 편견과 극단주의가 낳은 폐해들입니다. 이런 폐해가 조금씩 쌓이다 보니 이제는 거꾸로 교회가 하는 말을 들으려 하지 않습니다. 아무도 듣지 않는 교회만의 외침이 허공을 울릴 뿐 듣는 이가 없습니다. 점차 고립된 섬이 되어가고 있는 거지요. 이것이 오늘 한국교회의 슬픈 자화상입니다. 이런 극단주의적인 폐해를 극복하기 위해 한길교회가 추구하는 신앙의 모습은 이러했습니다.

한길교회가 추구하는 신앙의 모습

첫째, 균형 있는 신앙.
세상 속으로의 참여와 세상 초월.
하나님의 주권과 인간의 책임.
신앙의 지성과 영성.
인간의 위대함과 연약함(하나님 형상과 죄인의식).
영적 세계와 현실 세계의 통합.
하나 됨과 다양성(공동체성과 개성).
상향성과 하향성(강함과 약함)

둘째, 열린 신앙.

문화 배척에서 문화 깊이 읽기.

고정관념의 틀 깨고 나오기.

다양한 독서와 평생 학습.

타종교 배척에서 타종교 깊이 읽기.

정직한 질문에 정직한 대답.

편견 없는 경청.

셋째, 일상의 신앙.

일상이 신앙 실천의 선교 현장(소명의식).

일상에서 성령의 열매 맺기.

일상에서 하나님 나라의 기쁨과 행복 누리기(일상의 위대함과 선물의

식).

일상에서 하나님과 교통하며 살기.

일상에서 개인 전도와 양육하기.

이것은 목회 초기부터 정리된 것이 아닙니다. 목회를 해가는 동안 조금씩 눈을 떠가면서 정리된 것들이지요. 특히 세상 속으로의 참여와 세상을 초월하는 것 사이의 균형, 영적인 세계와 현실 세계 사이의 통합과 균형, 하나님의 주권을 인정하고 그 앞에 굴복하는 것과 인간의 책임을 동시에 붙드는 성숙한 태도, 신앙의 지성과 영성의 균형을 잃지 않고 신앙으로 중심을 지키면서 살아갈 수 있도록 유념했습니다. 또 목회자로서는 성도들을 하나 됨과 다양성 사이의 극단으로 내몰지 않으려고 조심했습니다. 교회의 본성이라 할 수 있는 공동체성을 강조하면서도 성도 개개인의 개성과 자유를 침해하지 않으려 조심했습니다. 상향성과 하향성 사이의 균형 또한 놓치지 않으려

했습니다.

3 균형의 한계

'미쳐야 미친다'는 말이 있지요. 불광불급(不狂不及), '미치지 않으면 미치지 못한다'는 말을 뒤집은 말인데요 백 번 옳은 말입니다. 세상에 미치지 않고 이룰 수 있는 큰일은 없습니다. 학문도 예술도 운동도 사랑도 다른 건 다 잊고 하나에 몰두해야만 빛나는 성취를 이룰 수 있습니다. 인류의 문명이 하루가 다르게 발전하고 새로운 것들이 쏟아져 나오는 것도 하나에 미친 사람들이 이루어낸 아름다운 성취임에 틀림없습니다. 몇 만 명씩 모이는 큰 교회도 영혼 구원에 미치고 목회에 미친 사람들이 이루어낸 열매요, 그런 사람들에게 허락된 하나님의 축복이라 할 수 있겠지요. 하여간 미쳐야 미친다는 것은 만고불변의 진실입니다.

그런데 균형을 중요시하고 균형을 잃지 않으려고 하다 보면 어느 하나에 미치는 게 잘 안 된다는 것이 내 경험입니다. 마음은 어느 하나에 집중하고 싶은데, 그래야 목회가 어느 쪽으로건 뻥 뚫릴 수 있을 것 같은데 마음은 있어도 그게 잘 안 돼서 고민한 적이 많습니다. 언제나 또 다른 한쪽을 보는 습성 때문에 하나에 집중하기가 어렵다는 것이 균형 목회의 한계가 아닌가 생각됩니다. 하여, 고백합니다. 목회도 어느 하나에 미쳐야 한다고. 목회도 미쳐야 미친다고.

허나, 여기서 분별해야 할 점이 하나 있습니다. 하나에 미치는 것과 어느 한 극단에 빠지는 것은 분명히 다르다는 점입니다. 미치는 것은 많은 것 중에서 자기가 선택한 하나에 집중하는 것인 반면, 극단에 빠지는 것은 다른 쪽을 거부하고 인정하지 않는 것이라는 사실입니다. 둘은 결과도 다릅니다. 하나에 미친 자는 빛나는 성취를 이루어내지만 극단주의자는 대부분 파괴하고 맙니다. 공산주의가 극단주의의 대표격이 아닐까 싶군요. 다 아는 것처럼 공산주의가 처음에는 많은 사람들의 영혼을 사로잡았습니다. 마른 섶에 불이 타오르듯 전 세계로 공산주의의 불길이 타올랐습니다. 누구도 막을 수 없을 것 같은 기세로. 그러나 그 결과는 너무나 파괴적인 것이었습니다. 수많은 상처만 남긴 채 결국 역사의 무대에서 쓸쓸히 사라졌습니다. 이것이 극단주의의 운명입니다.

한국교회는 어떠합니까? 한국교회는 미친 자들도 많습니다만, 극단주의자 또한 많이 있다고 생각합니다. 한국교회가 유난히 분열이 많고 파열음이 크게 나는 것은 극단주의자들이 많기 때문이라고 생각합니다. 실제로 한국교회 안에는 다양한 극단주의자들이 많이 있습니다. 극단적인 근본주의자, 극단적인 칼빈주의자, 극단적인 오순절주의자, 극단적인 실용주의자, 극단적인 성장주의자, 극단적인 반교회주의 내지는 교회 냉소주의자들, 바로 이들로 인해 한국교회는 시퍼렇게 멍들어 가고 있다고 생각합니다.

극단주의자들을 보면 몇 가지 특징이 있습니다. 그들은 도무지 다양성을 용납할 줄 모릅니다. 나와 다른 것에 대해서 지나치게 비판적입니다. 자기 것만이 옳고 바른 것이라는 자기 확신에 빠져 있습니다. 자기를 상대화할 줄을 모릅니다. 그래서 교조적이고 독단적입니다. 대화가 불가능합니다. 물론 그들에게 일리가 없는 건 아닙니다. 분명히 옳은 부분이 있습니다. 그러나 그 옳음에 갇혀 다른 걸 보지 못하는 이상한 습성이 있습니다.

나는 한국교회의 이런 극단주의자들을 보면서 극단을 피하고 균형을 회복하는 것이 정말 중요하다는 것을 발견했습니다. 모든 일에는 양면이 있는데 양면을 동시에 보고 붙잡는 태도가 성숙의 조건이라는 것을 발견했습니다. 하여, 균형 목회의 한계를 보면서도, 미치지 못해 미치지 못하는 것을 안타까워하면서도, 균형 목회를 포기할 수는 없었습니다.

14 하나님 나라를 맛보는 감격

> "근원적이며 순수한 형태에 있어서의 그리스도
> 교는 다만 최고선의 이념을 문제 삼지 않을 뿐만
> 아니라, 거기에 기초를 둔 것은 그리스도교 자체
> 의 도덕성에 예리하게 대립된다. 그리스도교는 선
> 의 이념에 근거한 것이 아니고 살아있는 존재와
> 인격, 인간과 하나님과 이웃과의 인격적 관계에
> 근거를 둔 것이다."
> – 베르쟈예프 –

1 교회당 이전

한길교회가 권선동에서 처음 세상에 얼굴을 내민 지 꼭 4년 만인 1992년 5월 매탄동 법원 사거리에 새로운 둥지를 틀고 이전을 하게 되었습니다. 현재의 교회당에 앉을 자리가 없을 정도로 성장을 한 것은 아니었지만(청장년 45명, 주일학교 어린이 15명 정도 출석하고 있었음) 지역적인 한계가 있고, 또 새로운 도전을 해야 할 필요를 느껴 오래 전부터 기도해왔던 일이었습니다.

새로 얻은 건물은 전세 사천오백만 원에 월세 10만 원이었습니다. 비용 충당은 기존 교회 전세금 이천만원에다가(4년 동안 일천만 원에서 이천만 원으로 올랐음) 이천만 원은 새로 융자를 받고, 오백만 원과 이사 비용은 교회 비축금과 성도들의 자발적인 헌신으로 채워졌습니다.

교회가 한 번 이사한다는 것은 정말이지 작은 일이 아니었습니다. 비록 작은 교회라고는 하지만 무거운 물건들도 많고 빈 사무실을 교회당으로 새롭게 꾸미는 게 말처럼 쉬운 일이 아니었습니다. 전문 업자에게 맡길 형편도 아니어서 나무로 칸막이하는 공사를 빼고는 성도들이 직접 했습니다. 참으로 힘들었던 이사 과정을 이승훈 형제가 이렇게 스케치하고 있습니다.

"간단하게 생각되었던 교회 이사가 이제야 한 달 간의 바쁜 일정을 마무리지으며 매탄동 새 곳으로 옮기게 되었다.… 이 정도의 이사도 여간 손이 간 것이 아니다.

첫 날 기존 칸막이를 철거할 때 온갖 공구를 갖고 와서 기술을 지도하며 필요한 사다리를 뚝딱 만들어 내는 형제, 평소 몸이 좋지 않고 요즘 학교에서 격무에 시달리면서도 열심히 망치질하다가 다음날 몸살이 난 형제, 야근으로 피곤할 텐데도 밤늦게까지 내 몸이 하나님 것이라며 헌신하던 형제, 밤늦게 집에 들어가서도 다음날 내내 손수 차량으로 봉사한 형제, 학교 졸업 여행을 마치고 여독이 채 풀리기도 전에 페인트칠이랑 칸막이를 마무리해서 일정대로 이사를 가능케 해주었던 형제, 디스크가 재발하지 않을까 염려될 정도로 무리를 하던 형제, 얼마나 세게 망치질을 했던지 자루를 부러뜨려 쇠망치로 머리를 다친 형제, 회사에서 아는 업체를 찾아 정남까지 직접 스치로폼을 싸게 구입해 직접 간 형제, 용인, 안성 등지에서 주일이면 달려와 일하다가 시간에 쫓겨 귀가하던 형제 자매들, 또 차량으로 도와주었던 다른 교회 형제들, 실제로 일은 많이 했지만 특별한 이름도 없이 빛도 없이 수고했던 형제들, 정리 정돈과 청소를 도맡아 해주었던 자매들, 기도와 헌금으로 도왔던 형제 자매들, 다들 고맙고 고마운 사람들이다.

일주일 중 하루 쉬는 그날에, 그리고 평일 하루 지친 저녁에 또다시 일을 한다는 게 어떤 때는 보통 짜증스럽고 피곤한 일이 아니었다. 그러나 일을 해나가며 훈련되는, 그래서 새롭게 교회를 생각하고 형제를 생각하는 계기가 된 이번 이사는 단순한 일거리만은 아니었다. 서로를 공동체의 일원으로 느낄 수 있는 좋은 기회였다"(1992.5.10 교회 주보).

이승훈 형제의 글을 읽고 있으니 먼저 하늘 나라에 가 있는 형제가 더 그리워집니다. 그의 남다른 수고와 헌신의 모습들이 그림처럼 채색되어 나타납니다. 겸손하게 섬기는 것이 뭔지를 몸으로 보여주었던 형제의 사랑이 다시금 느껴집니다. 형제의 스케치에 나타났듯 한길교회가 권선동 시대를 마감하고 매탄동 시대를 열게 된 것은 정말 간단치 않은 과정이었음에도 불구하고 일심으로 참여한 봉사, 주님의 은혜로운 도우심이 있었기에 가능한 일이었습니다.

2 은혜의 절정에서 확인한 것

아무런 인적 토대나 물적 토대 없이 맨 땅에서 시작한 한길교회는 4년 동안 정직하게 앞에서 이야기했던 원칙과 뜻을 지키면서 한 걸음 한 걸음 걸어왔습니다. 하나님의 마음을 헤아리면서 진정한 교회를 세우겠다고 백지 위에 그림을 그리며 걸어왔습니다. 진심으로 성도들을 배려하려고 마음을 기울였습니다. 성경적인 가치관을 가지고 만사를 볼 수 있도록 세계관을 열어주는데 힘썼습니다. 성경적인 가치관을 따라 생활할 수 있는 영적인 힘을 얻기 위해 기도했습니다. 교회생활에서부터 그것을 적용하고 실천해 보려 했습니다.

그런 작은 몸짓들이 하나하나 쌓이다 보니, 아는 듯 모르는 듯 한길교회의 전통이 되어 가더군요. 하나님이 의도하신 그림과 색깔이 조금씩 눈에 보이기 시작했습니다. 눈에 확 띄지는 않았지만 한 걸음 한 걸음 견실하게 성장하는 잠재력이 축적되고 있었습니다.

교회 설립 4년 만에 교회당을 이전할 수 있었던 것도 그런 잠재력이 있었기 때문에 가능했습니다. 사실 교회당 이전은 한길교회로서는 힘에 부친 일이었거든요. 그러나 힘에 부친 일을 해내는 과정은 잠재력의 뇌관을 건드리는 하나의 계기로 작용했습니다. 교회당을 이전하고 나자 숨어 있던 잠재력이 탄력을 받기 시작하더군요. 영적인 활력이 표출되기 시작했습니다.

교회당 이전과 창립 4주년을 기념하여 집회를 열었을 때의 일입니다. 분당두레교회 박철수 목사님을 강사로 모시고 "교회의 교회 됨을 위하여"라는 제목으로 4일 동안 집회를 했습니다. 성도들이 큰 은혜를 받았습니다. 하지만 가장 많이 은혜를 받으신 분은 박철수 목사님이셨습니다. 집회를 마치고 난 목사님은 '이렇게 작은 교회가 영적인 힘(Power)이 대단하다. 특히 찬양이 얼마나 감동적인지 한길교회의 찬양에 내가 은혜를 받았다'며 칭찬을 아끼지 않으셨습니다.

사실 우리의 찬양은 교회를 이전하기 전부터 매우 은혜로운 시간이었습니다. 함께 점심을 먹고 오후 강의를 시작하기 전이면 20,30분 간 찬양을 했습니다. 많은 악기가 있는 것도 아니고 피아노 반주에 맞춰 부르는 찬양이었지만 정은경 자매의 탁월한 피아노 반주를 타고 흐르는 젊은 성도들의 찬양은 은혜의 바다로 인도하는 영적 수로였습니다. 항상 좀더 찬양을 했으면 하는 아쉬움이 여운처럼 남는 시간이었습니다. 이런 찬양의 은혜가 이사 후 폭발을 한 셈입니다. 그리고 폭발의 여진으로 성가대가 조직되었고 예배는 더 풍성한 은혜로 채워졌습니다. 이뿐 아니라 눈에 보이지 않는 섬김과 연약한 지체들에 대한 돌봄이 더욱 활성화되어 교회생활 곳곳에서 묻어나오기 시작했습니다.

한 번은 알지 못하는 전도사님으로부터 전화를 받은 적이 있었습니다. 내용인즉 총신대학원을 졸업하고 교회 개척을 해야 할까 말아야 할까 고민하던 때에 한길교회 집회에 참여하면서 한길교회의 넘치는 기쁨과 영적인 활력을 보고 신선한 충격을 받았다는 것입니다. '작은 개척교회도 이렇게 즐겁고 신명나게 신앙생활을 할 수 있구나! 그렇다면 나도 교회 개척을 할 수 있겠다' 는 용기를 얻어 개척을 할 수 있었다는 이야기였습니다. 지금은 평촌에 교회를 개척해서 즐겁게 목회하고 있다며, 한길교회 같은 교회를 세워보고 싶다고 했습니다.

한길교회로 인하여 또 하나의 교회가 세워졌다고 하는 이야기를 들으니 참 감사했습니다. 그리고 행복했습니다. 그 전도사님의 전화는 나에게 하나님 나라의 구원과 행복은 이처럼 말로가 아니라 삶으로, 공동체로, 기쁨과 행복으로, 그리고 우리도 모르는 사이에 증거되고 확산된다는 걸 확인하는 기회가 됐습니다.

3 은혜의 때, 성도의 고백

그처럼 교회 안에 은혜와 기쁨의 활력이 넘쳐나던 시절에 교회에 등록한 성도의 증언을 들어보는 것도 좋을 것 같습니다. 우선 박금희 자매의 고백을 들어보겠습니다.

"부천을 떠난 후 우리 부부는 그 때 그 교회의 모습을 기리며 이 교회 저 교회 기웃거리기 시작했습니다. 갈하고 잠든 영을 깨우기 위해 참 목자를 사모하며 방황하던 발걸음이 적은 세월은 아니었습니다. 말세에는 목자를 잘 만나는 것도 복이라는 말씀을 들은 기억이 있기에 깨지도 못한 영이 감히 비판을 하며 마음을 열지 못한 채 목자를 찾아 방황을 했었습니다. 그러나 너무나도 우연하게 한길교회에 발길이 닿은 것은 정말 큰 행운이었던 것 같습니다. 한길교회는 방황의 마지막 종착지라 생각합니다. 결코 우연이 아니라고 믿습니다.

교회에서 한 시간 한 시간 목사님의 말씀을 대할 때마다 갈증이 조금씩 사

라져 감을 봅니다. 예배 시간을 미리 준비할 수 있는 마음을 주셨다는 것만
으로도 우리에게는 얼마나 큰 변화인지 모릅니다. 목사님, 사모님, 성도님
들의 삶을 다는 보지 못했지만, 우리 눈에 보이는 작은 행동들이 섬김과 구
체적인 실천의 삶들임을 확인하면서 우리의 신앙이 얼마나 보잘 것 없고 초
라한 것이었나를 직시하게 됩니다. 지금 우리는 오랜 신앙의 연륜을 부끄러
워한답니다. 먼저 된 자가 나중 될 수도 있다고 하셨던 말씀을 인정하면서
목사님과의 성경공부 시간에 깨닫는 말씀들을 통해 그 동안 우리가 얼마나
형식적이고 의무적으로 살아왔는지를 고백하게 합니다. 우리 부부는 한길
교회가 말세 교회들의 방부제가 되기에 충분하지 않을까 말한 적이 있습니
다. 그리고 자신은 없지만 모든 성도들의 실천적인 삶들을 배우고자 노력하
렵니다"(94.3.13 교회 주보).

　이들 부부는 직장 문제로 인해 2년이 채 안 되는 짧은 만남을 뒤로 하고
교회를 떠났습니다. 그 짧은 만남 속에서 '한길교회가 말세 교회들의 방부
제가 되기에 충분하지 않을까' 라는 부부의 고백은 우리로서는 과찬이 아닐
수 없습니다.

　아니 그런 말을 듣기에는 턱없이 부족한 교회였습니다. 단지 자매님께서
성도들의 작은 행동들을 보고 섬김과 구체적인 실천의 삶임을 확인했다는
것은 어느 정도 진실이라고 생각합니다.

　한길교회는 일반적인 교회 분위기와는 사뭇 달랐던 것이 사실이거든요.
교회적으로나 성도들의 행동에서나 일단 꾸밈이 없고 진솔했습니다. 거룩
의 모양을 가장하거나 친절한 체하는 헐리웃 액션이 없었습니다. 그저 말없
이 작은 일을 챙기고 스스럼없이 다가가 돌볼 뿐 자기를 내세우는 일이 없었
습니다.

　성가대가 있지만 성가대 가운도 없었습니다. 목사도 가운 이야기를 안 하

고 성도들도 가운 입자는 이야기가 없었습니다. 그냥 평상복을 입고 성가대에 서도 아무런 부담을 느끼지 않았습니다. 사실 성가대석이 따로 있지도 않았습니다. 강단에는 꽃꽂이도 없었습니다. 1주일밖에 안 가는 꽃꽂이보다는 화분을 놓는 것이 생명을 가꾸는 의미도 있고 더 경제적이라는 생각에 꽃꽂이는 특별한 경우(교회 절기나 창립 기념주일) 외에는 하지 않았습니다. 교회뿐 아니라 성도들 역시 외적으로 치장하는 일에는 관심이 없었습니다. 다들 소박하고 알뜰했습니다. 아마 이런 모습들이 박금희 자매에게 아름답게 보였겠지요.

이 때 한길공동체에 참여했던 또 한 분, 김정효 집사님의 고백을 들어보겠습니다.

"내가 한길교회에 첫 발을 들여 놓은 것은 지금으로부터 4년 전, 그러니까 1992년 봄이었다. 수원 기독교윤리실천운동 모임에 참석했을 때, 회지 발간을 위한 좌담회에서 '성장이 빠른 교회를 소개하는 고정란을 만들자' 는 누군가의 제의에 대해 '교회의 성장이란 외적인 것으로만은 쉽사리 식별할 수 없는 것이어서 자칫하면 교회 성장의 참된 의미를 왜곡시키는 일이 될 수도 있겠다' 는 발언이 이어졌고, 나는 이 발언에 공감했는데, 그 발언을 하신 분이 바로 한길교회 담임 목사이신 정병선님이셨다. 나는 교회의 성장을 외적인 증거로만 파악하지 않는 목사님의 목회에 마음이 기울어 몇 차례 예배에 참석한 후 한길교회의 일원이 되기로 했다. 그리고 나는 한길교회의 진면목을 곧 발견하게 되었다.

첫째, 한길교회는 '하나님이 어떤 분이신가? 우리가 누구인가' 를 정확히 알기 위해 끊임없이 노력하는 교회라는 점이다. 목사님은 자신이 다 된 온전한 사람처럼 나서는 법이 없으시며, 자신의 뜻을 전하려고 성경 구절을 채택하는 법이 없으시다. … 그러므로 한길교회는 허황된 믿음을 갖게 하거나 하나님을 제한시키지 않으며, 사람의 이기적인 의도에 맞추려 하지 않는다. 우리가 하나님을 닮은 피조물이라는 사실과 전인적 회복이라는 온전한 구원을 주시는 하나님의 의지와 사랑에 대한 믿음의 기초를 나는 한길교회에서 확고하게 다져 왔다고 감히 고백하고 싶다.

둘째, 한길교회는 '사랑의 공동체'를 몸으로 실천한다. 우리는 모두 연약한 인간이므로 그 한계를 발견 못하는 것은 아니나 전체적으로 볼 때 한길교회만큼 이 문제를 구체적으로, 그리고 섬세하게 실현하고자 애쓰는 교회의 모습을 본 적이 없었다. 나는 때때로 한길교회의 가족들로부터 많은 것을 배운다. 모두가 목회자의 심정으로 서로를 돌아보며 서로를 섬기는 것이다. 성숙한 신앙인으로서 서로 아끼고 돌보는 모습은 다름 아닌 천국의 모형이라 할 만하다. 나는 한길교회에 들어오게 된 것을 하나님의 축복으로 알고 감사한다"(1996년 5월 교회 신문).

여기서도 교회의 가르침과, 그 가르침이 교회생활 곳곳에 작은 행동들로 나타나는 것들을 증언하고 있습니다. 박금희 자매님이나 김정효 집사님 공히 한길교회 가족들로부터 많은 것을 배운다고 고백하고 있습니다. 아무도 자기를 내세우며 자랑하지 않았지만 성도들의 작은 행동에서 우러나오는 말없는 몸짓들이 큰 가르침을 주고 있었다는 걸 발견할 수 있습니다. 나는 이분들의 고백을 들으면서 그 동안 마음 속에 가지고 있었던 믿음을 확인할 수 있었습니다.

교회가 복음의 영광과 능력을 말로 증언하는 것이 아니라 작은 삶으로 증언할 수 있어야 그것이 참 교회라는 믿음, 교회의 진정한 능력은 숫자나 돈에서 나오는 것이 아니라 작은 섬김에서 나온다는 믿음, 그리고 이런 방법을 주님이 기뻐하신다는 확신을 확인할 수 있었습니다. 하나님 나라의 구원과 행복은 말로가 아니라 삶으로, 공동체로, 기쁨과 행복으로, 우리도 모르는 사이에 증거되고 확산된다는 진리를 경험할 수 있었습니다.

4 희망봉을 보다

1991년 연말 공동의회에서는 교회 수입의 20%를 구제와 선교에 쓰자는 아름다운 결정을 했습니다. 그 결정에 따라 창립 4년째 되는 1992년부터 교회 수입의 20%를 구제와 선교에 쓰기 시작했습니다. 선교 후원은 선교사와 기독교단체를 합해 10팀을, 구제는 소녀 가장과 6분의 독거노인을 섬겼습니다. 생활비 지원뿐 아니라 구역별로 순서를 정해 독거노인을 방문하고, 손수 담근 김치를 들고 가서는 몸도 씻겨 드리고 청소도 깔끔하게 해주는 봉사를 했습니다.

특히 구제 부장으로 수고했던 한효윤 형제는 모든 이의 칭송을 받았을 만큼 헌신적이었습니다. 구제부에서는 성도들의 지원을 받아 선명회에서 운영하는 "사랑의 빵" 모금 운동도 몇 년 동안을 지속적으로 시행했습니다. 그 후에는 장애우를 돌보는 기관, 말기 암환자들을 돕는 호스피스, 기독교윤리실천운동, 남북나눔운동 등 비정부기구(NGO)들을 지원하기도 했습니다. 그런데 참으로 감사하고 놀라운 것은 이런 모든 일들이 목사의 지시를 따라 된 것이 아니라는 사실입니다. 자체적으로 의논하고 결정해서 하나하나 이루어진 일들입니다.

나는 한길교회와 성도들의 이런 모습들을 보고 하나님께 감사드렸습니다. 그리고 성도들이 내심 자랑스러웠습니다. 이대로 가면 한국교회 앞에 어떤 대안을 제시할 수 있게 될 것이라는 소망까지도 품을 수 있었습니다. 희미하긴 했지만 어떤 희망봉이 보이는 듯했습니다. 본래 큰 교회를 꿈꾸었던 게 아니고 하나님 나라의 삶을 교회 안에서 경험하는 걸 꿈꾸며 하루하루 목회해왔기 때문에, 80여 명밖에 안 되는 작은 교회였지만 하나님 나라의 삶이 수면 위로 살짝 모습을 드러내는 걸 보는 것만으로도 나에게는 감동이었습니다. 주체할 수 없는 기쁨이었습니다.

5 내 영혼의 노래

그때 내 영혼에서 울려나온 기쁨의 노래가 이것입니다.

죄악으로 어둡고 광란에 찬 세상 속에서 갈기갈기 찢긴 행복을 다시금 한 올 한 올 구원의 말씀으로 꿰매어 잃어 버린 에덴의 행복을 되찾아 주는 교회.
예수님께서 십자가로 이루신 구원을 오는 세상에서와 함께 이 땅에서도 맛보게 하는 교회.
교회 성장을 앞세우기보다는 더디 가도 삶을 생각하고 사람을 생각하는 교회.
초월적인 믿음과 함께 상식을 지키는 교회.
성령 안에서 하나님과 교제하기를 즐거워하는 교회.
넉넉한 자유로움이 숨 쉬면서도 영적 질서가 있는 교회.
섬김의 리더쉽과 지체로서의 인격적인 교제가 있는 교회.
민주적인 운영과 자발적인 참여가 활발한 교회.
그래서 하나님의 의도하신 행복이 가득한 교회.

나는 하나님께서 한길교회에 주신 꿈과 사명이 이런 거라고 노래했습니다. 그리고 부분적이지만 하나님께서는 한길교회에 이런 축복을 주셔서 우리로 맛보게 하셨습니다. 노래하게 하셨습니다. 물론 목회적인 어려움이 왜 없었겠습니까. 나라는 존재가 기본적으로 사는 것이 죄짓는 동물이거늘 어찌 허물이 없었겠으며 그늘이 없었겠습니까. 그러나 개척 초기부터 7년의 세월이 가는 동안 목회적인 어려움보다는 행복을 많이 맛보는 과분한 은총을 입었다고 생각됩니다. 대체적으로 볼 때 초기 목회 7년은 우리가 꿈꿨던 교회의 모습이 어느 정도 가시화되고 경험되는 축복의 시간이었습니다. 외적인 성장이야 80명 정도밖에 안 되는 초라한 교회였지만 교회 내적인 생활에서는 하나님 나라의 구원을 조금은 맛볼 수 있었습니다. 나는 이것만으로도 충분히 감사하고 행복했습니다. 감당할 수 없는 은총이요 축복이었습니다.

15 부족한 걸 채우는 것과 정체성 혼란

> "하나님은 모든 그리스도인과 기독교 공동체들
> 이 각각 자신만의 독특성을 지니기를 원하신다.
> 각각 안에서부터 열려 아무도 표현할 수 없는 하
> 나님 은혜의 특별한 차원들이 오직 그들 자신만이
> 표현할 수 있는 특별한 조합으로 드러나기를 원하
> 신다."
>
> — 마르바 던 —

1 은혜의 절정과 새로운 고민

한길교회는 하나님의 놀라운 은총 속에서 7년 동안 하나님 나라의 생활이
어떤 것인지를 한 걸음 한 걸음 연습할 수 있었습니다. 어떤 관습이나 선입
견에도 묶이지 않고 제로 포인트에 서서 교회다운 교회, 하나님 나라를 닮
은 교회, 예수사회를 건설하기 위해 맘껏 설계하고 시도할 수 있었습니다.
특별한 시련이나 장애 없이 정말 맘껏 새로운 그림을 그려갈 수 있었습니다.
그리고 감사하게도 하나님 나라의 구원을 조금은 맛볼 수 있었습니다. 그러
나 은혜의 절정에서 새롭게 고민이 깊어가는 문제도 있었습니다. 그것은 성
령 사역에 대한 것과 전도의 역동성이 부족하다는 문제였습니다.

2 영적 신비와 성령 사역

나는 하나님을 만나고 구원받은 때부터 한 번도 신비한 영적 현상을 경험

한 적이 없었습니다. 신앙 안에서 모든 것이 새로워지는 천지개벽을 경험하기는 했지만 거듭난 이성으로 만물을 새롭게 보는 진리의 감격 외에는 다른 게 없었습니다. 밀물처럼 밀려오는 하나님의 사랑이 내 가슴을 부풀게 하고 울게 했지만 사랑받는 것으로 충분했습니다. 이미 충분히 사랑받고 있었고, 충분히 구원받고 있다고 믿었기 때문에 어떤 결핍도 느낄 수 없었습니다.

뭔가를 더 채우고 싶은 것이 없었습니다. 그래서였을까요? 누군가가 옆에서 신비한 종교적 경험을 했다고 해도 별로 들여다 보고 싶은 맘이 없었습니다. 천국을 보고 하나님의 얼굴을 보았다 해도 부럽거나 원하는 마음이 없었습니다. 성령의 나타남과 능력, 기적적인 치유, 성령의 은사 같은 것을 사모하는 마음이 없었습니다. 나는 십자가에 나타난 하나님 아버지의 사랑으로 충분했습니다. 말씀으로 충분했습니다. 하여, 성도들에게도 이렇게 이야기했습니다.

"신학자 존 브라이트는 신앙에 대하여 정의하기를 '신앙이란 수학적으로 명확하게 따질 수 있는 사실 위에 세워진 것이 아니다. 신앙이란 본질적으로 보이지 않는 것에, 수학적 증명도 초월하는 곳에 우리의 삶을 위탁하는 것이다' 고 했습니다. 옳습니다. 신앙의 세계란 본래 이성으로는 납득하거나 설명될 수 없는 신비와 의문의 세계임에 틀림없습니다. 신앙의 세계에서 일어나는 병 고침, 방언, 예언, 안수의 능력 등등 여러 가지 사건들은 이성으로는 이해하기 어려운 것이 사실입니다.

그러나 신앙의 세계가 아무리 이성을 초월하는 신비의 영역이라 할지라도 비이성적인 무질서의 세계는 아닙니다. 존 칼빈이 신앙을 가리켜 '그리스도 안에서 값없이 주어진 약속의 진리성에 근거한 우리를 향한 하나님의 호의와 자비에 대한 확실하고도 분명한 지식' 이라고 한 것은 성서적 신앙의 특성을 잘 설명한 것이라 할 수 있습니다.

우리는 종종 신앙의 이름으로 이성을 멸시하거나 정죄하는 경우를 보게 되는데 이는 엄청난 오류입니다. 왜냐하면 이성으로 신앙에 이를 수 없는 건 사실이나, 일단 하나님의 은총으로 신앙에 이르게 되면 이성이 필요 없는 게 아니라 오히려 이성으로 신앙을 이해하고 강화할 필요가 있기 때문입니다. 신앙은 결코 이성을 몰아내는 것이 아닙니다.

오히려 왜곡된 이성을 바로잡고 참된 분별력을 키워주는 것입니다. 신학자 리델보스가 '신약성경은 믿음과 순종을 요구하지 학적인 것이나 신학적인 박식을 요구하지 않는다. 그러나 가르침과 지식이 없는 신앙이 있을 수 있다고 말할 수 없다. 기독교 신앙은 삶에 대한 새로운 방법 뿐 아니라 그것은 또한 삶, 인간, 역사, 시대, 미래와 세상에 대한 지식이기도 하다' 고 말한 것을 기억해야 합니다.

한국교회는 그 동안 신앙적 신비를 좇은 나머지 신앙적 참 지식이 결핍되어 있는 게 사실입니다. 신앙은 무조건적인 확신도, 맹목적인 의존도 아닙니다. 신앙은 신비한 체험도 아닙니다. 신앙의 세계는 이성의 눈으로 보면 신비이지만 신앙적 합리와 지식이 있는 질서의 세계입니다. 우리는 더 이상 신앙의 이름으로 비이성적인 신비를 좇는 일을 포기해야 하겠습니다"(1990.9.23 교회 주보).

여기서 내가 명확하게 밝힌 것은 신앙적 신비보다는 신앙적 이성에 초점을 맞추자는 것이었습니다. 한국교회적 상황에서 보아도 신앙적 신비보다는 신앙적 이성을 보완하는 것이 급선무라고 판단했습니다. 그래서 리델보스가 말한 대로 삶, 인간, 역사, 시대, 미래와 세상에 대한 기독교적 지식을 바로 세워 건강한 분별력을 키우는데 목회 역량을 집중했습니다. 그러나 시간이 가면서 점차 고민하기 시작했습니다. 그것은 성령의 직접적인 역사와 능력 전도에 대한 것이었습니다.

3 복음 증거의 능력 부족을 느끼다

전도의 역동적인 힘이 부족하다는 것은 어떤 이유로도 변명이 되지 않는 내 목회의 심각한 걸림돌이었습니다. 물론 이런저런 전도 방법을 배우고 시도했습니다. 그러나 뭘 시도해 봐도 이렇다 할 열매가 없었습니다. 하나님 나라의 삶을 배우고 연습하는 일에 있어서는 손에 잡히는 열매들이 있었고 호응을 얻기도 했지만, 그럼에도 불구하고 복음이 활발하게 전파되지는 않았습니다. 정말 답답하기도 하고 고민스러웠습니다. 이 고민을 안고 기도하며 길을 찾고 있던 차에 1991년 9월, 나는 한 권의 책을 손에 잡았습니다. 당시의 한국교회는 제3의 물결운동의 진원지라고 할 수 있는 포도원교회 운동이 상륙해 큰 호응을 받을 때였는데, 그 당사자인 윔버(J. Wimber)의 「능력 전도」라는 책이었습니다.

윔버는 고민하던 나에게 마음을 열게 하고 도전을 주기에 충분했습니다. 특히 그의 고백적인 글쓰기는 신뢰를 갖고 읽는데 도움이 되었습니다. 그는 능력 전도 사역에 헌신하게 된 배경을 이렇게 고백합니다. "나는 그때까지만 해도 오순절주의자들이나 은사주의자들을 꺼려하고 있었다. 왜냐하면 그들의 사역에는 자주 논쟁과 분열이 일어나고 있는 것으로 보였으며 또한 내가 그 때 가지고 있었던 선입견(방언, 예언, 치유 등의 은사들은 오늘날에 있어서는 타당한 것이 아니라는)이 작용하였기 때문이다. 그러나 노련한 선교사이자 풀러신학교 교수였던 와그너 박사의 신빙성 있는 증언에 의해 악령으로부터의 치유가 오늘날에도 남미 각처에서 일어나고 있다는 사실을 알게 되었다. 나아가 그는 이러한 기적적인 역사로 인해 많은 사람들이 회심하였으며 대대적인 교회 성장이 이루어지게 되었다는 사실을 입증하였다. 그의 책을 읽고 나서 나는 영적인 은사에 대하여 재고하기에 이르렀다"(능력 전도, 20).

윔버가 그 책을 통해 증언하는 영적인 변화와 사역의 열매들을 보면 예수님이 지상에 계실 때 하셨던 복음 사역과 같은 열매를 맺고 있다는 것이 분명해 보였습니다. 예수님께서 복음을 선포하심과 더불어 표적과 기사를 통해 하나님의 능력과 하나님 나라의 임재를 드러내신 것처럼 제3의 물결에 참여한 자들의 사역에서도 지혜의 말씀만 아니라 성령의 나타남과 능력으로 복음이 증거되고 있었습니다.

윔버의 강의를 듣는 가운데 도전을 받고 같은 사역에 참여한 찰스 크래프트도 참여하기 이전의 자신에 대해 이렇게 고백하고 있습니다. "예수님의 치유 사역은 그분이 하나님으로서 하실 수 있는 일이었지 한낱 인간으로서 우리 같은 사람들은 결코 행할 수 없는 일이라는 전제 하에 항상 해 오던 방식으로 성경을 해석하곤 했다. 그리고 예수께서 제자들에게 주셨던 '귀신을 내어쫓고 병을 고칠 수 있는 능력과 권세'(눅 9:1)는 단지 제자들을 비롯한 초기 그리스도교 시대의 극히 제한된 수의 사람들에게 한정된 것이라고 생각했다. 따라서 오늘날 치유의 은사를 받는 사람이 있을 수 있다는 것을 믿기도 하면서도, 실제로 그러한 은사를 통해 치유의 역사가 일어나리라고는 생각지 않았다. 결국 나는 그러한 은사가 전혀 존재하지 않는 것처럼 행동하고 있었다"(능력 그리스도교. 20).

저들의 이런 고백을 들으면서 나는 많은 부분을 공감할 수 있었습니다. 저들도 나와 같은 전형적인 복음주의자의 입장에 서 있었다는 것, 그리고 같은 고민을 하는 과정에서 선입견을 접고 성령의 능력 사역에 참여하게 되었다는 것을 알 수 있었습니다. 이들의 진솔한 고백은 내 마음을 흔들었습니다. 이들의 고백이 진실한 것이라면 나도 하나님 나라를 말씀으로만 아니라 능력 사역을 통해 증거해야 하는 것 아닌가, 그것이 말씀에 대한 정직한 순종이 아니겠는가 하는 동요가 일어났습니다. 우리가 잃어 버린 복음 증거의 반쪽을 찾아야겠다는 인식이 나를 사로잡았습니다. 그러나 나에겐 낯선 세계였기에 두려움과 망설임도 떨칠 수 없었습니다. 머리로는 명확하게 동의가 됐지만 나에겐 어울리지 않는 옷일 수 있다는 생각, 나에겐 그런 은사가 주어지지 않았다는 생각에 선뜻 나서지 못하는 조심스러움이 있었습니다.

4 성령 사역에 문을 열다

이처럼 지적인 동의는 하고 마음은 열었으나 막상 시도하지 못한 채 고민하고 있을 즈음 친구 목사님으로부터 권유를 받았습니다. 은사 사역을 하는 후배와 눈에 안수를 하는 여자 전도사님을 초빙해 집회를 해보라는 권유였습니다. 자기 교회에서 했는데 성도들이 너무 좋아하고 은혜를 받았다며 적극 권하는 것이었습니다. 나는 호기심 반 기대 반의 마음으로 응했습니다. 후배 강도사님은 사경회를 인도했고, 마지막 날 여자 전도사님이 안수를 했습니다. 손가락으로 두 눈을 아프도록 누르며 기도하는 것이었는데, 예언의 말씀을 주기도 하고, 성도의 영적인 문제나 개인적인 문제를 지적하기도 하고, 치유를 위해 기도하기도 했습니다. 한길교회로서는 처음 시도하는 일이라 성도들 역시 호기심과 기대감을 갖고 참여했습니다. 큰 이적이나 기사가 일어나지는 않았습니다. 하지만 대부분의 성도들이 만족스러워 했습니다.

얼마 후 또 한 번의 권유를 받았습니다. 하나님의 강권에 이끌려 깊이 기도하시는 여자 집사님이 계시니 만성 간염도 치유할 겸 한 번 기도를 받아보라는 권유였습니다. 그리 흔쾌하지는 않았지만 겸손한 마음이 중요하다고 생각하고 집사님을 초대해 기도를 받았습니다. 기도하는 가운데 예언의 말씀을 듣긴 들었습니다만 무슨 내용인지 기억이 나지 않습니다. 특별한 일이 일어나지도 않았습니다. 더 이상 기도를 받고 싶지 않았습니다.

그런데 신앙생활을 막 시작한 자매님이 기도를 받고 싶다며 요청을 해왔습니다. 함께 가서 기도를 했는데 자매님 안에 귀신이 들어와 있다는 것이었습니다. 결국 그 자매 집에 일주일 간 머물면서 축사 사역을 하게 됐고 매우 힘들게 귀신이 나가는 역사가 일어났습니다. 나는 그 자매에게 귀신이 들어 갔다는 어떤 증거도 발견할 수 없었고 또 귀신이 나갔다는 어떤 변화도 발견 하기 어려웠습니다만 당사자인 자매가 귀신이 나간 것을 인정하는 마당에 뭐라 말할 수 없었습니다. 그 후 자매는 한길교회에 나오는 걸 창피하게 생 각하더니 다른 교회로 떠났습니다.

이런 일들은 목회 초창기 같으면 꿈도 꾸지 못했을 일이었습니다. 그러나 목회를 하는 가운데 지적인 말씀 사역만으로는 복음 증거가 활발하게 일어 나지 않는 한계를 경험하면서 나에게 부족한 성령의 능력 사역을 가까이서 보고 경험하고 싶은 영적 호기심, 선입견에 묶이지 않아야겠다는 열린 마 음, 내 전문 분야가 아닌 쪽도 성도들이 경험할 수 있도록 기회를 주자는 생 각들이 어우러져 낯선 집회를 하게 된 것이었습니다. 그러나 마음이 개운치 는 않았습니다. 단 한 번의 집회를 통해 성령의 역사가 일어날 것을 기대하 는 것 자체가 욕심이고 과한 것일 수 있겠지만 소위 성령 사역, 능력 사역이 라는 게 꼭 필요한 것인지에 대해 회의적인 생각이 들었습니다.

5 목회의 정체성 혼란

지금도 많은 목회자와 성도들이 이런 문제로 고민하고 있을 겁니다. 복음 을 역동적으로 증거하고 싶은 열정 때문에, 부족한 부분을 채워야겠다는 생 각 때문에 밤잠을 설칠 때가 많을 것입니다. 하지만 어쩌면 그런 것이 욕심 일 수 있다는 생각을 해봅니다. 한 사람이 모든 일을 다 잘할 수 없고, 한 회 사가 모든 물건을 다 잘 만들 수 없는 것처럼, 한 교회도 모든 사역을 다 잘 할 수 없는 것은 지당한 사실 아니겠습니까. 그러기 때문에 성령의 나타남과 능력으로 복음을 역동적으로 증거하고 싶은 마음이야 누군들 간절하지 않겠습니까마는 은사를 따라 교회마다 사람마다 다른 방식으로 증거하게 하신다는 하나님의 역사의 다양성을 신뢰하고, 내가 주님께 받은 은사를 토대로 해서 증인의 책임을 다하는 것이 최선이라는 생각을 해봅니다.

괜히 좌우를 넘나들며 고민하고 남의 은사 흉내내는 것보다는 주님께 받은 은사와 나에게 부여된 책임에 충실하면 그것으로 주님이 기뻐하실 것이라고. 물론 복음을 역동적으로 증거하고 싶은 마음, 교회가 좀 더 온전한 사역을 하고 싶은 마음, 성령의 역동적인 사역에 마음을 여는 것이 정직한 믿음의 태도라는 생각이 있어서 성령 사역에 고개를 내밀어 보는 것은 목회자로서 매우 자연스러운 일일 것입니다. 그것이 잘못된 것은 아닙니다. 그러나 그럼에도 불구하고 그것이 욕심일 수 있다는 것입니다. 왜냐하면 사람은 어쩔 수 없이 한계를 안고 있다는 것, 아무리 기도하고 별 짓을 다 한다 해도 하나님이 은사로 주지 않은 것은 나 스스로 생산하거나 만들어 낼 수 없다는 것 또한 부인할 수 없는 진실이기 때문입니다.

사실 나는 주님의 은혜로 개척 초기에 이런 진실을 붙잡고 목회할 수 있었습니다. 그 결과 과욕을 부리지 않고 평안을 잃지 않으면서 창조적인 목회를 할 수 있었습니다. 괜히 남의 것 넘보지 않고 주님이 주신 것에 집중할 수 있었습니다. 그런데 그런 경험이 있었으면서도 목회 현실에 부닥치다 보니 현실적인 필요에 정신을 빼앗겨 이 진실을 잊고 말았습니다. 그 결과 힘이 분산돼 정작 집중해야 할 일에 집중하지 못하고, 목회의 정체성이 흔들리는 값진 대가를 지불해야 했습니다. 강점보다는 약한 부분에 초점을 맞추고 보완하려다 보니 목회적인 약점이 보완되기보다는 오히려 강점까지도 약해지는 결과가 나타났습니다.

16 변화와 변질의 거리

1 대지를 구입하다

한길교회는 창립 7년차에 교회 대지를 구입했습니다. 수원의 동북쪽 끝자락에 있는 광교산으로 들어가는 길목이었습니다. 수원 시내에서는 좀 떨어진 한적한 곳이었습니다. 나는 개인적으로 개척 초기부터 번잡한 도시보다는 도시에서 좀 떨어진 한적한 곳에 교회당을 건축하고 싶은 소망을 갖고 있었습니다.

내가 도시보다 한적한 곳을 좋아하게 된 것은 오래된 내력이 있습니다. 20대 중반에 쉐퍼를 열심히 읽었습니다. 그때 「도시는 죽었다」는 책을 읽고 도시라는 문화가 사람에게 좋은 환경이 아니라는 걸 인식하게 되었습니다. 성경에서도 도시 문화는 가인의 후손이 일군 문화로서 하나님의 자녀들이 일군 소박한 문화와는 거리가 있는 것으로 묘사되고 있습니다.

그리고 나이가 들어가면서 점차 시끄러움보다는 조용함을, 번잡함보다는 한적함을, 화려함보다는 소박함을 선호하는 경향이 강화되어 왔습니다. 그래서 어느 정도 때가 되면 꼭 자연의 품에 소박하지만 예쁜 교회당을 지어 도시에서 지친 성도들의 영혼과 심신이 쉴 수 있게 하자는 소망이 있었습니다. 교회에 공식적으로 말을 하지는 않았지만 비공식적인 자리에서는 심심찮게 이야기를 했기 때문에 성도들이 다 알고 있었습니다.

나는 부동산에 대해 일자무식인데다가 관심조차 없었습니다. 하지만 계속 땅값이 치솟으면 어느 세월에 교회당을 지을 수 있을까 하는 막막한 불안, 미래를 위해 땅을 사놓는 것이 어떨까 하는 막연한 생각 정도는 있었습니다. 그러던 차에 이의동 땅 529평을 친구 목사님으로부터 소개받았습니다. 땅 모양도 괜찮고 길옆이라 건축에도 문제가 없었습니다. 가격도 평당 33만원이라 그리 비싸지 않았습니다. 거기다가 한적하면서도 수원 시내에서 10-15분이면 승용차로 갈 수 있는 거리였습니다. 은행 융자를 받으면 감당할 수 있겠다 싶어 교회에 제안을 했습니다. 성도들도 땅을 보고 나서 큰 반대가 없이 사자는데 공감이 이루어졌습니다.

제직회에서도 논란 없이 대지를 구입하기로 결정했습니다. 대지 헌금은 95년 10월부터 96년 12월까지 15개월 동안 하기로 했습니다. 헌금 방법은 일시 헌금이나 매월 일정액을 하는 것으로 했는데, 일시 헌금액이 두 가정에서 2천만 원, 매월 작정이 226만원이었습니다. 또 대지헌금을 하는 기간은 교회 재정을 고려해 교회 수입의 20%를 지출하던 선교 구제비를 연간 240만원으로 한정하자는 새로운 결정을 하기도 했습니다. 사실 오래 기도를 한 것도 아니었고 사전에 계획한 일도 아니었습니다. 정말 우연이었습니다. 갑작스럽게 추진된 일이었습니다. 그러나 일은 일사천리로 진행되었고 성도들은 작정한 대로 헌금에 참여했습니다.

그렇게 일은 일사천리로 진행되었습니다. 그러나 성도들과 충분하게 공감하는 시간적 여유를 갖지 않고 목회자의 뜻이 앞서 나가 일을 진행시킨 것이 나중에는 덫이 되었습니다. 사실 땅을 산 일로 인해 두고두고 많은 원망과 불평의 소리를 들어야 했거든요. 목회를 시작하고 난 후 그렇게 직접적인 불평과 원망의 소리를 들은 건 처음이었습니다. 속으로 야속하기도 하고 상처가 되기도 했어요. 하지만 지금 돌아보니 내가 실수를 한 것이었습니다. 하나님이 기뻐하시면 허락하실 것이라는 믿음을 갖고 여유롭게 기도하면서 성도들과 함께 문제를 공유하는 시간을 가졌어야 했습니다. 그래야 성도들도 믿음의 의지를 갖고 참여하게 되고 평화롭게 일이 진행되는데 그때는 그렇게 하지 못했습니다.

전혀 생각도 하지 않다가 갑자기 상황에 떠밀려 땅을 사는 바람에 기도하며 여유를 갖고 일을 추진하지 못했습니다. 민주적인 형식적 과정은 거쳤지만 심리적인 동의 과정을 갖지는 못했습니다. 그 결과 처음에는 일사천리로 일이 진행되었지만 결국은 1년 3개월 만에 땅을 되팔아야 하는 상황에 몰리게 되었습니다. 단기간에 5천만 원이라는 지가 상승의 이익을 보기는 했지만 결국 땅도 못 건지고 힘겹게 쌓아왔던 신뢰에 금이 가는 값비싼 대가를 지불해야 했습니다.

2 변화와 변질의 차이

사람이라는 존재가 본래 새로운 경험을 하면 그에 따른 변화를 동반하게 되어 있습니다. 변화는 생명의 본질이요, 생명의 현상입니다. 그렇게 볼 때 목회 초기의 생각과 소신들이 목회적 과정에서 변화를 겪는 것은 매우 자연스럽고도 당연한 일이 아닐 수 없습니다. 그러나 나의 경우는 변화라기보다는 변질에 가까웠다고 판단됩니다. 그 당시엔 그렇게 생각하지 않았지만 지금 와서 생각해 보니 내가 변질의 길로 나아가고 있었다는 걸 인정하게 됩니다. 우리가 잘 아는 대로 변화는 창조적인 반면 변질은 파괴적입니다. 변화는 자연스럽지만 변질은 죄성의 침투입니다. 변화는 상승이지만 변질은 하강입니다. 변화와 변질은 그 차이가 미미하여 처음에는 비슷해 보이고 본인도 인식하지 못할 때가 많지만 나중에는 하늘과 땅만큼이나 다른 결과가 나타납니다.

나의 경우를 보아도 그렇습니다. 세상 만사가 그러하듯 처음부터 변질 일변도는 아니었지요. 변화와 변질은 언제나 뒤섞이면서 작용하는 법이기 때문에 처음에는 미미하지만 뒤섞여 있었을 것입니다. 그러던 것이 점차 변질의 기운이 변화의 기운을 누르면서 땅 사는 것을 서두르게 만들었고 목회의 정체성이 조금씩 흔들리기 시작한 것이라고 보여집니다.

사람은 매우 신비한 존재라서 변화와 변질의 기운을 금세 알아채는 비상한 능력이 있는 것 같습니다. 성도들이 어느 틈엔가 내 안에 침투해 들어 온 변질의 기운을 나보다 먼저 알아채고 정 목사님이 변했다는 이야기를 하기 시작했으니까요. 바로 이 대목이 내 목회가 힘을 잃기 시작한 대목이 아닐까 생각됩니다. 물론 그 당시에는 이런 사실을 전혀 인식하지 못했습니다. 나는 하나도 변하지 않았는데 변했다고 얘기하는 성도들이 야속하고 원망스러웠지 내가 변질되고 있다는 것은 전혀 인식하지 못했습니다.

나는 여전히 순수하고 한국교회를 새롭게 하고자 하는 열정이 있다고만 생각했지 변질의 기운이 내 안에 들어와 변화의 기운을 잠식하고 있다고는 생각하지 않았습니다. 이제야 돌아서서 정직하게 내 마음을 해부해 보니 내가 변했다며 불평했던 성도들의 인식이 나보다 정확했다는 것을 인정하게 됩니다.

사실 대지를 구입한 것, 성령의 사역에 마음을 열고 시도해 보는 것 자체는 아무 문제가 아닙니다. 대지를 구입하고 성령의 사역에 고개를 기웃거린 것은 목회의 과정에서 충분히 있을 수 있는 정당한 일입니다. 그런데 언제나 문제의 근원은 눈에 보이는 사건에 있지 않고 눈에 보이지 않는 마음에 있습니다. 그러니까 문제의 근원을 알려면 '교회 대지를 구입하는 것이 잘했느냐 잘못했느냐? 를 물어서는 안 되고 '왜 대지를 구입하려고 했는가? 를 물어야 합니다. 마찬가지로 '성령 사역을 시도하는 것이 옳으냐? 그르냐? 를 묻기보다는 '왜 성령 사역을 시도하려고 했는가? 를 물어야 합니다. 이 물음 앞에서 나는 정직하게 고백하지 않을 수 없습니다. 내 안에 목회적 욕심이 싹트고 있었던 것이라고. 그 욕심이 작용해 대지를 구입하는 것을 서두른 것이고, 성령 사역을 시도하려 했던 것이라고.

물론 욕심으로 다 설명할 수는 없습니다. 욕심이 아닌 순수한 부분, 신앙적인 정직함을 추구한 부분이 분명히 있습니다. 복음을 생활로만 아니라 능력으로 힘차게 증거하고 싶은 진정성이 있었습니다. 또 성경적으로도 그것이 정당하다는 판단을 했습니다. 거기에 내 사역의 한계, 복음 증거의 한계를 극복하고 싶은 목회적인 마음이 컸습니다. 그러나 욕심 또한 없지 않았습니다. 미미하지만 욕심이 작용을 했습니다. 그리고 눈에 보이지 않는 미미한 욕심이 사태를 흔들어 일을 그르치게 만들었습니다.

결국 나는 목회적인 햇수가 더해 가면서 변화와 변질의 기운이 싹트기 시작했고, 변화와 변질이라는 매우 미묘한 전투에서 변질의 기운이 감지되자 신뢰에 금이 가기 시작했다고 말할 수 있습니다. 그리고 신뢰에 금이 가면서부터 목회가 삐걱거리기 시작했습니다. 그때 내 마음 속에서 벌어진 미미한 전투는 결코 사소한 전투가 아니었음을 사도 바울의 말씀을 통해 확인합니다. "우리의 씨름은 혈과 육에 대한 것이 아니요 정사와 권세와 이 어두움의 세상 주관자들과 하늘에 있는 악한 영들에게 대함이라. 그러므로 하나님의 전신갑주를 취하라. 이는 악한 날에 너희가 능히 대적하고 모든 일을 행한 후에 서기 위함이라" (엡 6:12-13). 아멘.

17 교회 공동체와 사적인 모임

> "서로 제자가 되게 하고 예수님의 삶이 서로의 삶 속에 깊이 스며들게 하는 교회, 은혜를 경험하고 주의 만찬을 함께 나누는 교회, 사랑과 웃음이 넘치는 교회, 죄 용서의 감격과 재미가 넘치는 교회, … 우리에게 삶의 도를 단순 명료하게 가르치는 교회, 이런 교회는 메시지를 가지고 있을 뿐만 아니라 그 자체가 메시지가 된다. 이를테면 천국의 DNA를 가지게 된다."
> — 볼프강 짐존 —

1 교회 됨의 최소치

나는 1980년대 한국교회를 보면서 교파의 끝없는 분열, 교회 안에 고질적으로 자리잡고 있는 불평과 파당적 작태를 최고의 수치로 여기고 있었습니다. 예수님은 둘로 하나를 만드사 중간에 막힌 담을 헐고(엡 2:14), 갈라진 틈을 메우기 위해 십자가에 죽으셨습니다. 또 우리가 모두 하나가 되게 해달라고 아버지께 기도하셨습니다(요 17:22-23). 그런데 예수님의 십자가 위에 세워진 교회는 다시금 담을 쌓고 등을 돌리며 갈라서고 있으니 이보다 더 부끄러운 일이 어디 있겠습니까. 이보다 더 큰 실패가 어디 있겠습니까.

이런 교회 분열의 상처를 보고 교회를 개척한 나는 한국교회의 이 고질병을 반드시 극복해야 하겠다고 다짐하고 또 다짐했습니다. 성도들에게도 귀가 닳도록 말하고 또 말했습니다. 교회 안에 파당이 있으면 그 날로 그 교회는 교회로서 실패한 것이라고, 만일 한길교회에서 분열이나 파당을 짓는 일이 발생하면 나는 주저 없이 그 날로 교회 문을 닫겠다고 말이지요. 이건 그냥 말이 아니었습니다. 위협도 아니었습니다. 정말 그렇게 할 작정이었습니다. 한길교회가 반드시 넘어야 할 산이었습니다. 보여주어야 할 교회 됨의 최소치였습니다.

다행히 주님의 은혜로 한길교회에서는 서로 원망하거나 불평하는 소리가 들리지 않았습니다. 자기보다 남을 낮게 여기며(빌 2:3) 피차 사랑으로 섬기는 분위기가 익어가고 있었습니다. 그러나 그런 삶의 연습들이 얼마나 무너지기 쉬운 모래성과 같은지를 절감하는 일을 겪게 됩니다.

2 모래 위에 쌓은 성

교회 안에 사적인 모임이 만들어진 것입니다. 이 모임이 언제 어떻게 시작됐는지 정확하게 알지 못합니다만 매우 우연한 기회에 자연스럽게 형성되었을 것이라고 생각합니다. 특별히 어떤 의도를 가지고 시작한 것도 아니었을 것이 분명합니다. 단지 교회생활을 함께하는 세월이 쌓여가면서 사랑도 깊어가고 정도 깊어가는 가운데 어떤 동질감 같은 걸 느꼈을 법합니다. 아이들 또래도 비슷해서 서로의 관심사나 화제가 통했을 것입니다. 거기다가 자매들은 하나같이 교회 일에 열심이었습니다. 교회의 핵심 일꾼들이었습니다. 그러다 보니 자연스럽게 만날 기회가 많았고 개인적으로도 만나는 기회가 늘어갔습니다. 이처럼 자주 만나다 보니 기왕이면 이름도 하나 짓자는 우연한 제의가 있었을 것이고, 그렇게 해서 사적인 모임이 탄생했을 것이라는 게 나의 보편적인 추리입니다.

처음에는 순수하게 자매들만 모였습니다. 그러던 것이 나중에는 자연스럽게 남편들까지 합세해 모이게 되었고, 여름 휴가철이나 겨울 방학이 되면 전 가족이 함께 여행을 가고 쇼핑도 함께하는 일이 잦았습니다. 처음 그런 모임이 있다는 이야기를 들었을 때 나는 정말 하늘이 무너지는 줄 알았습니다. 어찌 한길교회 안에 이런 일이 있을 수 있는 것인지 어안이 벙벙했습니다. 그렇다고 내놓고 다른 사람들을 왕따시키는 것도 아니고, 교회 일을 하지 않는 것도 아니고, 서로가 좋아서 그러는데 어찌해야 좋을지 정말 막막했습니다. 말도 못하고 그저 벙어리 냉가슴 앓듯 지켜보는 수밖에 다른 묘책이 떠오르지 않았습니다.

그렇게 말도 못하고 지켜보며 1년여 세월을 보냈습니다. 하루하루가 잔인한 세월이었습니다. 그들의 만남이 진정되길 기도하며 고통의 세월을 보내야 했습니다. 그러나 전혀 진정될 기미가 보이지 않았습니다. 오히려 교회 안에 점차 보이지 않는 담이 생기기 시작하는 거였습니다. 몇몇 자매들이 분위기를 알고 소외감을 느끼기도 하고, 함께 모여 있으면 뭔가 모를 부자연스러움이 감지되기도 했습니다. 누군가는 심리적인 왕따를 당하는 고통을 겪기도 했습니다. 나중에는 교육 목사 가정까지 합세하는 지경이 됐습니다.

한길교회는 교회의 교회 됨을 회복하는데 목회의 최종 목표가 있었습니다. 그래서 강조한 것이 어떤 경우에도 성도 간에 흠을 보거나 갈라서는 일이 있어서는 안 된다는 것, 진실한 대화를 통해 용서하고 하나 됨을 잃지 않아야 한다는 것, 인격적인 관계가 교회의 본질이라는 것이었습니다. 신앙생활에서 인간관계는 하나님과의 관계 못지않게 중요하다는 것, 회개도 하나님 앞에서의 회개만 아니라 인간관계가 거듭나야 진정한 회개라는 걸 강조하고 또 강조했습니다. 분열이나 파당은 있을 수 없다고 입이 닳도록 말했습니다.

그런데 바로 이 대목에서 한길교회가 시험에 빠졌습니다. 그때까지 정말 잘 해왔던 지체적 관계가 삐걱거리기 시작한 것입니다. 한 걸음 한 걸음 힘들게 걸어오며 쌓아왔던 것들이 모래 위에 쌓은 성처럼 소리 없이 무너져 내리기 시작한 것입니다. 나는 내심 교회의 교회 됨을 어느 정도 이루어가고 있다고 기뻐하며 자부했었는데, 그런 것들이 모래성처럼 무너져 내리는 것

을 보면서 그 동안의 모든 수고와 가르침이 '이것밖에 안 됐나?' 하는 생각
에 절망스럽기도 했습니다. 무엇을 위해 신앙생활을 하는지, 왜 교회에 모
이는 것인지, 교회에 모여서 뭘 하자는 것인지, 모든 것이 깊은 회의에 싸이
기 시작했습니다.

3 이때가 결단의 때였다

이때 나는 내가 했던 말에 대해 정직해야 했습니다. '한길교회 안에 분열
이나 파당이 생기면 그 날로 한길교회는 문을 닫아야 합니다. 그런 교회는
이미 교회로서 실패한 교회이기 때문에 교회 문을 닫아야 합니다' 라고 귀가
따갑도록 했던 말대로 정직하게 결단하고 교회 문을 닫았어야 했습니다. 하
나님과 교회 앞에서 공적으로 한 말에 책임져야 했습니다. 만일 그때 정직했
더라면 함께 통회하면서 한길교회가 새롭게 일어나든지, 아니면 주님의 이
름으로 우리의 죄를 인정하고 교회 문을 닫든지 결판이 났을 것입니다.

그런데 결단의 때에 결단하지 못했습니다. 내가 본래 생각은 이상을 좇는
과격함이 있지만 행동은 과격하지 못한 위인이거든요. 그래서인지 끝내 내
말에 정직하지 못했습니다. 아니, 그런 생각조차 하지 못했습니다. 그 문제
를 수습할 생각만 했지 교회 문을 닫는 문제를 교회 앞에 내놓지 못했습니
다. 그렇게 아파했으면서도 교회 문을 닫아야 한다는 문제를 놓고 기도하지
는 못했습니다. 비겁하게 꽁무니를 뺀 것입니다.

사람의 일이란 참으로 복잡 미묘해서 사랑의 끈으로 하나 된 연합이 언제
파당으로 변할지, 선의의 경쟁이 언제 시기심으로 변할지, 님이 언제 남이
될지 아무도 모릅니다. 그리스도 안에 있다 할지라도 특별히 다르진 않습니
다. 가능성은 무한대로 열려 있습니다. 그런데 나는 그런 가능성에 대비하지
못했습니다. 그 결과 생각지 않은 때에, 생각지 않은 일들이 발생하자 어찌

할 바를 몰라 당황하다가 결단의 때를 놓치는 우를 범하고 말았습니다.

4 이산의 아픔, 이산의 고리

결국은 한 가정씩 적당한 상황이 발생할 때마다 교회를 떠나기 시작하더니 2년 안에 교회를 다 떠나고 말았습니다. 서로 사랑을 고백하며 기도하고 주님을 위해 열심히 일했던 지체들이 떠날 때는 마치 내 살점이 떨어져 나가는 것 같았습니다. 참을 수 없을 만큼 고통스러웠습니다. 그러나 아픔은 여기서 끝나지 않았습니다. 이들이 떠난 빈자리가 너무 컸던지라 꼬리에 꼬리를 물고 떠나는 사람들이 이어졌습니다. 상처가 아물만 하면 생각지 않은 사람들이 떠납니다.

교회가 예전 같지 않다며 떠나는 사람, 신앙에 회의를 느껴 떠나는 사람, 실망하고 떠나는 사람, 직장을 따라 떠나는 사람, 그렇게 또다시 2년 동안을 떠나는 성도들과 씨름해야 했습니다. 한 마음으로 기도하고, 서로를 지체라 부르며 사랑을 고백했던 지체들이 하나 둘 흩어질 때, 그걸 바라보아야 하는 목자의 심정은 처절했습니다. 그때의 심정을 창립 12주년을 맞은 날 주보에 이렇게 고백하고 있습니다.

"꿈이 있었고 도전이 있었습니다. 가진 것 없고 내놓을 것 없었지만, 당당했고 용기 있었습니다. 천국을 흉내 내고자 하는 비전이 있었습니다. 무서운 것이 없었습니다. 하나님이 주신 미래가 있었습니다. 교회에는 기쁨과 행복이 가득했습니다. 그러나 세월과 함께 우리 마음 속 깊이 묻어둔 죄악이 파도처럼 출렁이기 시작했습니다. 십자가로 해체된 담을 또다시 쌓기 시작했습니다. 불신의 영이 감돌면서 마음의 벽이 두터워지는 것을 묵묵히 지켜보아야 했습니다. 고질적인 인간의 습성이 당신의 교회 안에도 배어들기 시작한 거지요. 그때 아버지의 마음이 얼마나 아프셨을지요. 저 또한 울고 또 울었습니다. 한국교회의 고질적인 병폐를 반복하지 않아야 한다는 절박한 심정이 저를 압박했습니다. 하나님이 주신 평화를 간절히 소원했습니다. 그러나 결국 저의 부덕과 연약함으로 당신의 교회는 휘청거리기 시작했고, 사랑하는 지체들이 찢어지는 진한 아픔을 겪고야 말았습니다.

하나님 아버지! 한 번 시작된 아픔은 무던히도 끈질기더군요. 많은 시간을 가슴앓이 해야 했습니다. 연약하기 그지없는 이 좋은 아버지가 주신 선물을 하나하나 잃어가기 시작했습니다. 새로운 교회를 세워가고자 했던 꿈과 용기, 비전, 생기, 당당함은 조금씩 힘을 잃기 시작했고, 낙담과 방황, 불신과 회의, 찰나성과 무방비, 어둠과 무기력이 저의 친구가 되었습니다. 무엇보다도 비전을 꿈꿀 수가 없었습니다"(2000.5.21. 교회 주보).

우리 주님이야 더 아프셨겠지요. 아마 주님은 피눈물을 흘리셨을 겁니다.

5 할 말을 잃은 목회

그렇게 이산의 아픔을 겪고 나자 나는 더 이상 한국교회와 사회를 향하여 할 말이 없었습니다. 지체들이 떠난 것 자체로써 교회는 이미 교회로서의 본성을 잃어 버린 뼈아픈 실패를 한 것인데, 사랑이라는 교회의 본성, 한 몸이라는 교회의 본성을 잃어 버린 교회가 무슨 할 말이 있겠습니까. 남북 분단과 동서 분열의 아픈 상처로 신음하고 있는 이 땅을 향해 한길교회가 무슨 말을 할 수 있겠습니까. 감히 얼굴을 들고 말할 수 있는 염치가 없었습니다.

그 동안 나는 한국교회 안에 쌓인 먼지를 털어내고, 주님이 디자인했던 교회의 모습을 실제로 경험하는 목회를 하는 것이 역사적 소명이라는 믿음이 있었기에 초라하기 그지없는 목회였지만 당당할 수 있었습니다. 누구도 알아주지 않았지만 주님은 기뻐하실 것이라는 확신, 한국교회에 새로운 물길을 만들고 있다는 자부심이 있었습니다. 주님의 신부로서 교회의 교회 됨이 어떠한 것인지를 이 땅에 보여 줄 수 있겠다는 희망이 있었기에 가난도 두려움도 잊을 수 있었습니다.

그런데 분열과 파당이라는 한국교회의 고질적인 질병에 오염돼 파국을 맞고 나자 그 모든 당당했던 것들이 힘을 잃고 꼬리를 감추어 버리고 말았습니다. 그 동안 나를 지탱시켜 주었던 목회의 당위성, 목회의 푯대가 날아가 버린 겁니다. 내가 딛고 서서 목회할 수 있는 디딤돌이 없어져 버린 겁니다. 마치 권투 선수가 주먹을 날릴 상대 선수가 없는 것과 같았고, 축구 선수가 골을 넣을 골대가 없는 것과 같았습니다. 그러니 설교를 하기는 하지만 설교에 확신과 힘이 주어지지 않는 게 당연했지요. 새벽이면 교회당에 엎드려 주님께 탄원했습니다. 다시 일어설 힘을 달라고. 한길교회가 이 수치를 딛고 일어서게 해달라고. 하지만 기도하고 또 기도해도, 딛고 설 내적인 디딤돌을 잃어 버리자 허공을 부유하는 목회밖에 안 되더군요.

6 전략적이지 못한 내 사고의 경직성

지금에 와서 돌이켜 보면 나의 문제 해결 방식이 참 유연하지 못했다는 생각이 듭니다. 사람은 어쩔 수 없이 시간이 흐르면서 이런 저런 배경으로 인해 끼리끼리 가까워지고 연대하게 되는 것은 매우 자연스러운 일입니다. 이런 현상은 억지로 만든다고 해서 만들어지는 것도 아니고, 억지로 막는다고 해서 막아지는 것도 아닙니다. 이건 자연(自然)에 속한 것이기 때문에 인위(人爲)로 어찌할 수가 없습니다. 그러기 때문에 사람이 갖고 있는 이런 자연의 속성을 최대한 인정하면서 좀 더 일찍 문제 해결에 나섰더라면 피차 오해와 상처를 주지 않으면서 자연스럽게 문제 해결의 실마리를 찾을 수 있었을

지 모릅니다. 그런데 자연의 속성을 한참 넘어서고 난 후에야 정면 돌파를 하겠다고 나섰으니 파열음이 클 수밖에 없었다고 생각됩니다.

또 하나는 그것이 가져오는 부정적인 부분도 있지만 긍정적인 부분도 있다는 것을 알고 긍정적인 쪽으로 활용하는 지혜가 부족했다는 점입니다. 사람과 사람 사이의 신뢰와 연대감은 하루 아침에 생기지 않습니다. 원한다고 되는 것도 아닙니다. 많은 시간과 노력이 필요하고, 우연의 은총이 맞아떨어질 때라야 가능한 일입니다.

그런 면에서 본다면 신뢰와 연대감은 매우 큰 자산입니다. 그 큰 자산을 파괴적으로 쓰지 않고 창조적으로 사용한다면 얼마나 아름다운 열매를 맺겠습니까? 그런데 나에게는 그렇게 할 수 있는 전략적 사고가 부족했습니다.

아직도 나에겐 전략적인 사고가 부족합니다. 또 전략적인 사고를 부정적으로 평가하고 싫어하는 부분이 많다고 생각됩니다. 워낙 정직과 정당성에 대한 부분이 크게 자리를 잡고 있어서 전략적으로 사고하고 행동하는 것은 정직과 정당성을 해칠 가능성이 많다는 염려를 하는 것 같습니다. 그래서 가급적 전략적인 사고와 행동을 하지 않으려는 경향이 있습니다. 창조적인 사고와 열린 마음에 대해서는 매우 긍정적이고 적극적인 반응을 보이는데 반해, 전략적인 사고에 대해서는 왠지 부정적이고 냉소적인 반응을 거두어들이기가 어렵습니다.

그러나 이제는 이런 편견을 극복하려고 합니다. 창조적인 사고와 전략적인 사고는 새의 양 날개와 같습니다. 어느 한쪽만으로는 비상할 수 없습니다. 창조적인 사고를 전략적인 사고로 뒷받침하지 않으면 창조적인 사고는 실용화될 수 없습니다. 또 창조적인 사고가 없이 전략적인 사고만 날뛰면 모사만 꾸미게 됩니다. 이 엄연한 진실을 외면하지 않고 창조적 사고와 전략적 사고를 함께 할 줄 아는 유연성을 배우려 합니다.

7 교회와 인간관계

교회는 관계의 소통이 생명인 새로운 사회입니다. 교회가 세상과 다른 것도 관계의 내용과 형식이 다르기 때문입니다. 세상의 모든 조직은 대부분이 이익 집단입니다. 이익 집단이 아닌 경우라 해도 일정한 뜻에 동의하는 사람들끼리 모입니다. 최소한의 어떤 제한이 있습니다. 그런데 교회는 아무런 제한이 없는 거의 유일한 조직입니다. 신앙을 고백해야 한다는 조건이 있는 건 사실이지만, 신앙이 없는 사람을 대대적으로 환영하는 곳이 교회이기 때문에 아무런 제한이 없다고 말해도 무리가 없습니다.

그런 면에서 교회의 차별성이란 곧 관계의 차별성이라 해도 과언이 아닐 겁니다. 하여, 교회 안에서의 인간관계는 매우 중요하다고 할 수 있습니다. 교회 안에서 발생하는 사적인 모임은 이 땅의 모든 교회가 피해 갈 수 없는 문제입니다. 많은 교회들이 그 문제로 인해 상처를 받고 있지만 영원히 씨름해야 할 문제임에 틀림이 없습니다. 하여, 이 문제를 마무리 하는 차원에서 교회와 인간관계의 몇 가지 원칙에 대하여 살펴볼까 합니다. 본래 이 글은 월간 잡지 "빛과 소금"(빛과 소금 55호. 1998년 7월호)에 기고했던 글인데 앞부분만 빼고 그대로 옮깁니다.

"교회의 머리이신 예수님은 예배에 있어서 형제 화목의 중요성(마 5:23~24)을 강조하셨다. 뿐만 아니라 중간에 막힌 담을 허물어 원수된 것을 없애려고 자기 몸을 십자가에 던지셨다(엡 2:14). 우주적인 평화를 회복하실 메시아로서(사 11:1~10)의 사명을 위해 십자가를 지셨다. 사도행전을 보아도 유대와 사마리아와 땅끝까지 복음이 전파될 때에 복음만 전파되지 않았다. 복음과 함께 유대인과 사마리아인, 유대인과 이방인 사이의 막힌 담도 함께 허물어지는 역사가 동반되었다. 이처럼 복음은 언제나 화해의 역사를 동반했다.

그렇기 때문에 십자가 복음을 자랑한 교회는 다른 것은 몰라도 십자가의 선물인 평화만은 있어야 한다. 위로부터 부어지는 하늘의 평화가 있어야 한다. 교회 안에 이 평화가 있어야 하나님 나라를 증언할 수 있다. 그런데 한국 교회를 보면 돈, 사람, 지식, 힘, 구제, 프로그램, 선교는 많은데 정작 있어야 할 평화는 없다. 십자가의 평화는 어디로 갔는지 증발해 버렸다. 복음을 가졌다고 외치고는 있는데 복음이 생산해내는 평화, 인간관계의 거듭남은 누리지 못하고 있다. 끝없는 분쟁과 시시한 싸움질로 사탄과 싸워야 할 에너지를 다 탕진하고 있다. 어디에 문제가 있는 것일까?

첫째, 우리가 소유한 복음이 진정한 복음(True Gospel)도, 온전한 복음(Total Gospel)도 아니기 때문이다. 우리의 복음은 유아적인 자기 중심성을 극복하지 못했다. 무당적인 기복신앙으로 경도된 교회의 복음은 애당초 하나님과의 인격적인 교제나, 형제와의 인격적인 관계의 거듭남으로 인도하기 어려운 한계를 지녔다고 해야겠다. 생각해 보라. 하나님마저도 이기적인 욕망을 성취하는 도구로 전락시켜 버릴 수 있는 사람들이 자기 성에 차지 않으면 목회자건 형제건 눈에 보이겠는가? 유아적인 자기 중심성의 한계 안에 갇혀 있는 복음으로는 성경적 인간관계를 기대할 수 없다.

둘째, 갈등에 대한 인식이 왜곡되어 있다. 이것은 인간관계와 관련해서 가장 심각한 증후군이라 할 수 있겠는데 대부분 갈등 자체를 무서운 죄로 정죄한다. 그래서 갈등을 최대한 피하려 든다. 그러나 갈등 자체는 결코 죄가 아니라는 정직한 이해와 확신이 필요하다. 인간관계란 필연적으로 갈등을 빚을 수밖에 없으며 산다는 것 자체가 갈등의 연속임을 인정해야 한다. 그리고 그런 인식 위에서 갈등을 무조건 피하려 하기보다는 진실하고 성경적인 태도로 갈등을 대면하려는 자세와 훈련이 필요하다.

사실 갈등 자체는 새로운 창조의 기회가 될 수도 있고 파괴의 기회가 될 수도 있다. 그런데 우리들의 경우를 보면 대부분 파괴적으로 작용해온 것이 사실이다. 갈등이 있을 때마다 갈등을 최소화하고 새로운 에너지로 승화시키기보다는 오히려 갈등을 확대 재생산하는 쪽이 많았다. 그래서 끝내는 갈라지고야 만다. 교회 안의 대부분의 문제는 갈등을 대하는 성경적인 태도와 극복하는 기술을 훈련받지 못한데서 비롯되었고 확대되었다 해도 과언이 아닐 것이다.

셋째, '용서하라'는 주님의 명령보다는 '감정 주도적'인 인간관계를 들 수 있다. 사람은 다 죄인이요 실수를 피할 수 없는 존재다. 산다는 것은 곧 죄를 짓는 것이다. 그러므로 용서가 없이는 어떤 인간관계도 지속될 수 없다. 주님께서도 이것을 아셨기 때문에 '일흔 번씩 일곱 번이라도 용서하라'고 하셨다. 용서는 진실로 인간관계의 기초석이다.

그런데 한국 사람은 합리적이기보다는 다분히 감정적이다. 우리의 마음은 비좁고 감정 주도적이라서 작은 문제만 생겨도 토라지고 돌아서기 일쑤다. 그래서 일단 감정이 상하고 나면 그 후부터는 누구의 말도, 어떤 설명도 먹히지 않는다. 감정 일변도로 나갈 뿐이다. 한번 감정이 상하게 되면 하나님도 손을 대지 못하는 것이 한국 그리스도인이다. 그 결과 용서하라는 주님의 명령을 알면서도 일단 감정이 상하고 나면 상한 감정을 추스르지 못해서 결국은 관계의 파국에 이르고야 만다.

넷째, 다양성을 수용하는 능력이 부족하다. 나와 다르면 우선 편을 가르고 보는 것이 우리의 습성이다. 이것은 우리가 단일민족으로 살아왔다는 장점이 가져다 준 최대의 약점이 아닌가 싶다. 그런데 신앙의 색깔은 참으로 다양하고 복잡하다. 개개인의 신앙 경험도 다르다. 그렇기 때문에 근본적인 신앙고백이 일치하면 사소한 부분의 차이는 서로 인정하고 함께 거하는 능력이 있어야 하는데, 그런 훈련이 전무한 국민인지라 작은 차이조차도 문제를 일으킬 소지가 많았다. 우리는 다양성의 축복을 모르고 있으며, 다양성 속에서 일치를 이루어내는 능력이 부족하다. 특히 그리스도인들이 더 편협한 것 같다. 이제 하나님의 다양성에 눈떠야 한다.

다섯째, 이것은 가장 중요한 결론적인 이야기가 되겠는데, 하나님의 시선으로 형제를 보아야 한다는 것이다. 그리스도인의 만남은 인간적인 정으로 묶여서도 안 되고 세상의 사교클럽 같아서도 안 된다. 배짱 맞는 사람들끼리 주고받는 그런 만남은 교회의 만남일 수 없다. 본 회퍼가 말한 대로 그리스도인은 오직 그리스도 때문에 다른 사람을 필요로 하고, 그리스도를 통해서만 다른 사람에게 다가갈 수 있어야 한다. '그리스도 때문에' '그리스도를 통하여' 형제를 만나지 않는 한 평화는 절대 불가능하다. '그리스도를 통하여', 바로 이것이 하나님이 사람을 보는 시선이다. 인간적이고 사회적인 시선으로가 아니라 하나님의 시선으로 형제를 바라보는 새로운 눈을 떠야 한다. 그래야만 그리스도인다운 인간관계로 거듭날 수 있다."

8 사적인 모임 어떻게 극복할 것인가

앞에서도 말씀했지만 사람은 어쩔 수 없이 시간이 흐르면서 이런 저런 배경으로 인해 끼리끼리 가까워지고 연대하게 되어 있습니다. 이런 현상은 억지로 만든다고 해서 만들어지는 것도 아니고, 억지로 막는다고 해서 막아지는 것도 아닙니다. 이건 자연에 속한 것이기 때문에 인위로 어찌할 수가 없습니다. 그래서 교회마다 이런 문제가 발생하고 있고, 또 문제를 풀기가 쉽지 않은 거겠지요. 이 문제는 결코 인위로 막을 수 없습니다.

통하는 사람끼리 모이고 싶고, 가깝게 지내고 싶은 자연스러운 본성을 억압해서는 문제를 해결할 수 없습니다. 결국은 자연스러운 본성임에도 불구하고 그리스도 때문에 다른 사람을 필요로 하고, 그리스도를 통하여 다른 사람에게 다가가라는 본 회퍼의 권고와 주님의 십자가를 헤아리며 스스로 절제하는 것 외에는 해결책이 없다고 봅니다. 관건은 그리스도인의 신앙적 성숙의 정도, 인격적인 역량에 달린 것이라고 해야겠지요. 사도 바울이 형제를 실족치 않게 하기 위해서는 영원히 고기를 먹지 않겠다(고전 8:13)고 했던 그 마음을 본받는 것 외에는 인위적이고 기술적인 해결책이란 특별히 없다고 생각합니다.

18 뜻을 잃으면 날 수 없다

"가장 위험한 진리의 적은 첫째로, 술에 거나하게 취한 사람처럼 잔뜩 흥이 나서 온갖 얘기를 늘어놓으며 모든 일에 끼어드는 저술가이고, 다음은 인간의 온갖 행위에서 그 사람에 대해 꼬치꼬치 캐내고자 하는 이른바 인간학의 전문가로 자처하는 인물이며, 마지막으로 단순한 모든 것을 맹신하고 … 이러한 사람이야말로 가장 위험한 진리의 적이다."
- 리히텐 베르크 -

1 교회 대지를 되팔다

앞에서 이야기했지만 땅을 산 것으로 인해 성도들의 불평이 있었습니다. 내가 땅 욕심이 있어서 성도들이 경제적으로 어려운데도 땅을 팔 생각을 안 한다는 것이었습니다. 그런 말을 들으니 마음이 서운하더군요. 나름대로 성도들의 입장을 배려하면서 목회를 한다고 해왔는데 졸지에 땅 욕심에 눈이 먼 목회자 취급을 받자니 야속한 생각이 들었습니다. 나는 땅 욕심이 없다는 것을 증명이라도 하고 싶었습니다. 하여, 성도들이 원하면 땅을 팔겠다고 이야기했습니다. 환영하더군요.

나는 지체 없이 땅을 처분했습니다. 땅을 팔고 나니 무겁게 옥죄이던 마음이 해방이라도 된 듯 가벼웠습니다. 모든 근심이 사라지면서 땅을 팔길 잘했다는 생각이 들었습니다. 그런데 지금 와서 생각해 보니 땅을 판 것이 큰 실수였습니다. 사실 땅을 산 것은 우리의 선택이기도 했지만 우리만의 선택은 아니었습니다. 하나님 앞에서 기도하며 의결하고 시행한 일이었습니다. 오래 기도하며 준비했던 일은 아니었지만 하나님 앞에서 교회적으로 결정한 일이었습니다.

그러기 때문에 하나님이 허락하신 일로 받아들이는 것이 바른 신앙적 태도입니다. 그런데 나는 성도들의 불평이 듣기 싫고, 땅 욕심이 있다는 혐의를 받고 싶지 않아서 땅을 되팔아 버렸습니다. 땅을 사고파는 문제는 신앙의 본질적인 문제가 아니라는 생각에 큰 고민 없이 쉽게 팔았습니다.

허나, 행위는 단지 행위로 끝나지 않습니다. 모든 행위 속에는 메시지가 있는 법입니다. 내가 땅을 판 행위 속에도 메시지가 있었습니다. 그것은 땅을 구입한 것이 하나님이 허락하신 일이라는 믿음이 없다는 메시지였습니다. 하나님이 보시기에도 그랬고, 성도들이 보기에도 그렇습니다. 결국 나는 땅을 되팔아 버림으로써 이 일을 하나님이 허락하신 일로 받아들이는데 실패한 것입니다. 내 정당성을 증명하고 싶어서 하나님의 정당성, 신앙의 정당성을 지켜내지 못한 것입니다. 하나님의 신실함을 증명하는데 몰두하고 그 일에 목숨을 걸어야 할 목사가 자신의 존재와 정당성을 증명하는 데 몰두한 것입니다.

이 얼마나 부끄러운 짓입니까. 여러분, 영적인 어둠이란 게 뭡니까? 하나님보다 나에게 몰두하는 것 아닙니까? 나를 증명하려는 것 아닙니까? 하여, 땅을 판 것이 큰 실수였다는 생각을 하는 겁니다. 아니, 실수가 아니라 내 신앙의 바닥을 보여주는 행위였고, 영적 어둠을 드러낸 행위였습니다.

2 교회당 구입

땅을 팔고 나니 교회 자산이 1억 5천만 원 정도 됐습니다. 우리는 교회당을 구입하는 쪽으로 뜻을 모으고 적당한 상가 건물을 찾았습니다. 3층과 4층(합하여 100평)을 사용할 수 있는 건물이 있어 2억 2천만 원에 분양을 했습니다. 내부 인테리어와 여러 가지 부대시설을 하는데 5천만 원 정도 비용이 들더군요. 3층은 교육관 겸 편안하게 쉬며 교제할 수 있도록 큰 공간과 작은 방 셋, 부엌을 배치하고, 아예 신발을 벗고 들어가 앉아서 이야기할 수 있도록 전부 보일러를 깔았습니다. 4층은 삿갓 모양의 천장을 살려 예배당으로 꾸몄습니다. 단순하지만 깨끗하고 편안한 공간으로 꾸며져 모두가 만족스러워 했습니다. 다시 1억 원 정도의 빚을 짊어지긴 했지만 전세가 아닌 우리만의 공간을 가졌다는 것만으로도 부담보다는 감사가 더 컸습니다.

이처럼 외적으로는 교회당을 구입하고, 대대적인 공사를 하고, 입당을 하고, 창립 8주년과 교회당 입주 감사예배를 드리는 등 줄줄이 이어지는 큰일들을 해냈습니다. 모든 성도들도 힘에 따라 필요한 물품을 구입하기도 하고 헌금도 했습니다. 적어도 피상적으로 보면 예전과 크게 달라진 것이 없어 보였습니다. 해야 할 일을 다 하고 있었으니까요.

하지만 내적으로는 땅 구입으로 인해 촉발되고, 사적인 모임으로 인해 야기된 긴장의 끈이 팽팽하게 일촉즉발의 위기감을 조성하고 있었습니다. 다들 내색하지 않고 있었지만 언제 긴장의 끈이 끊어질지 예측할 수 없는 폭풍 전야와 같은 분위기가 곳곳에서 읽혔습니다. 뜨거운 열기, 편안함, 웃음, 진솔함은 어디로 숨었는지 자취를 찾을 수가 없었습니다.

목회하는 내내 갈등을 극복하는 것의 소중함, 관계란 책임을 지는 것이라는 지체 의식, 하나님 나라는 화해와 평화의 나라라는 이야기를 수도 없이 했습니다. 그 결과 어느 정도 하나님 나라의 행복을 맛보기도 했습니다. 서로에 대한 신뢰와 존중이 견고하게 서 가는 것 같기도 했습니다. 그런데 위기 앞에 서자 이 모든 가르침과 축복들이 맥을 추지 못하는 것이었습니다. 작은 바람에도 자취를 감추어 버리는 겨와 같고, 한 번의 파도에도 휩쓸려 무너지는 모래성과 같았습니다. 남는 것이라곤 형식적이고 의례적인 관계의 피상성, 교감이 빠져 버린 관계의 공허감뿐이었습니다. 참으로 허망했습니다.

3 세월의 무게를 느끼다

대지를 구입하고 불평의 바람이 불기 시작하면서부터 이산의 아픔과 고리가 잦아들 때까지 무려 6년여 간을 나는 무너져 내리는 교회를 붙잡고 씨름해야 했습니다. 무너져 내리는 담벼락을 붙잡고 씨름하는 심정으로 안간힘을 다해 버팀목이 되어 보려 했습니다. 힘에 겨우면 주저앉고 다시 힘을 얻으면 버팀목이 되기를 반복하였습니다. 그러나 역부족이었습니다. 점차 몸과 마음과 영혼은 사위어 갔습니다. 거기다 세월의 무게까지 더해지면서 심적 부담이 커졌습니다. 창립 10주년이 되었을 때의 고백입니다.

"10년이라는 세월, 한길교회도 나도 변화하고 성장했다. 잃은 것도 있고 얻은 것도 있다. 인생과 신앙의 세계를 보는 눈이 깊어졌고 다듬어졌다. 예전에 보지 못했던 것이 보이기도 한다. 내면세계의 중요성을 더더욱 깊이 깨닫고 있으며, 진실만이 인생을 가치있게 한다는 평범한 진리 앞에서 과거보다 더욱 자유하며 살려고 한다. 그러나 예민한 통찰력과 새로운 도전 의식은 많이 무디어졌다. 내일에 대한 부푼 꿈이 시들해졌다. 자신감과 기쁨의 영이 어디론가 숨어 버렸다. 그래서인지 쉽게 주저앉고 싶어진다. 하나님 아버지에 대한 신뢰는 여전하지만 예전처럼 꿈틀꿈틀 살아 움직이지는 않는다. 잿빛 안개에 휩싸인 도시처럼 많은 것들이 희미하기만 하다"(1998.5.17. 교회 주보).

13주년을 맞았을 때는 10주년 때보다 더 추락한 교회 모습에다 3년의 세월이 더해진 무게까지 겹치면서 회한에 찬 고백을 하고 있습니다.

"한길교회 창립 13주년을 맞으며 잠시 지난 세월, 첫 돌, 세 돌을 맞을 때를 생각해 봅니다. 맨 땅 위에 교회 깃발 하나 꽂고 시작된 교회였기에 첫 돌을 맞는 감격과 비전은 남달랐습니다. 비록 20명도 되지 않는 사람들이 앉아 돌잔치를 했지만 마음은 뿌듯했고 벅찬 감사와 미래에 대한 뜨거운 비전이 있었습니다. 이 땅에 새로운 교회, 건강한 교회, 교회다운 교회를 세워야 한다는 명제를 가슴에 품고 하나님 한 분만 바라보는 믿음이 있었습니다. 3주년 때나 7주년 때도 젊은 교회로서의 싱싱함과 활력이 충만했습니다. 한길교회의 존재 의미를 다같이 확인할 수 있었습니다.

그러나 창립 13주년을 맞는 지금의 마음은 그렇지 못합니다. 하나님과 세상 앞에서 부끄럽고 염치가 없을 뿐입니다. 13년이라는 적지 않은 세월에 걸맞은 열매를 내지 못한 한길교회를 보면서 13살이라는 나이를 숨기고만 싶어지는 것이 솔직한 심정입니다. 아마 한 것도 없이 나이만 먹은 사람의 심정이 이런 게 아닐까 싶습니다. 이제는 꿈이 아니라 열매로 말해야 할 때입니다. 또다시 꿈을 말하며 교회의 존재 이유를 설명하는 것이 왠지 옹색하고 어색한 걸 보면 꿈을 말해야 할 때가 아닌 건 분명한 듯합니다. 열매가 없이는 아무 말도 할 수 없는, 아니 말을 해서도 안 되고 할 말도 없는 나이의 무게를 느낍니다. 그러면서도 이번에 한길교회 목회 13년을 이유로 많은 돈을 들여가며 성지순례까지 가는 뻔뻔함을 보이고 있습니다. 그러나 실상은 부끄러움과 염치없음이 앞을 가릴 뿐입니다" (2001.5.20. 교회 주보).

세월에 어울리는 모습으로 성장하기보다는 오히려 추락하는 교회를 바라보며 하나님과 세상 앞에서 감출 수 없는 부끄러움을 토로하고 있습니다. 입이 있어도 할 말을 할 수 없다는 자책감에 시달리는 마음을 엿볼 수 있습니다. 비록 패배감에 사로잡혀 있지 않다고 말하고, 또다시 희망을 말하고는 있지만 이미 기력이 빠진 공허한 수사에 불과하다는 것이 읽혀지고 있습니다. 사실 그랬습니다. 다시 꿈을 말하고, 미래를 말하며, 목소리에 힘을 주어 보지만 내 마음 속에는 이미 확신과 용기, 하나님 아버지에 대한 강한 신뢰와 강철같은 의지가 꺾여 있었습니다. 지금 생각하니 영적 무기력, 영적 침체에 빠져 있었다고 보여집니다. 그러니 성도들의 마음과 영혼을 움직일 수 있는 힘이 없는 게 당연했습니다. 한길교회를 다시 세워보겠다고 나 스스로를 버팀목으로 세워보지만 순간일 뿐, 조금만 시간이 가도 다시금 주저앉고 마는 무력함을 숨길 수 없었습니다. 한 번 뜻이 꺾이고 나니 다시 날 수 있는 힘을 얻기 어려웠습니다.

4 주님이 보내주신 위로자

그러나 인생이라는 게 어디 단순한 건가요. 힘든 시절이라고 해서 언제나 어둡고 힘든 일만 가득한 것은 아니었습니다. 그늘에도 햇볕이 들 때가 있더군요. 힘든 시절에도 그런 대로 웃으며 살아갈 만한 여유가 있었습니다. 짬짬이 맛보는 작은 행복과 은혜의 짜릿함이 있었습니다. 아니, 어쩌면 성공과 풍부함 속에서 맛보는 즐거움과 만족보다는 어려움 속에서 순간순간 찾아오는 작은 기쁨과 행복이 더 짜릿하고 큰지도 모릅니다. 그래서 인생은 살만한 것인지도 몰라요.

그때 주님이 보내주신 위로자가 있었습니다. 헨리 나웬 신부였습니다. 헨리 나웬을 처음 만난 건 그보다 훨씬 전이었지만 힘들고 어려울 때 가장 많이 만난 사람이 나웬이었습니다. 나웬의 책을 읽으면 마음 속에 모든 긴장감이 사라지고 어머니의 품 같은 따사로움을 느낄 수 있어서 좋았습니다. 우리가 놓치고 지나치는 소중한 삶의 선물들을 다시금 보게 해주었습니다. 주님의 사랑이 우리의 일상 속에 얼마나 깊이 침투해 있는지를 작은 소리로 들려주었습니다. 빈곤한 내 목회 현실로 인해 억눌려 있던 마음과 영혼이 넉넉한 위로를 받을 수 있었습니다.

눌러도 눌러도 눌리지 않고 고개를 쳐드는 성공 욕구로부터 조금은 자유케 해주었습니다. 헨리 나웬은 성공과 업적 지향적인 세태에 휘둘려 존재를 잊어 버리고 사는 현대인들을 향해 예수님의 하향성과 내적인 삶의 가치를 되새김질하게 해주었습니다. 헨리 나웬은 작은 일의 소중함을 일깨워 주었습니다. 행복은 외적 조건이 아니라 내면의 빛에서 우러나오는 선물이라는 진실을 되살려 주었습니다. 지금 이 순간에 충실한 것이 곧 최고의 삶의 태도임을 말하고 있었습니다. 하나님이 얼마나 우리 삶에 귀 기울이시고 삶을 깊이 응시하시는 분이신지를 일깨워주는 나웬의 차분한 목소리를 듣고 있으면 엄마의 품에 안긴 아기가 된 것처럼 하나님의 품속에서 아무 근심이나 긴장, 두려움 없이 편안하게 쉬고 있는 나를 보게 됩니다.

나웬은 내적인 매임으로부터 헤어 나오지 못하던 나에게 조금씩 내적 자유의 문을 열고 빠져나올 수 있도록 도와주었습니다. 내 힘만으로는 예수님께 나아가기조차 힘들었던 나에게 나웬은 찾아와서 손을 내밀었고, 나는 나웬의 손을 부여잡고 나웬을 따라 예수님께 나아갈 수 있었습니다. 나는 그때 주님이 나에게 나웬을 보내주셨다고 믿고 있습니다. 내 영혼을 소생시키시고, 영적인 침체로부터 일어서게 하시려고 나웬을 보내주셨다고 믿고 있습니다. 만일 나웬이 없었다면 그 힘든 시절을 어떻게 보냈을까 생각해 보면 아득할 뿐입니다. 꼭 필요할 때 적절한 사람을 만나게 하시는 것도 주님의 사랑이고 은총이라고 믿습니다. 오늘 이 책을 통한 우리의 만남도 누군가에겐 그런 만남이 되었으면 좋겠습니다.

그렇게 나웬을 통해 주님은 나에게 작은 용기와 내적 자유의 힘을 회복시켜 주셨습니다. 외적 상황으로부터 최대한 자유하게 하셨습니다. 내면의 자유, 내면의 평화, 내면의 부요, 내면의 진실을 찾아 나서게 도와주셨습니다. 그 결과 내 안의 긴장이 누그러지기 시작하면서 교회 안에도 길게 드리웠던 그늘이 점차 걷히기 시작했습니다. 평화의 기운이 감돌기 시작했습니다. 그러는 가운데 세월은 흘러 14주년을 훌쩍 넘어서고 있었습니다.

5 새로운 출발을 향해 달리다

내 안에 드리워진 어둔 그늘이 점차 걷히고, 내면의 자유, 내면의 평화가 조금씩 회복되어 가자 교회 안에도 밝음과 평화의 기운이 감돌기 시작했습니다. 수적으로는 추락한 그대로 변화가 없었지만 뭔가 새로운 미래를 향해 도전해볼 수 있겠다는 작은 힘들을 느낄 수 있을 만큼 변화의 기운이 감지되기 시작했습니다. 물론 매우 미미한 것이긴 했지만 목회자의 예민한 촉수로 감지할 수는 있었습니다. 내 마음과 영혼에도 예전과는 다르게 의지와 용기가 까물대고 있었습니다. 나는 더 이상은 멈칫할 수 없다고 생각했습니다. 한 번 선을 긋고 싶었습니다. 모든 것을 훌훌 털고 일어서고 싶었습니다. 새로운 출발을 할 수만 있다면 무슨 일이든 하고 싶었습니다.

이 일을 위해 '한길교회의 미래를 준비하는 사람들'이라는 모임을 만들어 교회의 미래를 위한 큰 그림을 그려나갔습니다. 한길교회가 나가야 할 방향, 한길교회의 정체성, 한길교회 운영의 틀을 원점에서부터 논의하고, 주님의 뜻과 시대의 요청을 함께 찾아가는 작업을 했습니다. 연말 공동의회에 맞춰 초안을 내놓기로 하고 6개월 동안 부지런히 모임을 가졌습니다. 많은 대화와 토론을 거듭하는 가운데 의견 차이도 있었고, 각을 세우는 주장들도 있었지만 7명의 위원들 모두 최선을 다해 머리를 맞댔습니다. 열린 마음을 잃지 않고 의견을 조율해 나갔습니다. 그렇게 6개월 동안의 긴긴 모임 끝에 나온 결실이 한길교회 정관입니다.

그리고 또 하나의 작업을 준비했습니다. 교회 안에 독서스쿨을 여는 것이었습니다. 나는 일찍부터 아이들을 훌륭하게 키울 수 있는 최선의 방법은 독서를 통한 교육이라는 소신이 있었습니다. 독서의 유익은 내가 경험한 바가 있어서 여건이 성숙되면 꼭 독서스쿨을 열리라 마음 먹고 있었는데 교회가 새롭게 출발하는 시점에 독서스쿨을 함께 여는 것도 좋겠다 싶었습니다.

우선 독서스쿨 교사를 세우는 것이 급선무인지라 나를 포함해 5명의 교사 후보들이 매주 서울을 오가며 4개월 동안 훈련을 받았습니다. 강의를 포함해 매주 2-3권의 책을 읽고 독서 감상문을 내야 하는 맹훈련이었지만 교사 훈련 과정을 마칠 수 있었습니다. 곧바로 독서스쿨을 준비했습니다. 정말 일이 많았습니다. 밤늦게까지 교사들이 헌신하며 준비한 끝에 2개월 만에 독서스쿨을 열 수 있었습니다. 아이들은 15명밖에 되지 않았지만, 나는 교장이자 교사로서 학부모 교육, 아이들 교육, 교사 교육을 도맡아 해야 했습니다.

6 교회를 사임하다

그렇게 새로운 출발을 향해 젖 먹던 힘까지 끌어내며 달렸습니다. 그런데 9개월을 넘기지 못하고 쓰러지고 말았습니다. 간이 더 이상 못 견디겠다며 파업을 시작한 것입니다. 10여 년 전부터 만성 간염을 앓아왔는데 처음으로 배가 풍선처럼 부풀어 오르며 숨쉬기가 거북해지는 것이었습니다. 먹지 않아도 부풀어 오른 배가 꺼지질 않았습니다. 점차 기력이 빠지면서 걷고 말하는 것이 힘들어졌습니다. 심할 때는 숟가락 드는 것조차 힘에 겨웠습니다. 병원에 가 보니 간경화로 복수가 차고 황달이 왔다며 즉각 큰 병원에 입원해야 한다고 서둘렀습니다.

다행히 입원 2주 만에 복수와 황달 증상은 회복됐습니다. 그러나 설교할 힘도, 설교를 준비할 여력도 더 이상 없었습니다. 친구들은 당장 교회를 사임하고 건강을 돌보아야 한다고 야단이었습니다. 당황스러웠습니다. 고민이 됐습니다. 내가 설교할 수 없다면, 설마 설교를 한다 해도 성실하게 준비할 수 없다면, 교회에 짐이 되는데…. 내가 교회에 짐이 된다는 생각이 들자 더 이상 고민할 것이 없었습니다. 나는 단 하루도 교회에 짐이 되어 살고 싶지 않았거든요. 이건 목회자로서 내가 지킬 수 있는 최소한의 자존심이었습니다.

　나는 평소 목사가 교회에 짐이 되는 것보다 더 추하고 비참한 일은 없다고 생각했습니다. 그건 목사로서 가장 불명예스러운 일이라고 생각했습니다. 목사가 교회에 도움이 되지 못하고 짐이 된다는 것은 참을 수 없는 존재의 모욕이라고 생각했습니다. 그래서 언제든지 짐이 되는 눈치가 보이면 더 이상 교회에 눌러 있지 않겠다는 생각을 해왔습니다. 그런데 그런 상황을 맞닥뜨리게 된 것입니다. 그 전에도 내가 영적인 기력을 상실하고 목회적 에너지가 바닥나 교회를 긍정적으로 이끌어가기 어렵다는 생각에 심각하게 사임을 고려한 적이 있었습니다만 이번은 달랐습니다. 내 몸 하나도 추스르기 힘든 나락에 떨어졌는데 어찌하겠습니까? 하루라도 교회에 짐이 된다는 건 스스로도 용납하기 힘든 고통이었습니다. 결국 사임을 했습니다. 2004년 6월 마지막 주일이었습니다. 이렇게 해서 16년 4개월의 짧고도 긴 한길교회 목회는 막을 내렸습니다.

19 길을 가며 주운 생각의 조각들

> "간소하게, 간소하게, 간소하게 살라! 제발 바라건대, 여러분의 일을 두 가지나 세 가지로 줄일 것이며, 백 가지나 천 가지가 되도록 하지 말라."
> – 헨리 데이빗 소로우 –

1 목사는 약한 자이다

작은 교회 목사로 살아오는 동안 목사의 삶이 두 가지 극단적인 얼굴을 하고 있다는 것을 발견할 수 있었습니다. 목사라는 자리가 어떻게 보면 교회에서 가장 힘 있는 자리요 권세를 행사하는 자리입니다. 목사의 말 한 마디가 교회 전체를 좌지우지할 때도 많고, 목사의 생각과 판단에 따라 교회의 정책이 왔다 갔다 하기도 합니다. 정말 아주 이상한 경우가 아니고는 목사의 힘이나 영향력을 능가할 사람은 교회 안에 거의 없습니다. 그런 면에서 목사는 교회에서 가장 힘 있는 사람임이 분명합니다.

그러나 또 한편, 목사는 교회에서 가장 약한 자이기도 합니다. 목사는 성도 앞에서 한없이 약합니다. 성도가 상처받을까봐, 실족할까봐, 성도가 무슨 말을 해도 목사는 묵묵히 들어야 합니다. 설사 그 말에 상처를 입었다 해도 귀를 막아서는 안 됩니다. 비난을 퍼붓고, 무례하게 행동할지라도 참아야 합니다. 억울해도 참아야 합니다. 결코 직접적인 대응을 할 수가 없습니다. 목사는 진실로 교회에서 가장 강한 자이면서 동시에 가장 약한 자입니다. 교회에서뿐 아닙니다. 세상에서도 가장 약한 자는 목사입니다. 목사는 자기를 방어할 수 있는 어떤 수단도 가지고 있지 않은 사람입니다. 끝없이 짓이김을 당해도 자기 방어를 할 수 없습니다.

목사가 자기를 방어하기 시작하면 그 순간부터 목사는 추해집니다. 내가 목회하는 동안에 혈기를 참지 못하고 한두 번 직접적인 대응을 한 적이 있었습니다. 얼마나 후회를 했는지 모릅니다. 그렇게 추해 보일 수가 없었습니다. 그래요. 때로는 억울하고 답답해도 자기를 방어하는 추한 목사가 되는 것보다야 차라리 무력하게 당하는 목사가 훨씬 목사답고 보기에도 좋습니다. 예수님이 그랬잖아요. 예수님이 자기를 증거하기는 했습니다만, 자기를 방어하신 적은 없었지 않습니까. 자기를 방어하신 예수님, 상상이 됩니까? 목사는 약할수록 멋있습니다. 약할수록 강합니다. 약함을 통해 강함을 증거하는 자가 바로 목사입니다. 그리스도인도 예외는 아니겠지요.

2 목사는 순전함을 지키기가 어렵다

내가 목회를 하면서 가장 마음 아픈 것이 있습니다. 목회의 햇수가 더해지면서 마음과 영혼이 더 맑고 가난해지기보다는 오히려 탁해지고 부유해진다는 것이었습니다. 목회 초기의 순수한 생각과 역사적 소신들이 점차 희미해져 가고, 눈앞에 펼쳐지는 목회 현장의 다양한 요구들과 포기하기 어려운 욕심에 마음과 귀를 빼앗겨 가는 나를 보면서 마음이 아팠습니다. 항상 익숙해지지 않으려고 마음을 다잡아 보지만 동료, 선후배 목사님들의 생생한 목회 이야기를 들으면서 나도 모르는 사이에 점차 현실에 익숙해져 가는 내 모습이 외면하고 싶을 만큼 역겨울 때가 있습니다. 이건 다른 목사님들에 대한 이야기가 아닙니다. 오직 나 개인에 국한된 고백입니다.

하나님의 위대한 부름을 듣고 사람을 구제하겠다며 훌훌 벗고 나선 이 길입니다. 그런데 정작 목회의 자리에 서고 보니, 그때부터는 예전에 이해관계 없이 순전하게 듣고 따르던 하나님의 말씀이 목회적 이해관계의 틀 속에서 듣고 따르게 되는 괴이한, 그러나 실제로는 괴이할 것이 전혀 없는 현상이 벌어지기 시작하는 것이었습니다. 사람이 죄인인데 아무리 목회라 해도 불순물이 섞이지 않을 방도가 있겠습니까?

인간 현실에서 순도 100%란 없습니다. 이 세상엔 악이 없는 선이 없고, 선이 없는 악도 없습니다. 이 세상이 계속되는 한 영원히 선과 악은 함께 있습니다. 그것이 이 세상의 진실입니다. 그럼에도 불구하고 목회라는 이해관계 속에서 하나님의 뜻이 왜곡되는 그 현장에 내가 서 있다는 것이 슬픈 건 사실이었습니다. 나도 어찌할 수 없다는 것을 압니다. 또 어찌하지도 못합니다. 그러면서도 목회적 상황으로부터 자유하지 못한 내 믿음의 보잘 것 없음에 마음이 아팠습니다. 그래서일까요? 목회하는 내내 어찌하지도 못하면서 고민하느라 에너지를 소진해야 했습니다. 전력질주하지 못하고 주춤거려야 했습니다. 목사로서 순전함을 지키기가 어려웠습니다.

이와는 정반대로 목사로 살면서 누린 특권이 있습니다. 목사라는 위치 때문에 하나님의 말씀을 순전하게 듣고 전하지 못하는 안타까움이 있었지만, 목사로 살았기 때문에 진실을 보는데 집중할 수 있었습니다. 많은 독서와 사색을 할 수 있었습니다. 시대의 거리를 뛰어 넘고, 동서양을 넘나들며 인생의 대선배들을 만나 조용히 대화할 수 있었습니다. 다양한 삶을 읽을 수 있었습니다. 삶을 깊이 관찰할 수 있었습니다. 성공이라는 욕심과 내적인 싸움을 할 수 있었습니다. 설교와 강의를 준비하는 것까지도 사역이라기보다는 하나님의 뜻과 삶의 진실에 눈뜨는 축복의 시간들이었습니다. 기도도 마찬가지였습니다.

이처럼 나에게 있어 목사로 사는 것은, 사는 것 자체가 삶을 부요케 하고 시야를 넓혀주는 은총의 선물이었습니다. 그러니 대단한 특권을 누린 거지요. 남들은 돈을 벌기 위해서 삶을 저당잡고 사는데, 나는 삶을 부요케 하는 일을 하면서 돈을 받고 사니 말입니다. 그저 황송할 뿐이었습니다.

3 목사는 맷집이 강해야 한다

나는 맷집이 상당히 약합니다. 마음이 여린 것도 아닌데 맷집이 약해서 작은 일에도 상처를 받습니다. 하긴 맷집을 타고난 사람이 어디 많겠습니까. 맷집이 강한 것 같아 보여도 사람은 누구나 다 맷집이 약하다고 생각합니다. 그러나 목사로 잘 살아내려면 맷집이 강해야 하는 것은 필수입니다. 수많은 사람들에게 둘러싸여 흠씬 두들겨 맞고도 훌훌 털고 일어나서 아무 일 없었던 듯 자기 길을 갈 수 있는 사람이 돼야 합니다.

목사란 자기 방어를 할 수 없는 사람이고, 같이 대응하며 싸우는 것 자체가 치명적인 걸림돌이 되는 사람이기 때문에, 여기 저기서 비난의 화살이 날아들고, 아니 땐 굴뚝에 연기가 나고, 정죄의 돌멩이가 날아와도 마음의 방탄복이 튼튼해서 다 맞고도 쓰러지지 않을 수 있어야 목회의 길을 갈 수 있습니다.

그렇다고 뻔뻔해야 한다는 것이 아닙니다. 귀를 막고 마음이 굳어야 한다는 것도 아닙니다. 누구도 얕볼 수 없을 만큼 강해야 한다는 것이 아닙니다. 모든 성도가 반대해도 자기 의지를 관철시키는 고집이 있어야 한다는 것이 아닙니다. 한 대 얻어맞았다고 해서 비틀거리거나 정신을 잃어서는 안 된다는 것입니다. 실컷 얻어맞고서도 툴툴 털고 일어날 수 있어야 한다는 것입니다. 그들이 보는 앞에서 마치 아무 일 없었던 듯 목사 본연의 모습을 잃지 않고 뚜벅뚜벅 걸을 수 있어야 한다는 것입니다. 그러려면 맷집이 강해야 합니다. 그리고 맷집이 강해지려면 다른 방법이 없습니다. 많이 맞아보는 것밖에. 나는 많이 맞아보질 않아서 아직도 맷집이 약합니다. 하여, 나는 아직도 덜 된 목사입니다.

4 목회를 바라보는 눈

내 목회의 알파와 오메가는 교회의 교회 됨을 회복하는 것이었습니다. 교회의 교회 됨을 회복해내는 것은 한국교회에 쌓인 먼지를 털어내는 작업이면서 동시에 새로운 이정표를 세우는 일이요, 새로운 물길을 만드는 일이라고 믿었기 때문에 결코 놓을 수 없는 목회의 중추신경이었습니다. 그리하여 추구한 것들이 인격적인 교제, 사랑의 섬김, 삶과 신앙의 인격적인 나눔, 민주적인 결정, 구제의 손길, 대화와 토론의 문화, 상호 의존과 상호 독립, 하나님의 주권과 인간의 책임 등을 강조하는 목회를 해왔습니다. 그리고 이런 것들이 다른 교회와 한길교회의 차이라고 생각했습니다.

아니, 이런 것들은 대부분의 교회가 다 하고 있는 것 아니냐, 다를 것이 뭐가 있느냐고 생각하시는 분도 계실지 모르겠습니다. 그러나 그렇지 않습니다. 대부분의 교회는 하나님께 대한 헌신과 순종을 핵심 테마로 잡고, 끝없이 그걸 강조하면서 하나님 나라의 확장(교회 확장)을 위해 성도들의 헌신을 묶어내는데 목회의 초점이 있습니다. 성도들을 효과적으로 동원하는 일에 열심입니다. 이게 나쁘다는 게 아니라 구령의 열정으로, 하나님 나라를 확장하고자 하는 일심으로 그렇게 하고 있다는 것입니다. 교회 프로그램 역시 교회 성장에 효과가 있어야 인기가 있습니다. 그런데 차이가 없다고요? 물론 차이가 중요한 건 아닙니다. 하지만 성도들이 목회를 제대로 보는 눈을 가지고 있어야 목회자들이 제대로 된 목회를 할 수 있기 때문에, 차이를 구별할 줄 아는 눈이 필요하다는 이야기입니다.

우리가 교회를 볼 때 중요하게 보아야 할 대목은 교회 프로그램이나 목회적인 활동이 아닙니다. 물론 프로그램이나 활동도 중요합니다. 교회를 평가할 수 있는 중요한 단서임이 분명합니다. 프로그램이나 활동하는 것을 보면 그 교회의 성격이나 지향점을 짐작해 볼 수 있습니다. 하지만 충분치는 않습니다. 그보다 더 중요한 것은 왜 이 프로그램이나 활동을 하느냐 하는 숨은 의도, 이 프로그램이나 활동을 통해서 뭘 이루려고 하느냐 하는 목표 지점이 중요합니다. 왜냐하면 목표 지점이 다르면 같은 프로그램을 운영한다 할지라도 그 목회는 전혀 다른 목회를 하는 것이고, 겉으로 볼 때 다른 프로그램을 운영한다 할지라도 목표 지점이 같으면 같은 목회를 하는 것이기 때문입니다.

실제로 같은 제자훈련 프로그램을 해도 전혀 다른 목회적 의도와 목표를 가지고 하는 경우도 많이 있습니다. 같은 프로그램을 하지만 목회적 의도나 목표하는 바는 천차만별입니다. 그러기 때문에 성도들이 교회와 목회를 보는 눈을 가져야 한다는 것입니다. 문제는 목회자의 의도와 목적을 읽어내는 것이 쉽지 않다는 겁니다. 미세하지만 중요한 차이를 읽어내기가 어렵다는 겁니다. 어느 정도 성숙한 사람은 어렵지 않게 읽어낼 수 있지만 대부분의 성도들로서는 쉽지 않은 일입니다.

그러나 한국교회가 보다 건강해지려면 성도들이 교회와 목회를 보는 눈을 떠야 합니다. 성도들에게 그것까지 요구하는 것이 무리인 줄 알지만 그 길 외에는 한국교회를 건강하게 만들 수 있는 길이 없어 보이기에 무리한 이야기를 하는 것입니다.

5 목회와 독서 교육

나는 예수님을 통해서 책의 세계로 인도를 받았습니다. 본래 책과는 담을 쌓고 사는 사람이었는데 예수님이 내 눈을 열어서 책을 보게 하셨습니다. 비록 스무 살이 되어서야 뒤늦게 책속에 뛰어들긴 했습니다만, 책을 보니 책속에는 상상도 할 수 없었던 온갖 보화들이 있더군요. 그 보화들로 인하여 나는 부자가 될 수 있었습니다. 쉬지 않고 10년을 책을 보고 나니 그때부터 책이 보이고 삶이 보이더군요. 하여, 목회 초기부터 열심히 성도들에게 책을 읽게 했습니다. 강제로 읽게 할 수는 없고, 매월 추천도서를 선정해서 안내해 주었지요. 관심있는 사람들은 그 안내가 도움이 된다며 따라 읽더군요.

목회 초창기에 추천했던 책들을 다 소개할 수는 없겠고 조금만 소개하겠습니다.

「고뇌하는 그리스도인들에게」(프란시스 쉐퍼), 「감옥으로부터의 사색」(신영복), 「기독교 기본 진리」(존 스토트), 「예수칼럼」(김준곤), 「귀를 기울이는 지혜」(미카엘 미톤), 「그리스도인의 사고 활용과 성숙」(존 스토트), 「기도의 능력」(이엠 바운즈), 「빛으로 소금으로」(레베카 피펏), 「어린이를 위한 교육」, 「헌신의 댓가」(존 화이트), 「사랑의 힘」(마틴 루터 킹), 「인생은 예행 연습 없는 마라톤이야」(이영호), 「삶을 변화시키는 습관의 비밀」(어윈 루처), 「상한 감정의 치유」(데이빗 씨멘즈), 「성공하는 사람들의 7가지 습관」(스티븐 코비), 「베푸는 삶의 비밀」(존 헤기아이), 「화성에서 온 남자, 금성에서 온 여자」(존 그레이), 「비밀」(폴 투르니에), 「사랑에 빚진 자」(최태섭), 「21세기 기독인의 사명」(서경석 외), 「사랑」(후안 까를로스 오르띠즈), 「오묘한 육체」(필립 얀시, 폴 브렌드), 「이것이 진정한 기독교다」(로널드 사이더), 등등.

목회 후반기에는 목회적인 힘과 역동성을 잃어 휘청거리긴 했지만, 그런 속에서도 이런 저런 변화를 시도하는 걸 멈추진 않았습니다. 특히 예닮대학(예수님의 마음과 삶을 닮아가는 대학)을 설치해 책읽기를 통한 나눔을 시도한 것은 매우 유익했습니다. 예닮대학은 12주를 한 학기로 정하고, 1년에 두 학기를 운영했습니다. 학기별로 2-3권의 책을 정해 읽고, 7-8명씩 그룹을 만들어 함께 질문하고 토론하는 프로그램이었습니다. 매주 범위를 정해 책을 읽고, 미리 나눠준 질문지에 답을 해 오면, 그걸 토대로 해서 함께 토론을 하는 겁니다.

그렇게 질문을 하고 생각을 나누다 보면 개인적으로 읽을 때 발견하지 못했던 내용을 새롭게 발견하기도 하고 새로운 통찰력을 얻기도 했습니다. 전혀 생각지 못했던 것들이 어느 순간에 머리를 탁 치고 떠오를 때가 있습니다. 진리의 섬광을 보는 거지요. 하지만 미리 책을 읽고 충분히 생각해 오지 않는 사람은 그 시간이 밋밋하기만 합니다. 머리를 때리는 뭔가를 발견하지 못합니다.

그때 성도들과 함께 읽은 책들은 이렇습니다. 「내가 알지 못했던 예수」(필립 얀시), 「예수의 생애」(엔도 슈샤쿠), 「기도」(리차드 포스터), 「끝나지 않은 길」(스콧 펙), 「다윗, 현실에 뿌리박은 영성」(유진 피터슨), 「돈, 섹스, 권력」(리차드 포스터), 「참으로 해방된 평신도」(폴 스티븐스), 「뉴 호프교회 이야기」(데일 겔러웨이), 「책읽기의 즐거운 혁명」(장경철), 「인생의 무의미를 논하기 전에」(장경철), 「영성이 깊어지는 큐티」(송원준), 「성경」, 등등이었습니다.

나는 독서를 통한 신앙교육이 매우 필요하고 또 유익하다고 확신합니다. 한 목회자의 설교나 가르침으로는 모든 걸 다 줄 수 없기 때문에 다양한 책들을 통해 담임 목회자가 줄 수 없는 것을 얻을 수 있게 하는 것은 성도를 위해 정말 필요한 일이라고 생각합니다. 그런데 아쉽게도 이 프로그램은 2년 만에 중도 하차하고 말았습니다. 성도들이 책을 읽고 과제를 준비하는 일을 힘겨워했기 때문입니다.

몇몇 성도들은 매우 즐거워했지만 책 읽기에 익숙지 않은 성도들은 소외감을 느끼기도 하고 힘겨워했기 때문에 계속하지 못한 것이 못내 아쉬움으로 남습니다. 만일 독서를 통한 신앙교육을 10년만 지속적으로 한다면 성도들의 영적인 수준이나 시야가 놀랍게 변화할 것이라고 확신합니다. 좋은 책을 선정해 읽고 나누는 일을 꾸준히 할 수만 있다면 그보다 더 놀라운 축복, 혁명적인 변화는 없을 것입니다.

하여, 나는 교회마다 독서를 통한 신앙교육을 하면 정말 좋겠다는 소망을 갖고 있습니다. 어린이부터 어른까지 필독도서와 권장도서를 정하고, 신앙 뿐 아니라 성도 개개인의 관심과 필요에 따라 다양하게 읽을 수 있도록 독서 상담과 안내를 해주는 센터를 운영하는 것입니다. 그렇게 해서 교회마다 독서 클럽이 운영되고 구역마다 책을 읽는 독서 열풍이 분다면 한국교회는 분명히 영적인 체질이 변화할 것입니다. 세상이 교회와 그리스도인을 바라보는 눈이 달라질 것입니다.

20 길을 돌아보며

> "만일 자신이 얼마나 오만하고 야심과 욕심에
> 차 있고 결함 투성이며 비참하고 불의한가를 깨닫
> 지 못한다면 그는 눈먼 사람이다. 만일 이를 알면
> 서도 이것으로부터 구원받기를 원하지 않는다면
> 이런 사람에 대해서는 무어라 말할 것인가?"
> "참된 그리스도인처럼 행복하고 합리적이고 덕
> 있고 사랑할 만한 사람은 아무도 없다."
>
> – 파스칼 –

1 한길교회 목회의 특징

그 동안 한길교회를 개척하면서부터 사임하기까지의 이야기를 주마간상
격으로 말씀드렸습니다. 내용도 없고 특별할 것도 없는 목회지만 뜻으로 밀
고 나온 목회였기에 무슨 뜻을 갖고 목회해왔는지를 주로 얘기했습니다. 특
별히 한국교회와 신앙의 아픈 대목을 주섬주섬 들춰가며 최대한 정직하게
말씀드렸습니다. 이제 한국교회 안에 쌓인 먼지를 털어내고, 진정한 교회의
모습을 구현하여 하나님 나라의 삶을 살아내자는 뜻을 실현해오는 과정에
서 나타난 목회적인 특징을 네 가지로 정리하여 말하고자 합니다.

1) 성도의 가치관을 변화시키는 교육 목회

내 목회의 목표는 처음부터 마지막까지 한국교회 안에 쌓인 먼지를 털어
내고 교회다운 교회, 주님이 의도하신 교회를 이 땅에 세움으로써 실추된
주님의 이름과 교회의 명예를 회복하자는 것이었습니다. 나는 이 목표를 성

취하기 위해 사람을 키우고, 사람을 변화시키는데 목회의 일차적인 관심을 쏟았습니다. 특히 삶에서 실패하는 성도들의 실상을 유념하면서, 삶에 실패하는 원인이 믿음은 좋으나(이건 정확한 표현이 못된다. 그저 일상적으로 통하는 피상적인 표현임) 진정한 기독교적인 앎이 빈약해서 세계관이 혼합되어 있기 때문에 그런 것이라고 판단하고, 성도들에게 기독교적인 앎을 일깨우고 눈뜨게 하는데 심혈을 기울였습니다.

지금 돌아보아도 내 설교와 가르침의 90%는 눈뜨게 하는데 집중되었다고 생각됩니다. 어쩌면 지나치게 한쪽으로 편향되었다고 생각할 수 있지만 나에게는 성도들의 눈에 덧씌워진 고정관념과 편견을 벗겨내고 기독교적 가치관을 정립시켜 주는 일보다 더 시급하고 중대한 일이 없었습니다. 가치관이 변화되어야 세상에 휩쓸리지 아니하고 당당하게 그리스도인의 정체성을 지킬 수 있다고 보았기 때문에 가치관을 정립하는 교육목회에 최우선 순위를 두었습니다.

2) 교회다운 교회를 세우는 존재론적 목회

수없이 말하지만 내 목회의 궁극적인 목표는 교회다운 교회, 하나님 나라를 닮은 교회를 세우자는 것이었습니다. 감히 이것이 구원이라고 말할 수 있는 삶을 교회 공동체 안에서 실감나게 살아보자는 것이었습니다. 어떤 차별이나 미움, 질시나 배격, 따돌림이나 속임 없이 예수 이름으로 서로를 용납하고 존중하며 서로의 이야기를 경청하는 공동체, 어떤 외적 권위나 억압이 없는 자유로움 속에서 자신의 책임을 다하는 공동체, 만날 때마다 만남이 기쁨이고 행복이 되는 공동체, 하나님이 베풀어 주신 삶이라는 선물을 진정으로 경축하는 교회를 경험해 보자는 것이었습니다.

그 어떤 것도 이 가치와 목표를 능가할 것은 없었습니다. 교회의 모든 일은 오직 이 목표를 향해 있었고, 이 목표를 실현하기 위한 수단이었습니다.

교육, 예배, 구제, 선교, 전도, 봉사, 나눔, 교제, 이 모든 것들은 교회다운 교회를 세우고 표현하며 경험하기 위한 것들이었습니다.

그런데 교회다운 교회란 사실 눈에 보이는 부분보다는 눈에 보이지 않는 부분이 더 많습니다. 교회 프로그램이나 수치로 확인할 수 있는 것이 아닙니다. 어쩌면 사람들이 대수롭게 생각지 않는 매우 작고 일상적인 생활이나 행동에서 나타나는 것들이 대부분입니다. 예를 들면 화장지 한 장 아끼는 것, 교회당 비품 하나라도 깨끗하게 쓰는 것, 성도들에게 보내는 눈빛 하나, 말 한 마디, 성도 간의 차이를 용납하는 것, 마음으로 벽을 쌓지 않는 것, 뒤에서 흉보지 않는 것, 등등 이런 것들 속에 교회다운 교회의 진짜 모습이 깃들어 있다고 할 수 있지요. 멋지고 감동적인 예배나 종교적인 거룩함, 전도의 열매보다는 작은 생활의 변화 속에 진정한 교회의 능력과 교회 됨이 숨어 있다고 생각합니다. 하여, 교회다운 교회를 세우는 존재론적 목회에 전념했습니다.

3) 삶을 중시하는 일상의 목회

교회다운 교회의 진짜 모습이 일상의 작은 생활 속에 있다는 확신은 성도들의 개인적인 삶, 교회적인 삶, 사회적인 삶을 강조하는 목회로 나타났습니다. 교회생활은 그야말로 신앙생활의 한 부분일 뿐 결코 중심이 아니었습니다. 하나님 앞에서 정직하게 말하건대 교회생활과 개인생활, 교회생활과 가정생활, 교회생활과 직장생활을 똑같이 강조했지 교회생활이 더 중요하다고 말한 적이 없습니다. 아니, 시간적인 비중으로 볼 때 교회보다는 가정이나 직장에서 보내는 시간이 훨씬 많기 때문에 가정이나 직장에서 그리스도인답게 생활하는 것을 더 강조했습니다.

그렇게 하면 목회에 도움이 안 된다는 걸 잘 압니다. 어쩌면 성도들의 신앙생활이 게으를 수 있다는 것도 압니다. 그러나 성도들이 교회생활에 마음과 시간을 빼앗긴 나머지 진정한 싸움터인 가정이나 직장에서 제대로 살지 못하는 것이 너무 마음 아팠기 때문에 목회적인 손해를 감수하고서라도 가정이나 직장생활의 중요성을 간과할 수는 없었습니다. 또 신앙이 식지 않도록 만들어 주는 것이 목회의 주요 목표가 된 듯하고 신앙생활의 주요 목표가 되어 버린 상황에서, 신앙이 신앙의 목표가 아니라 삶이 신앙의 목표임을 제대로 인식하게 해야 했습니다. 그러다 보니 목회적인 손해가 따를 줄 알면서도 삶을 중시하는 일상의 목회를 하지 않을 수 없었습니다.

4) 종교의 틀에서 자유케 하는 해방의 목회

내가 목회하면서 제일 많이 고민한 문제는 어떻게 하면 교회를 성장시킬 것이냐가 아니었습니다. 어떻게 하면 성도 한 사람 한 사람이 자기 삶을 살게 할 것이냐 하는 것이었습니다. 이건 단지 명분이 아니었습니다. 진실로 하나님 앞에서 고민했던 문제였습니다. 성도들을 보면 대부분 신앙의 겉치레에 익숙해 있습니다. 현실을 정직하게 대면하기보다는 통용화된 신앙의 형식으로 적당히 덮고 지나갑니다. 용기있게 자기 삶을 살지 못합니다. 이유는 성도들이 종교화된 신앙의 틀에 묶여 있기 때문입니다.

신앙과 종교적인 것은 전혀 같은 것이 아닙니다. 신앙이 종교화되는 것은 신앙의 타락이요 신앙의 우상화입니다. 신학자 본 회퍼는 종교와 신앙의 차이를 이렇게 설명하고 있습니다. "종교적 행위는 항상 부분적인 어떤 것이며, 신앙은 전체적인 어떤 것이요, 삶의 행위이다"(십자가 부활의 명상, 123). 매우 짧지만 신앙과 종교의 본질적 차이를 극명하게 드러내주는 명언입니다. 바로 이 신앙의 우상화(신앙이 신앙의 목표가 되어 버린 것), 부분적인 것에 매여 있는 종교화 때문에 그리스도인들이 자기 삶을 살지 못하는 것이라고 생각합니다.

그렇다면 목회란 무엇이어야 하겠습니까? 성도들을 이런 매임으로부터

풀어주는 것 아니겠습니까. 이것이 주님의 뜻이요 목회자가 마땅히 해야 할 일이 아니겠습니까. 하여, 우상이 되어 버린 신앙을 깨고, 부분적인 것을 전부로 알고 있는 부분의 벽을 깨야 했습니다. 성도들을 종교의 틀에서 자유케 하는 해방의 목회를 해야 했습니다.

나는 목회를 하면서 어느 한 순간도 눈에 보이는 열매를 통해 내 존재를 확인받고 싶은 욕망, 성공적인 목회를 했다는 평가를 받고 싶은 욕망으로부터 결코 자유하지 못했습니다. 정말 자유하고 싶었지만 자유할 수 없었습니다. 하지만 동시에 어느 한 순간도 목회적인 뜻을 잊어 본 적도, 포기한 적도 없었습니다. 나의 진정한 소망은 큰 교회를 이룸으로써가 아니라 뜻을 이룸으로써 성공적인 목회를 했다는 평가를 받는 것이었습니다. 그런데 뜻을 이루는 것과 성공적인 목회라는 두 마리 토끼를 잡는 것은 결코 쉬운 일이 아니었습니다. 불가능한 일이 아닐 텐데도 내 믿음과 역량이 부족해서 두 마리 토끼를 잡지 못한 채 갈등을 했습니다. 그러나 갈등을 하면서도 나는 정말 어리석고 순진하고 집요하다 할 만큼 '뜻'을 좇아갔습니다. 내가 하나님께 받았다고 믿는 뜻을 향해 정진한 '뜻의 목회'였습니다.

2 한길교회 목회, 왜 실패했는가

한길교회 목회는 하나님의 뜻을 교회 안에서 경험해 보고 싶어 한 '뜻의 목회'였습니다. 물론 목회하면서 뜻과 현실 사이에서 방황도 하고 고민도 했습니다. 많이 흔들리기도 했습니다. 절망의 나락에서 뜻을 놓아 버린 적도 있었습니다. 그러나 차마 뜻을 아예 놓을 수는 없었습니다. 뜻을 놓아 버리고선 목회의 자리에 서 있을 수 없었습니다.

여리고 성이 무너질 때 기생 라합이 한 가닥 붉은 줄에 가족의 생명을 걸고 창문에 붉은 줄을 매달아 놓은 것처럼, 나 또한 뜻이라는 붉은 줄을 끝까지 붙잡고 매달려야 했습니다. 하지만 결국은 뜻을 실현하지 못했습니다. 16년이라는 적지 않은 세월을 목회했으면서도 결국 뜻을 실현하지 못했으니 변명의 여지가 없는 실패임이 분명합니다. 그렇다면 왜 실패한 것인가 묻지 않을 수 없습니다. 목회의 방향과 뜻은 분명히 적절하고 옳았다고 보이는데 왜 실패하고 말았는지 냉정하게 따지지 않을 수 없습니다.

우선 나라는 사람이 실패할 수밖에 없는 요인을 안고 있는 사람이었습니다. 처음에는 몰랐습니다만 목회 후반기가 되면서부터 내 목회의 약점과 내가 어떻게 연결되어 있는지가 보였습니다. 하나하나 살펴보지요.

1) 이상을 현실화하기에는 뱀 같은 지혜로움이 부족했습니다

아무리 뜻이 비둘기같이 순수하고 좋아도 뱀 같은 지혜가 없이는 구체화하기 어렵습니다. 김대중 전 대통령은 민주당 당직자들이 2005년 새해 인사차 찾아갔을 때 이런 덕담을 건넸습니다. "정치인은 국민의 뜻을 받드는데 있어서 다음 두 가지를 반드시 갖추어야 성공할 수 있습니다. 그것은 서생적 문제의식과 상인적 현실 감각입니다. 정치는 철학과 비전이 필수적인데 서생적 문제의식으로 비전을 만들어야 합니다. 그러나 서생적 문제의식만 가지고는 추상적이라 현실에 적응할 수 없습니다. 상인이 어떻게 지혜를 짜내서 돈을 벌고 이해타산을 맞추는지 그러한 상인적 현실 감각을 겸비해야 합니다. 이 두 가지가 조화될 때 성공한 정치인이 될 수 있습니다."

옳습니다. 정치인이 성공하려면 반드시 이 두 가지를 겸비해야만 할 것입니다. 목회의 성공 역시 뜻이 20%요 경영이 80%라는 것은 이미 현실이 증명하고 있습니다. 그러기 때문에 성공을 위해서라면 목회도 경영의 길로 가야합니다. 이미 많은 목회자들이 그 길을 가고 있습니다. 그러나 난 목회는 달라야 한다고 생각했습니다. 목회는 성공보다 더 중요한 가치가 있다고 보기때문입니다. 목회의 최고 가치는 성공이 아니라 진리를 구현하는 것이어야 한다고, 진리를 외면한 성공보다는 차라리 성공하지 못한 진리를 선택하는 것이 목회의 길이라고 믿었기 때문에 상인적 현실 감각을 발휘하는데 적극적이지 못했습니다.

하지만 그럼에도 불구하고 변하지 않는 진실은 뱀 같은 지혜로움이 필요하다는 것입니다. 성공을 위해서만 아니라 뜻을 구체화하기 위해서도 지혜는 필요합니다. 그런데 나에게는 뱀 같은 지혜가 부족했습니다. 아니, 솔직히 말하면 나는 현실을 모르진 않았습니다. 어떻게 하면 성공할 수 있는지도 모르진 않았습니다. 알고는 있었지만 그 길을 선택할 수는 없었고, 그렇다고 왜곡된 현실 속에서 현실을 변화시켜 나갈 만한 기술과 힘이 있지도 않았습니다. 뜻을 담을 그릇, 방법론이 약했던 겁니다.

2) 단순함에서 우러나오는 열정과 우직함이 부족했습니다

사람은 어쩔 수 없이 단순함과 열정에서 상황을 끌고 가는 힘이 나온다고 생각합니다. 단순함에서 열정이 나오고, 열정에서 한 가지 일을 극단적으로 밀고 나가 결국은 성취하고야마는 우직함과 에너지가 나온다고 생각합니다. 그런데 나는 기질적으로 단순하지 못합니다. 매우 순진하긴 하지만 단순하진 못합니다. 전후좌우를 살피고 생각하느라 '전진 앞으로'를 외치지 못합니다. 한 가지를 붙들고 극단으로까지 밀고 나가지 못합니다. 김대중 씨의 말로 한다면 서생적 문제의식이 내 발목을 붙잡아 단순하게 행동하는 것을 어렵게 만듭니다.

사람은 논리에 의해서가 아니라 열정에 의해서 감동을 받고 마음이 움직이는 존재입니다. 그런데 나는 단순함에서 폭발하는 열정보다는 논리로 설득하고 논리로 마음을 움직이려고 했으니 대중성을 확보하는데 어려움이 있었지요. 또 논리로서는 어느 정도 이상의 에너지를 끌어내기 어렵습니다. 그 한계 때문에 성도들의 에너지를 끌어내는데도 어느 선 이상을 넘어가지 못했습니다. 특히 목회는 돈이나 권력으로 하는 것이 아니기에 목회자의 불같은 확신과 구령에의 열정이 중요한 요소로 작용합니다. 그런데 난 단순함에서 우러나오는 열정과 에너지가 부족했습니다. 젊은 시절에는 열정과 에너지가 충만했지요. 그 열정과 에너지가 있었기에 맨 땅에서 시작했지만 어느 정도 교회를 세워나갈 수 있었습니다. 그러나 나이를 먹고, 진실에 눈을 뜨고, 신앙이 자랄수록 단순함을 넘어서게 되었고, 단순함을 넘어서자 열정과 역동성이 약해졌습니다. 그러면서 조금씩 목회가 터덕거리기 시작했습니다.

아, 이것은 정말 엄청난 모순입니다. 진실을 아는 것이 목회를 역동적으로 만들기보다는 오히려 열정과 에너지를 약화시키는 이 모순, 단순함이 힘이고 삶의 지평이 넓어지는 것이 약함으로 작용하는 이 모순, 나는 아직도 이 모순을 극복하지 못한 채 방황하고 있습니다.

3) 나의 신앙 칼라는 한국교회 정서에 맞지 않았습니다

내 신앙 칼라가 한국교회 성도들이 필요로 하는 신앙 칼라와 썩 맞지 않았습니다. 우선 한국 사람들은 다분히 감정적인데 반해 나는 다분히 이성적입니다. 한국 사람들은 우르르 몰려나오는 마당과 떼거리 문화를 즐겨하는데 (월드컵 응원에서 잘 나타났음) 나는 몇몇이 둘러앉아 토론하고 대화하는 카페문화를 즐겨합니다. 한국 그리스도인들은 종교적이기를 원하는데 나는 신앙적이기를 원합니다. 그 동안의 기독교 영성은 전투적이고 공격적인데 반해 나는 비전투적인 삶의 영성, 묵상의 영성을 추구합니다. 지금 여기서 내가 말하려는 것은 옳고 그름이 아닙니다. 단지 차이가 있다는 것을 말하는 것입니다.

목회 초기까지만 해도 나와 성도들 사이에는 큰 차이를 발견하기가 어려웠습니다. 차이가 없진 않았겠지만 누구도 발견할 수 없을 만큼 미미한 것이었습니다. 그런데 시간이 갈수록, 진실을 알고 신앙의 지평이 넓어질수록, 나와 한국교회 성도들의 신앙 사이에 틈이 벌어지는 것을 확인할 수 있었습니다. 거의 모든 면에서 차이가 있었습니다. 나는 나와 한국교회 성도들 사이에 엄존하는 이런 차이를 발견하면서 적잖은 고민을 했습니다. '과연 내가 이 땅에서 교회 목회자로 사는 것이 적절한 것인가?' 깊이 고민하지 않을 수 없었습니다.

처음에는 이런 차이가 새로움과 신선함으로 받아들여졌습니다. 그런데 시간이 가면 성도들이 뭔가 신앙생활에 2%가 채워지지 않는 것 같은 느낌을 갖습니다. 정확하게 인식하지는 못하지만 왠지 영적으로 메마른 것을 느낍니다. 이런 증상은 아마 나의 신앙적 기질과 색깔이 보편적이지 않은 데서 비롯된 것이 아닐까 싶습니다.

4) 부교역자 경험이 부족했습니다

나는 교육전도사로 작은 교회에서 일한 경험 외에는 부교역자 사역을 경험하지 못했습니다. 어려서부터 교회에서 자란 것도 아니고, 대학시절에는 선교단체 중심으로 신앙생활을 했기 때문에 교회생활을 한 경험도 미천합니다. 그런 상태에서 담임 목회를 시작했으니 모든 상황이 처음 만나는 상황이요 처음 겪는 문제였습니다. 거기다가 기본적으로 남의 목회를 카피하는 걸 싫어했습니다. 목회 방법론을 배우기 위해 이런저런 세미나를 쫓아다니지도 않았습니다. 그저 백지에 그림을 그리는 심정으로 하나하나 실험하면서 내가 주께 받은 뜻을 그려나가자고 생각했습니다. 시행착오를 하는 것이 당연했습니다.

사실 나는 시행착오를 두려워하지 않았습니다. 오히려 시행착오를 하는 것이 하나님의 말씀을 실현하는 과정이요, 연습이요, 실험이라고 생각했습니다. 그런데 시행착오가 잦아지자 목회자의 리더십에 대한 성도들의 신뢰가 흔들리기 시작했습니다. 점차 새로운 시도에 대한 지지가 약해졌습니다. 가랑비에 옷 젖듯 작은 시행착오가 결국은 목회자가 하는 일에 대한 신뢰를 무너뜨리는 큰 결과를 불렀습니다. 만일 부교역자 경험이 충분했더라면 시행착오를 줄일 수 있었을 것입니다. 목회적 위기에 대처하는 방법이 달랐을 것입니다. 그런데 젊었을 때는 경험이 인생의 큰 자산인 줄 몰랐습니다. 배우면서 하면 될 줄 알았습니다.

5) 교회 안에 발생한 사적인 모임을 지혜롭게 관리하지 못했습니다

이미 말씀드렸지만 교회 안에 사적인 모임은 매우 우연히(사실 거의 모든 일은 우연으로 시작된다) 선한 뜻으로 시작된 모임입니다. 파당을 만들려는 뜻도, 교회를 파괴하려는 뜻도 없이 잦은 만남 속에서 오간 정들이 아름답게 꽃을 피우다가 맺어진 우연한 결과였습니다. 그런데 시간이 가자 사단은 (사람 속에 있는 죄성이라고 해도 무방할 것임) 그 모임을 그냥 두지 않았습니다.

참새가 방앗간을 그냥 지나칠 수 없듯, 교회를 파괴할 수 있는 절호의 기회를 발견한 사단이 얌전히 지나칠 수 없었겠지요. 사단은 교묘하게 심술을 부리기 시작했습니다. 자기 정체를 드러내지 않으면서 기막힌 전략과 전술로 교회를 흔들어 댔습니다. 처음에는 작은 균열을 만들더니 나중에는 목회의 심장부에 폭탄을 터트려 대형 사고를 만들어 냈습니다. 아! 그렇습니다. 교회 안에 사적인 모임은 그 뜻이 아무리 선하다 해도 정말 위험천만한 일임에는 틀림이 없습니다.

내가 만일 목회적 경험이 많았더라면 그 일을 창조적으로 극복해냈을지 모릅니다. 쉽지는 않았겠지만 불가능한 일은 아니었을 것입니다. 그런데 아쉽게도 창조적으로 극복하지 못했습니다. 교회는 만신창이가 되었지요. 후유증 또한 길고도 길었습니다. 목회 후반부를 그 후유증으로 탕진하다시피

했으니까요. 그렇게 된 건 홀홀 털고 일어나지 못하는 내 기질 탓이 큽니다만, 아무튼 교회의 교회 됨이 무너져 내리는 아픔은 감당키 어려웠습니다. 인생을 살다보면 누구나 경험합니다. 의도 없이 시작한 일이 전혀 의도하지 않은 결과를 불러 오는 경우가 많다는 것을. 때문에 매사에 조심하고 깊이 생각해야 하는 것 같습니다. 의도가 없었다 해도, 의도하지 않은 결과에 대한 책임이 면제되는 건 아니니까요.

3 종합적인 평가

내 목회의 전반기는 소망하는 대로 작지만 뜻을 향해 한 걸음 한 걸음 전진해 나갈 수 있었습니다. 교회의 영광이 회복되는 것을 볼 수 있었습니다. 더불어 섬기며 사랑을 나누는 삶의 감격을 맛보기도 했습니다. 하나님 나라의 삶을 연습하며 구원의 축복을 경험할 수 있었습니다. 멀리 희망봉이 보이기도 했습니다.

그런데 전반기 목회의 작은 성공의 꼭지점에서 이내 곧 실패의 늪에 빠지고 말았습니다. 한 번 늪에 빠지고 나자 빠져 나오기 위해 허우적거릴수록 더 깊은 늪으로 미끄러져 들어가는 소용돌이 세월을 보내야 했습니다. 목회 후반기는 그런 소용돌이 속에서 허우적거리고 견뎌내는 것 외에는 창조적인 무언가를 하기가 어려웠습니다. 하지만 소용돌이 세월은 놀라운 축복이었습니다. 소용돌이 속에서 뜻하지 않은 진주를 발견하기도 했고, 인고의 세월을 견뎌내면서 모난 성품이 깎여지는 축복을 받기도 했으니까요.

참으로 역설적인 것은, 현실 목회에 성공했더라면 목회적 현실을 수습하고 관리하느라 신앙의 진실 찾기를 하지 못했을 텐데, 현실 목회가 꺾이면서 오히려 사색의 공간을 가질 수 있었고 진실 찾기에 진력할 수 있었다는 점입니다. 하여, 나는 현실 목회에 성공하지 못했어도 지나온 목회를 후회하지는 않습니다. 실패한 것이 자랑일 수는 없지만, 실패한 것이 오히려 더 큰 축복이었다고 감히 고백하고 싶습니다. 실패한 목회를 통해 인생의 산을 오르면서 삶의 지평, 신앙의 지평이 넓어지는 축복을 누렸으니 어찌 감사치 않겠습니까.

또 하나 감사할 일은 한길교회 목회가 분명 실패한 목회지만 나와 한길교회 성도들에게는 어느 정도의 영적 유산을 남긴 목회였다고 생각합니다. 비록 그 영적 유산이 눈에 보이지 않고 통계를 낼 수도 없는 것이긴 하나, 각각의 사람들에게 준비된 그릇만큼 유익하고 값진 유산을 남긴 목회였다는 사실에 대해서는 평가받을 수 있다고 생각합니다.

그렇지만 두 가지를 보완해야 할 것이라고 생각합니다.

첫째, 뜻을 담을 그릇을 만드는 일에 좀더 심혈을 기울였어야 한다는 것입니다. 구슬이 서 말이라도 꿰어야 보배가 되듯, 뜻을 담을 그릇이 없으면 아무리 좋은 뜻이라도 구체화할 수 없습니다. 교회는 하나님의 뜻을 담아내는 현장이 되어야 하고, 목회는 하나님의 뜻을 담는 그릇을 만드는 과정이 될 때 가장 이상적인 교회요 목회가 아닐까 생각합니다.

둘째, 선한 목회적 리더십을 적극적으로 발휘했어야 합니다. 사실 나는 목회하는 동안 여러 가지 이유로 적극적인 리더십을 발휘하지 않았습니다. 목회라는 게 단순하게 진리와 진실을 전달하는 것이 아님에도 불구하고, 지나치게 간섭하는 것과 좁은 울타리를 치는 목회를 거부했기 때문에 가급적 리더십을 억제해왔습니다. 그러나 강요나 억압이 없이 겸손하면서도 선한 리더십을 발휘할 때 효율적으로 뜻을 실현할 수 있을 것이라고 생각합니다.

이야기를 마치며

어땠나요? 부족한 사람과의 만남과 대화가 유익하고 재미있었나요? 많이 지루하고 힘들었으리라 생각합니다. 아무튼 끝까지 듣느라 수고하셨습니다. 목회를 처음 시작할 때는 한국교회 안에 쌓인 먼지를 털어내겠다고, 진정한 교회상을 보여주겠다고 큰소리치며 당당하게 시작했는데 제대로 된 결과를 내놓지 못한 채 끝내고 말았습니다. 하여 면목이 없습니다. 그러나 지나온 목회를 후회하지는 않습니다. 실패는 했지만 길을 잘못 간 건 아니라고 생각하기 때문에 전혀 후회하지는 않습니다.

이제 와서 발견한 사실입니다마는 이 목회는 처음부터 실패할 운명을 안고 있는 목회였다고 생각됩니다. 보세요. 교회가 아무리 은혜로 충만하고 훈련이 잘 된 성숙한 성도들로 구성되었다 해도, 하나님 나라의 삶을 교회 안에서 경험한다는 것은 영원히 불가능한 일입니다. 교회가 하나님 나라의 삶을 경험할 수 있는 최대치는 한 순간입니다. 잠시 피었다가 지는 꽃과 같아요. 초대교회가 성령의 공동체로서 영원한 교회의 모델이 되었지만 사도행전에 나오는 초대교회의 유무상통하는 새로운 사회(공동체적인 모습)는 한 순간 피었다가 이내 곧 시들고 말았습니다.

교회 역사를 보면 이렇게 한 순간 피었다가 지는 것을 막아보려고 여러 가지 시도를 했던 것을 볼 수 있습니다. 시스템을 만들고, 철저하게 조직을 하고, 따로 집단을 만들어 고립을 자초하기도 하고, 심지어는 권력을 사용해서라도 공동체가 무너지는 것을 극복하려는 많은 시도가 있었습니다. 그러나 모든 시도가 실패하고 말았습니다. 실패를 막아보려고 발버둥을 치면 칠수록 오히려 더 빨리 망가졌습니다. 더 잔인한 통치 집단으로 전락하고 말았습니다.

그렇습니다. 유무상통하는 새로운 사회로서의 교회 됨은 제도나 권력, 시스템으로 유지할 수 있는 무엇이 아닙니다. 은혜로 잠시 피었다가 자취도 없이 사라지고마는 꽃과 같은 것이 성령의 공동체요 주님의 교회입니다. 그런데 그걸 모르고 지나치게 욕심을 냈습니다. 실패하지 않겠다고, 실패를 극복해 보겠다고 오기를 부렸습니다. 그러다가 몸과 영혼까지 지치고 말았습니다.

하지만 어쩝니까? 하나님 나라를 닮아가고 하나님 나라를 증언하는 것이 아니면 목회하는 것이 아니라는 생각이 여전하니 말이지요. 실패할 줄 알면서 실패할 수밖에 없는 그 길을 가는 것이 목회의 길이요 신앙의 길인 것을. 그 실패가 싫어서, 실패를 면하기 위해 길을 찾은 것이 바로 종교의 길이고요. 그러니 어쩝니까? 신앙의 눈을 뜨고서 종교의 길을 갈 수야 없는 것 아닙니까? 교회가 살겠다고 종교로 치장할 수는 없는 것 아닙니까? 여러분의 생각은 어떠합니까? 저의 이런 생각이 못 말리는 아집일까요? 정직한 진리일까요? 순진한 이상일까요?

좁은 소견에 분에 넘치도록 많은 이야기를 했습니다. 주섬주섬 들춰가며 진실의 파편들을 이야기했습니다. 바라기는 제가 주운 파편들을 통해서 더 온전한 이해의 그림을 그려 가시기를 기대합니다. 그리시거든 잊지 마시고 저에게도 보여주시고요. 어때요? 차 한 잔 더하시겠습니까?

성도들이 바라본 한길교회

신앙의 눈을 새롭게 뜨다

김연희(주부, 한길교회 집사)

　내가 처음 한길교회에 왔을 때 나의 신앙 상태는 하나님이 너무 거룩하셔서 나와는 거리가 멀게 느껴지기만 했던 분이셨습니다. 그런 내에게 한길교회 정병선 목사님은 하나님을 매우 친근하고 가깝게 만날 수 있는 분으로, 두렵고 크신 분이 아니라 인격적인 관계 속에서 아버지와 같은 분으로 만나는 새로운 신앙의 눈을 뜨게 해주셨습니다. 그렇게 인격적인 관계 속에서 하나님을 알게 되자 저절로 헌신하며 봉사하는 생활을 하게 되더군요. 누가 시켜서가 아니었습니다.

　속에서부터 우러나오는 감사와 기쁨으로 맘껏 봉사할 수 있는 특권을 나는 한길교회에서 누렸습니다. 정병선 목사님을 처음 만났을 때 그분의 인상은 선하심, 온유, 사랑이 넘치는 모습들이었습니다. 처음 만났을 때나 세월이 지난 지금이나 변함이 없습니다. 한결같이 목회와 삶으로 주님 닮아가는 모습을 보여주셨습니다. 그러나 인간이기에 연약한 점이 없지는 않았습니다.

　한길교회는 작은 공동체이지만 생명이 살아 움직이는 사랑의 공동체였습니다. 주님의 이름으로 더불어 함께 삶의 소중한 순간들을 함께 했습니다.

한 생명이 탄생하는 출산에서부터 각종 학교 입학과 졸업을 서로 챙겨주었습니다. 결혼을 할 때도 성도 모두가 한 마음으로 참여하여 경축하고, 삶의 고비마다 혼자서는 견디기 힘든 아픔과 눈물을 함께 나누었습니다. 매순간마다 우리는 하나 되어 주님의 이름으로 기도했습니다. 축하하고 칭찬하며 슬퍼했고 기뻐했습니다.

목사님은 매주 주보에 신앙과 삶을 묵상하면서 얻은 깨달음들을 잠언처럼 짤막하게 쓰곤 하셨는데 두고두고 읽어도 맛이 나고 삶에 대한 공감을 할 수 있었습니다. 그때는 몰랐는데 이제와 생각하니 큰 축복이었다는 생각이 듭니다. 2003년 9월 마지막 주일 주보에 "사람의 인격과 고난"이란 제목의 글을 부분만 옮겨봅니다.

"사람의 인격은 인생의 고난과 위기를 먹고 큽니다. 고난과 위기를 먹지 않은 인격은 부실하고 깊이가 없고 가볍습니다. 인생의 고난과 위기를 먹고 큰 사람이라야 그 인격이 튼실합니다. 사람은 반드시 고난의 깊이만큼 깊어지고 위기의 크기만큼 큽니다. 세상 누구도 고난 없이 깊어진 사람 없고 위기 없이 큰 사람 없습니다. 모세도 인생의 고난과 위기를 먹고 자란 사람이지 어느 날 하늘에서 뚝 떨어진 사람이 아니었습니다. 사람의 인격과 고난은 삶이 빚어내는 빛과 그림자입니다."

그때 목사님은 당신이 겪고 있는 고난 속에서 고난이 주는 인격적 유익을 발견하신 것 같습니다. 그런 나눔 하나가 얼마나 유익한 가르침을 주는지 모릅니다. 한편의 설교를 들은 것 같은 은혜의 나눔이었습니다. 또한 독서의 중요성을 깨닫게 하셨습니다. 한길교회에서 진행했던 많은 프로그램 가운데 독서교실이 가장 인상 깊었던 것 같습니다. 독서교실에 참여하는 동안 참으로 많은 감동을 느꼈습니다.

'한 권의 좋은 책을 읽고 책꽂이에 꽂았다. 그러나 나는 조금 전 책을 읽기 전의 내가 아니었다'는 앙드레지드의 말이 진짜라는 것을 실제로 경험할 수 있었던 축복의 시간들이었습니다. 목사님은 성도들을 독서를 통해 끊임없는 변화와 성숙의 삶으로 이끄시기를 원하셨고, 독서의 축복을 성도들에게 나누어 주려 애썼습니다. 풍성한 유통의 삶으로 성도들을 초대하여 살아가게 하려 했습니다.

목사님의 연약한 몸은 왕성한 목회 활동을 하기에는 무리였던 것 같습니다. 목회 활동이 위축되는 것을 피하기는 어려웠습니다. 그런데 위축된 목회는 더더욱 건강을 악화시키는 악순환이었던 것 같습니다. 결국 몸을 이기지 못하고 목회를 쉬어야 하는 지경까지 됐습니다.

그것은 우리에게 영적인 면과 육적인 면의 조화가 얼마나 중요한지를 깨닫게 하는 계기이기도 했습니다. 또 모든 것을 합력하여 선을 이루시는 하나님께서는 교회 안의 모든 일들, 사건과 어려움, 관계 가운데서 우리를 성숙시켜 가신 것 같습니다.

지금 남아 있는 지체들을 보면 그때 잘할 걸 그땐 왜 그랬을까 하는 후회들이 있는 것을 보며 정말 살면서 하지 말아야 할 것이 있다면 후회인 것 같습니다. 아무튼 정 목사님이 계셔서 나는 행복한 믿음의 생활을 할 수 있었습니다.

하나님 안에서 세상을 다른 각도로 볼 수 있게 해주었습니다. 내 경험과 내 지식 안에만 갇혀 있던 내게 더 넓게, 높게, 크게 볼 수 있는 안목을 열어 주었습니다. 외모로, 눈에 보이는 것으로만 판단하지 않고 말씀처럼 심중을 헤아리는 판단을 할 수 있게 인도해 주셨습니다.

정병선 목사님의 신앙의 가르침을 평가하기는 어렵지만 내가 생각할 때 일반 공교육보다는 대안학교나 홈스쿨 스타일의 가르침이라고나 할까요? 아무튼 고정관념이나 관습에 사로잡히지 않고 날마다 새롭게 보고 변화하는 눈을 열어 가는 가르침이었다고 생각합니다. 그래서 내게는 대부처럼 느껴지는 분이기도 합니다.

작은 교회의 아름다움

이미자(고등학교 교사, 안산 동산교회 집사)

한길교회가 4주년을 맞게 되었다. 첫 발을 내디딜 때 2가정으로 시작된 교회 식구들이 느린 걸음으로 걸어오긴 했지만 40여 성도로 성장했고, 무엇보다도 신앙 공동체다운 모습을 좇아가고자 하는 내면의 변화가 우리에게 있음을 감사하며 인도하신 하나님께 영광을 돌린다. 비교적 규모가 큰 교회에서 신앙의 뿌리를 내렸던 내가 직장 근처 시골의 작은 교회에 몇 번 출석하면서 느낀 것은 무력해 보이는 분위기에 대한 안타까움과 함께 찾아든 부담감이었다.

결혼하여 서울에서 출석하였던 교회도 작은 교회였고, 그곳에서도 역시 적지 않은 부담을 안고 교회생활을 하면서 작은 교회에 대한 회의가 있었다. 과연 우리 주변에 이렇게 많은 교회가 있는데도 계속 교회가 생기는 것은 하나님의 뜻인가? 아니면 우리의 독선에 의한 실수인가?

수원으로 이사 온 후에는 정말이지 부담없이 교회생활을 하고 싶었다. 반드시 우리의 신앙 성장이 유형교회를 통해서만 있는 것은 아니며, 하나님의 뜻대로 산다는 것이 교회 속에서만 가능한 것이 아니지 않은가. 오히려 타락해가는 오늘날의 교회 속에서 갈등하며 정력을 소비하는 것보다 하나님과 은밀히 갖는 개인적인 교제에 전력을 기울일 필요가 있다는 나름대로의 변명과 함께. 그런데 공교롭게도 우리 부부가 1989년 새해 첫 주부터 출석하기로 마음을 정한 곳이 지금까지 경험한 교회 중 가장 작은 교회인 한길교회였으니….

처음 참석한 수요일 밤, 5명의 성도가 예배드리는 모습에 아찔했던 기억이 지금도 생생하다. 그러나 말씀이 신선했다. 그 동안 뭔지 모르게 답답했던 가슴이 영적으로 탁 트이는 듯 했다. 초대교회 성도들이 모이면 함께 떡을 떼며 교제하고, 자기의 소유를 내어놓아 기쁨으로 공유할 수 있었던 것은 그리스도 예수 안에서 서로가 한 형제인 것을 실감했기 때문이리라. 그런데 한길교회 안에서 그런 경험이 가능했다.

축제같은 예배를 드리고, 점심 식탁에 둘러앉아 식사 당번의 사랑어린 수고를 감사하며 먹는 점심은 꿀맛이다. 교회당 청소를 하면서 섬김의 실천을 배운다. 오후 신앙 강좌가 시작되기 전, 목소리 높여 천지의 주인이신 하나님의 사랑과 정의를 찬양하노라면 오히려 우리가 황홀해진다. 천국에서의 생활이 이런 것이리라. 하나님은 우리들에게 진정한 기쁨을 주시기 위해 이런저런 것들을 요구하셨구나!

우리는 끊임없이 교회의 참된 모습을 그리며 여러 가지로 시도를 해본다. 그 동안의 개인적인 침체기를 벗어나 교회생활에서 얻는 기쁨은 내 생활을 바꾸어 주는 새로운 활력소가 되었다. 물론 많은 불편함과 갈등과 아픔도 있었다.

이런저런 교회의 일들로 분주할 때마다 최선의 선택이 무엇인가 고민해야 했고, 한 성도가 좌절하면 함께 좌절감에 휩싸이기도 하며, 때론 아픈 마음으로 떠나보내기도 해야 했던 시간들. 저마다 다른 개성으로 인해 부딪치면서 연합하여 한 몸을 이루는 일에는 얼마나 많은 헌신과 겸손과 인내와 사랑이 필요한 것인지….

시간이 지날수록 그 동안 내가 하나님을 바로 알지 못하면서 얼마나 교만하고 위선적인, 그리고 나 중심적 태도로 하나님을 섬겨 왔는가 하는 반성이 깊어 갔다. 작은 공동체 안에서 3년 반 동안 한 몸을 이루는 연습을 해오면서, 이제는 교회라는 공동체를 통하여 우리들 개개인의 약한 면을 채워서 그리스도의 온전한 분량에 이르기까지 자라게 하시는 하나님의 의도를 이해할 수 있을 것 같다. 작은 교회가 바로 공동체 됨을 이루기 좋은 모임인 것도….

하늘을 품고자 열망하는 교회

이복우(송파 제일교회 교육목사)

나는 28살부터 35살까지 한길교회에서 보냈다. 무엇보다 중요한 것은 내 믿음의 토대를 이곳에서 놓았고, 청년의 때를 이곳에서 보냈다는 것이다. 내 신앙의 기초를 닦고, 내 인생의 가운데 토막을 보낸 곳, 이곳이 바로 한길교회다.

건물이 무너지지 않고 든든히 서 있을 수 있는 것은 비록 보이지는 않지만 저 땅 아래에 튼튼한 기초가 있기 때문이다. 마찬가지로 오늘날 내가 있는 것은 비록 보이지는 않지만 한길교회에서 배운 것이 내게 튼튼한 기초가 되고 견고한 지대가 되어 주었기 때문이다.

한길교회는 나에게 하나님을 향한 열정을 불일 듯 일어나게 해 준 곳이며, 예수 믿은 지 2년 반밖에 되지 않은 나에게 균형 잡힌 신앙이 어떤 것인지를 가르쳐 준 곳이다.

한길교회는 한국교회에 대한 역사적 반성과 교회 갱신의 의지가 결합되어 시작되었다. '바른 믿음과 삶을 지향하는 교회'라는 표어가 이 사실을 잘 보여 준다. 한길교회는 믿음과 삶의 균형, 신앙과 인격의 조화를 근간으로 삼고 있다. 그러므로 한국교회의 고질적인 병폐인 믿음과 삶의 불균형을 극복하고 신앙이 인격과 삶으로 표현되는 진정한 교회를 세우고 싶은 것이 한길교회의 설립 배경이다.

그래서 정병선 목사님은 "교회는 곧 천국의 지상 식민지"라는 말을 즐겨 사용하셨다. 회복된 인격적 삶을 통해 구원받은 자들의 온전한 삶이 함께 어우러지고, 이러한 인격적 삶을 통해서 천국을 증언해야 하는 것이 교회의 사명이라는 말이다. 이처럼 한길교회는 하늘과 땅을 하나로 묶으며, 하늘로 이 땅을 채우기를 소원하는 간절한 열망을 품고 출발하였다.

1) 예배

한길교회의 예배는 언제나 신선하고 충격적이었다. 목사님은 설교 말씀을 준비하는데 최선을 다하셨고, 단어 하나하나를 빼놓지 않고 모두 원고로 작성하여 심장을 드리는 설교를 했다. 이 설교에는 성경적 사상이 담겨 있고, 기독교적 세계관이 녹아 있었다. 시대를 읽어내는 냉철한 통찰력과 대안을 제시하는 풍성한 혜안이 있었다. 성도들은 말씀을 통해서 더 깊은 진리의 지식에 이르게 되었고, 뻔한 메시지에 식상한 성도들이 하나 둘 교회를 찾아오기 시작했다. 성도들은 예배를 통해 잃어 버린 천국의 기쁨을 회복하기 시작했고 아름다운 공동체를 이루어 갈 수 있었다.

2) 교제

한길교회 안에서 이루어진 성도 간의 교제는 참으로 풍성하고 은혜로웠다. 무엇보다 사랑의 교제가 있었다. 헤어지면 서로를 그리워하고 보고 싶어하는 그런 사랑이 충만한 교제였다. 서로의 연약함을 돌아보고, 부족함을 채워주는 사랑의 수고가 있었다. 혼자서 자취를 하며 직장에 다니는 나를 염려해서 맛있는 김치를 담가 무작정 들이닥치시던 집사님 부부를 잊지 못한다. 허리를 다쳐 1년 가까이 투병을 하고 있는 나에게 어느 날 목사님이 닭한 마리와 인삼을 사들고 찾아오셨다. 나는 그때의 고마움을 잊을 수가 없다.

열 마디 말보다 이 한 번의 사랑의 표현이 나에게 큰 감동을 주었다. 또한 진리 안에서의 교제를 이루어갔다. 구역과 나이로 나누어진 소그룹에서는 하나님의 말씀에 근거한 은혜로운 사귐이 있었다. 사랑과 진리와 함께 기뻐하는 것이다(고전 13:6). 한길교회는 온전한 사랑을 위하여 '진리 안'에서 진리를 그 한계와 테두리로 하며 진리에 묶이기를 즐거워하는 교제를 지향했다.

3) 양육

한길교회는 하나님의 사람을 키우는 목회를 하기를 원했다. 건물이나 시설이 아니라 사람을 주목하고 사람을 귀하게 생각하는 목회에 최우선의 관심을 두었다. 교회는 건물이 아니라 사람이며, 하나님은 사랑을 통해 일하시므로 장차 한국교회를 위해서 신실한 여호와의 사람들을 일으켜 세우는 것이야말로 무엇보다 우선되어야 할 일임을 잊지 않았다. 이를 위한 양육 프로그램이 다양한 채널을 통해서 이루어졌다.

주일 오후와 수요예배 시에 집중적으로 말씀을 강해했으며, 특별 성경 공부반을 운영하였다. 나는 청년부를 책임지고 한 해 동안 지도했는데 이것이 나에게는 큰 경험과 자산이 되었다. 청년들은 주일예배 후에 우리 집으로 이동하여 함께 식사하고 두 그룹으로 나누어 성경을 공부했다. 이를 기폭제로 하여 자발적인 새벽기도도 있었고 수련회도 운영되었다. 이와 같이 성장을 위한 몸부림이 한길교회의 정체성이며 어려움 속에서도 교회 됨을 잃지 않게 한 동인이다.

4) 사역

한길교회는 사회와 문화에 대한 책임을 강조했다. 교회는 세상이 더럽다고 산 속으로 들어가면 안 된다. 예수께서도 육신이 되셔서 우리 가운데 거하셨다(요 1:14). 그러므로 교회는 세상과 역사에 대한 책임과 이 땅의 문화를 변혁시켜야 할 책임이 있다. 이를 위해 한길교회는 적극적으로 움직였다. 먼저 정병선 목사님은 '기독교윤리실천운동 수원지부'의 설립에 참여하시고 실행위원으로 섬기셨다. 나도 간사로서 이 일에 동참하는 특혜를 누렸다.

우리는 공명선거를 위한 캠페인을 하여 이 땅에 하나님의 공의를 이루기 위한 사역에 동참했다. 또한 정 목사님은 늘 문화에 관심을 가지셨다. 정 목사님은 기독교문화센터를 설립하는 것을 비전으로 품고 있었고, 세상 사람들에게 참된 문화의 장을 제공하고자 하셨다. 타락한 세상의 문화에 대한 기독교적 반문화(Christian counter-culture)를 만들어 냄으로써 교회의 중요한 사명을 감당하고자 한 것이다.

5) 증거

한길교회는 복음 전도를 통하여 하나님 나라를 확장할 뿐만 아니라 거듭난 사람을 통하여 세상을 변혁시키기 위해 전도에 힘썼다. 그것은 주로 관계전도였다. 이것은 신뢰에 바탕을 둔 전도이기 때문에 교회에 정착하기에 유리하다는 장점이 있다. 직장인들은 동료 직원들을 전도하고 학생들은 친구들을 전도했다. 또한 주변 축호전도도 쉬지 않았다. 새로 지은 아파트가 입주를 시작할 때, 그 추운 겨울에도 성도들이 나와서 짐을 날라주고 따뜻한 차를 대접했다. 이런 일들을 통해서 증거의 사명을 조금씩 감당해 나갈 수 있었다.

진리의 근본을 추구하는 교회

김정효(고등학교 교사, 일산 한강감리교회 권사)

내가 한길교회에 첫 발을 들여 놓은 것은 지금으로부터 4년 전, 그러니까 1992년 봄이었다. 수원 기독교윤리실천운동 모임에 참석했을 때, 회지 발간을 위한 좌담회에서 "성장이 빠른 교회를 소개하는 고정란을 만들자"는 누군가의 제의에 대해 "교회의 성장이란 외적인 것으로만은 쉽사리 식별할 수 없는 것이어서 자칫하면 교회 성장의 참된 의미를 왜곡시키는 일이 될 수도 있겠다"는 발언이 이어졌고, 나는 이 발언에 공감했는데, 그 발언을 하신 분이 바로 한길교회 담임 목사이신 정병선님이었다. 교회의 성장을 외적인 증거로만 파악하지 않는 목사님의 목회관에 마음이 기울어 몇 차례 예배에 참석하다가 한길교회의 일원이 되었다. 그리고 얼마 지나지 않아 한길교회의 진면목을 발견하게 되었다.

한길교회는 "하나님이 어떤 분이신가? 우리가 누구인가?"를 정확히 알기 위해 끊임없이 노력하는 교회이다. 목사님은 자신이 다 된, 온전한 사람처럼 나서는 법이 없으며, 자신의 뜻을 전하려고 성경 구절을 채택하는 법이 없었다. 그리고 모든 성도들이 성경의 문맥을 따라, 혹은 그 상황 속에서 말하고자 하는 핵심 정신을 찾아서 읽을 수 있도록 이끌어 나가고자 하였다. 시간과 공간 속에 놓여진, 지극히 자기 중심적이고 편파적일 수밖에 없는 우리가, 필요한 구절들만 빼어 읽는 것으로는 하나님의 온전하신 뜻을 다 알 수 없다고 생각하셨기 때문이다.

이 땅에 속한 것들을 한 조각씩 내려놓기 위하여서는, 인간의 가장 큰 약점들인 이기심, 자기 중심성, 그리고 굳어진 관습(사회제도, 교리뿐만 아니라 자신의 습성까지 포함하여)에 안주함으로써 누리게 되는 '평안'에 자신을 빼앗기지 않도록 눈을 부릅뜨고 항상 깨어있기를 힘써야 한다는 사실을, 나는 한길교회에서 내 삶의 요구로 받아들이게 되었다. 우리가 하나님을 닮은 피조물이라는 사실을 보다 분명히 함으로써, 매순간 좌절할 수밖에 없는 인간적 한계를 직시하는 동시에, 하나님의 온전하심에 이르게 될 소망에 확신을 갖게 하시는 예수님께 삶의 초점을 맞출 수 있게 된 곳이 한길교회였음을 고백한다.

한길교회는 '사랑의 공동체'를 몸으로 실천한다. 우리는 모두 연약한 인간이므로 그 한계를 발견 못하는 것은 아니나, 전체적으로 볼 때 한길교회만큼 이 문제를 구체적으로, 그리고 세밀한 구석까지 실현하고자 애쓰는 교회의 모습을 본 적이 없었다. 나는 때때로 한길교회의 가족들로부터 많은 것을 배운다. 모두가 목회자의 심정으로 서로를 돌아보며 서로를 섬기는 것이다. 성숙한 신앙인으로서 서로 아끼고 돌보는 모습은 가히 예수님의 제자 된 삶의 모습이라 할 만하다.

나는 한길교회에서 하나님 나라를 섬기는 것을 하나님의 축복으로 알고 감사한다.

종교화의 길을 거부하는 교회

김수경(주부, 한길교회 집사)

내가 1년 동안 경험한 한길교회는 젊은 교회다. 젊음의 특징은 끊임없이 배워나가려는 자세를 잃지 않는 것과 현재에 낙담하거나 만족한 채 머물러 있지 않고 미래를 지향하며 소망을 키워나가는 것에 있을 것이다. 한길교회 는 소그룹 모임, 예람훈련원을 통해 전 성도가 성경의 깊은 의미들을 배우 며, 복음이 지적인 동의에 그치는 것이 아니라 실제 삶 속으로 구체화되며 삶을 변화시켜 가는 것임을 훈련받고 있다.

한길교회는 종교에 매이지 않는 교회다. '교회의 최고 부패는 종교화하는 것' 이라는 게 목사님의 지론이다. 잘 짜인 권위적 구조 속에서 한 자리를 차 지하고 종교적 형식만으로 만족하며 살아가는 많은 신앙인들, 한길교회는 그러한 모습을 깨뜨리고, 잃어가고 있는 구원의 감격을 회복하며, 구원의 풍성한 비밀들을 알아가면서 그것이 예배와 생활로 드려질 것을 강조한다. 다소 엉성하고 볼품이 없더라도 기꺼이 이편을 택하기를 주저하지 않는다.

한길교회는 시작하는 교회다. 몇십 년의 전통, 몇백, 몇천 명의 성도를 자 랑하는 교회들, 그 속에서 조용히 파묻혀 익명성의 자유로움을 누리며 신앙 생활을 하고자 하는 이들에게 한길교회는 부적합할지도 모르겠다. 그러나 자신의 나이가 얼마든, 신앙 경력이 오래 되었든 그렇지 않든 간에 하나님 앞에 정직한 모습으로 다시 시작하려는 이들에게 한길교회는 하나님의 새로운 은혜를 경험하는 자리가 될 것임을 나는 확신한다(96. 10. 교회 신문).

관계의 축복을 열망하는 교회

정선애(중학교 교사, 이천 초대중앙교회 집사)

첫 날, 설렘과 기대, 약간의 두려움으로 한길교회에 들어섰으나 눈에 들어오는 조그맣고 아담한 교회 모습은 서글픔이 앞섰다. '좀더 크고 편안하고 좋은 교회는 없을까? 인간적인 조건들이 내 마음을 흔들었다. 그러나 흔들리는 마음을 붙잡은 것은 바로 목사님의 말씀이었다. 차근차근 파고 들어오는 말씀은 예전에 들었던 설교가 아니었다. 나의 골수를 찔러 쪼개는 듯한 힘과 능력이 있었다. 진부하지 않은 언어, 설득력 있는 말씀은 내 생활의 형식과 익숙해진 종교적 가면들을 벗어던지게 해주었고, 생활의 질서를 잡아주었다.

목사님의 설교는 신앙과 삶의 근본적인 것을 점검케 해주었다. '당신의 삶에 있어 가장 중요한 것이 무엇입니까? 무엇이 당신의 삶을 끌어가고 있습니까? 말씀입니까? 아니면 시대 풍조입니까?' '이 세상 살면서 우리가 정말 추구해야 할 것은 일신상의 평안과 성공이 아니라 여호와를 아는 지식입니다'라는 목사님의 외침을 잊을 수가 없다.

소규모의 교인들이 함께하는 자리였지만 그분들의 마음 씀씀이는 '이 교회가 바로 초대교회의 모습이 아닐까? 하는 확신을 주었다. 목사님의 목회 목표가 소그룹 활동 강화를 통한 관계 중심의 교회라는 말씀을 들었을 때 나는 더 이상 주저하지 않았다. 주일예배를 드리고 교회당 문턱을 나설 때면 세상의 그 누구도 부럽지 않은 부자인 자신을 발견한다. 나는 예배를 드리면서 종종 이런 생각을 하곤 한다. '내 주변의 이웃들에게도 우리 교회를 소개하고 싶고 그들과 더불어 예배하며 말씀 듣고 싶다' 는 생각.

한길교회의 지난 날을 뒤돌아보며

정광식(초등학교 교사, 한길교회 집사)

내가 처음 정병선 목사님으로부터 교회 개척에 대한 이야기를 들었을 때 우리에게는 아무것도 없었다. 교인도 없었고 예배드릴 교회당도 없었고 단지 교회다운 교회를 시작해 보고자 하는 마음 한 가지뿐이었다. 교회를 다니고 있음에도 참 신앙의 맛을 누리지 못하고 방황하는 이 시대의 많은 그리스도인들에 대한 안타까움과 기존 교회들의 여러 부정적인 모습에 대한 걱정으로 참 교회다운 교회를 세워보고자 하는 열망이 크셨던 정병선 목사님의 뜻 하나로 출발한 교회가 바로 한길교회다. 목사님의 전세방을 예배의 처소로 삼은, 말 그대로 가정교회(home church)가 이루어진 것이다.

나는 모태신앙으로 어려서부터 지금까지 교회 울타리 안에서 자라왔다. 하지만 창립 때부터 지금까지 줄곧 섬기며 훈련받아 온 한길교회야말로 내가 믿음의 사람으로 설 수 있도록 뒷받침되어 온 믿음의 훈련장이요 신앙의 보금자리라 생각한다. 매우 학구적이고 논리적이며 약속이나 맡은 책임에 대해 분명하셨던 목사님의 지도를 따르기가 때로는 부담이 되기도 했지만 그러한 신앙의 훈련과 도전, 적극적인 권면이 있었기에 이만큼 나 자신이 성장할 수 있었다고 느낀다.

지금도 이 면에 있어서는 늘 부족하다고 느끼지만, 나 자신에 머무르지 않고 다른 연약한 성도들에게 눈을 돌려 좀더 적극적으로 섬기고 돌보지 못하는 나의 부족한 한계를 뛰어넘게 하시려는 목사님의 권면이 계속 있었던 것을 생각하면 내 부족함 때문에 얼마나 안타까움이 있었을지 짐작이 간다. 또한 처음부터 체계적으로 교재를 가지고 정기적으로 했던 성경공부는 나에게 정말 큰 유익이었다. 그때까지 교회를 다녔지만 체계적으로 성경공부를 해본 적이 별로 없었던 나로서는 하나님 나라와 구원 역사에 대한 성경 전체의 흐름과 맥을 이해할 수 있었다. 특별히 QT훈련을 통한 말씀 묵상 또한 처음 해 보는 것이었는데 이후의 신앙생활에서 말씀을 삶 속에 적용해 보려는 한 단계 성숙의 과정이 될 수가 있었다고 생각한다.

한길교회 목회의 큰 특징으로 꼽을 수 있었던 것은 독서훈련이었다. 자주 소개해 주셨던 추천도서와 책을 읽고 정리하여 발표하느라 머리를 싸매야 했던 시간들은 모든 성도들이 부담스러워했지만 그것들이 결국 더 깊고 폭넓은 신앙의 안목을 갖게 했다고 생각한다. 한길교회가 대형교회로 성장하지는 못했지만 신실한 믿음의 지체들을 보내 주시고, 작은 교회임에도 불구하고 많은 선교사들을 섬기게 하시고, 교회당 건물을 구입할 수 있게 하시고, 서로 갈라짐 없이 진정한 교회 됨을 이루기 위한 작은 몸부림이 있게 하셨음을 감사드린다. 이런 교회 됨이 있었기에 그 먼 강화도에서 몇 년 간을 오갈 수 있었다고 생각한다.